剖析生存危机的根源

——动态投入产出模型应用

王嘉谟/著

中国原子能出版社

China Atomic Energy Press

图书在版编目（CIP）数据

剖析生存危机的根源：动态投入产出模型应用 / 王嘉谟著. --北京：中国原子能出版社，2023.12

ISBN 978-7-5221-3076-7

Ⅰ. ①剖… Ⅱ. ①王… Ⅲ. ①投入产出模型 Ⅳ. ①F223

中国国家版本馆 CIP 数据核字（2023）第 208894 号

剖析生存危机的根源——动态投入产出模型应用

出版发行	中国原子能出版社（北京市海淀区阜成路 43 号　100048）
责任编辑	张　磊
责任印制	赵　明
印　　刷	北京九州迅驰传媒文化有限公司
经　　销	全国新华书店
开　　本	787 mm×1092 mm　1/16
印　　张	21.75
字　　数	327 千字
版　　次	2024 年 5 月第 1 版　2024 年 5 月第 1 次印刷
书　　号	ISBN 978-7-5221-3076-7　　定　价　88.00 元

网址：http://www.aep.com.cn　　　　E-mail：atomep123@126.com

发行电话：010-68452845

人类进步的最朴素标志是，让地球生存环境再延续万千年……

当代社会发展日益复杂多变，然而正是这种复杂性激发了我们追求进步的动力。进入信息时代，科技的进步带来了无限的可能性，尽管也引发了一些担忧，但我们应该看到其中的希望。世界自然基金会（WWF）提出："我们是第一批意识到自己对世界产生负面影响的人，也许是最后一批能够拯救它的人。"联合国在 2015 年通过的《2030 年可持续发展议程》中强调："我们决心为所有人创造更美好的未来，成为消除贫困的先锋，也许有机会挽救地球。"这些言辞表明，我们正面临着巨大的挑战，但也代表着我们有机会采取行动改变现状。如果我们未能实现这些目标，我们将失去挽救地球和人类生存的机会。这些论述表明，我们面临的生存危机是当务之急，对此不重视将是不负责任的行为。保护地球和人类的生存是我们共同的愿望，也是我们认识到人类社会问题的基础。

任何系统都处于外部环境的影响之下。外部环境的变化不断侵蚀着系统，直接影响着其寿命。外部环境的影响可以是缓慢而稳定的，这种情况下系统能够存在较长时间；也可能是剧烈的，这时系统的寿命会显著缩短；还有一些突然发生的骤然巨大变化，甚至可以瞬间导致系统崩塌。后两种情况被称为非常态。这些都是人们熟悉的自然现象。

生态系统的存在对我们的生存至关重要。当前，全球面临的最紧迫问题是生态环境受到严重破坏。无论是自然因素还是人为因素，都会对生态系统产生影响，并且生态系统无法主动控制外部因素的影响。随着人类社会快速发展的几百年来，我们制造了许多对生态系统造成严重破坏的外部因素。工具技术、科学技术、金融技术的迅速发展以及人口数量的急剧增长等，都是导致生态系统陷入生存危机的根本原因之一。因此，保护生态环境和生态系统对于维护我们自身的生存来说是至关重要的。我们需要采取积极的行动，改变目前对生态环境造成破坏的趋势，以确保地球和人类的未来可持续发展。

工具是推动人类历史演变的原动力。工具的出现给人类带来了福祉，但同时也给生态系统带来了灾难，影响到了人类自身。根据考古研究，地球上的生命在过去的五亿年中经历了五次生命周期。每一次都是由于自然环境发生巨大变化，导致生物灭绝。然而，地球的生存环境并没有被彻底摧毁，历经 6 500 万年的恢复之后，地球又迎来了第六个生命周期，迄今为止依然存在。

在约 180 万年前，人类开始制造和使用工具。对于生态系统来说，工具是外部因素。生态系统制约不了外部因素。人类借助工具对食物的获取具有"强取"的属性，使得人类相对于其他生物具备了优势。从此，人类与生态系统的关系由紧密耦合转变为松散耦合。

人类文明和生态文明是不同的概念。人类文明建立在生产力基础之上，生产力是人类文明的标志。资本、技术、工具、人力等因素推动着生产力的发展，也是外部因素的来源，这些发展因素也导致了生态系统和生存环境的严重破坏。人类文明的超速发展对生态系统产生了严重破坏性影响。

生态文明是建立在生态系统基础上的文明，代表着人类文明的升华。为了保护生态系统的长期稳定运行，需要控制和减少人为制造的外部因素，使其从非常态逐渐过渡到常态。控制人为制造的外部因素是各类政府机构的核心职责之一，也是改变现实状况的重要途径。通过共同努力，人类能够实现更加和谐和可持续的人与自然共生社会。

人口数量与生态系统之间存在着相互制约的关系。人口过剩是破坏生态平衡的主要因素之一。通过控制人口增长，可以减少对生态系统的负面影响。国际组织和政权机构需要认识到人口问题的外部属性，并将其列入其主要职能的执行内容中，以寻求解决方案。通过共同努力，可以找到可行的途径，实现控制人口增长的可持续性，维护生态平衡的稳定性。

本书共包括十章。第一章介绍了生态系统投入产出模型的构建，并给出了简单的应用分析，说明生态模型的特殊性。第二章讨论了以土地为依托的社会。第三章讨论了以资本为依托的社会，并指出了违背自然发展规律的危害性。第四章探讨了以劳动者为依托的社会，并认为这是人类社会发展的重大进步。第五章探讨了破坏生态系统的外部因素。第六章讨论了生态文明的重要性。第七章探讨了信息化时代的特点。第八章探讨了警示生态系统的危机。第九章探讨了人类命运的抉择。第十章讨论了构建生态文明社会的重要性，强调了控制和减少破坏生态系统的外部因素对于拯救人类命运的重要性。

在本书的出版过程中，我受到了许多朋友的支持。在这里我想要向谭俊、张磊、郑裕辉、白先礼、宋剑、杨德向、何盼以及孔德泰等所有的朋友表达感谢。我们希望他们的慷慨贡献和无私奉献能激发更多的人参与到这项工作中来。同时也期待所有读者能从这本书中获益，并感谢他们的关注和支持。此外，敬请广大读者对本书提出宝贵的意见和建议，以便我能在未来的工作中不断改进和完善。

王嘉谟

2023 年 11 月

目录

第一章

生态系统投入产出模型

系统分析方法是一种描述系统性问题非常有效的方法。它能够展现系统的整体平衡特征，并分析影响程度和破坏系统平衡的因素。系统存在于外部环境之中，而外部环境的不断变化会对系统的寿命产生直接影响。外部环境的影响可以分为两种情况：一种是缓慢的变化，称为"常态"，这种情况下系统能够存在较长时间；另一种是剧烈的变化，会缩短系统的存在时间，是突发的巨大外部因素，甚至可能导致系统瞬间崩塌。这些现象都是我们所熟悉的自然现象。

生态系统是一个复杂的系统，它同样受到外部环境的影响，并且不同程度地侵蚀会对其产生不同的影响。地球上的生态系统由各种生物组成，在相互制约和相互依存的状态下繁衍生息。生态系统在外部环境中经历缓慢或剧烈的变化，有时处于常态变化，有时处于非常态变化，甚至可能发生系统崩塌。这就是生态系统内部因素与外部因素作用不同的地方。内部因素相互作用来维持系统稳定运行，而外部因素可能破坏系统的稳定运行。

作为人类，我们是生物链中的一部分，我们的命运与其他生物的命运紧密相连。生态系统经历了数千万年的演变，是大自然熏陶下逐渐形成的。生态系统是一个壮观而多彩的世界，也是神圣的。人类只是生态系统中的一员，应该与其他生物共同呵护和保护生态系统。

回顾人类的历史，不可否认人类对待地球和其他生物的行为确实存在不公平的情况。马西斯·瓦尔纳格尔和他的同事为地球理事会所做的《地球生命力报告》在 1997 年提供了关于生态状况的数据，涵盖了一百五十多个国家，每半年更新。数据显示，自 20 世纪 80 年代后期以来，人类每年消耗的资源已经超过了地球当年的资源再生量。而在许多情况下，这种破坏需要几个世纪甚至上百万年才能够得到修复。

这些事实说明了人类对地球的认知，仍然处于知其然不知其所以然的状态。我们亟须保持对大自然的敬畏之心，遵循自然的发展规律，并持有纯真而神圣的敬仰之情，这是不可动摇的。只有这样，我们才能更好地维护和保护我们共同的家园。

第一节　敬畏地球母亲

自从人类可以从太空观看地球之后，不少宇航员都发出同样的声音，地球太美了，需要珍惜这颗璀璨的星球。美国宇航员鲁斯坎贝尔说："作为人类，我们应该感到庆幸，因为地球的一切刚好适合人类"。

就距离地球最近的星球而言，我们可以看到它们与地球有着截然不同的特点。月球是我们最亲密的邻居，但它并没有水资源，也没有大气层，因此没有氧气，无法供人类居住。金星则因为其极度浓厚的二氧化碳大气和高温，使得表面温度达到了数百摄氏度，并且存在强烈的酸性环境，无法维持人类的生存。火星也由于其表面气候极其恶劣，人类难以在那里长期生存。

相对于其他星球，地球是一个独特而珍贵的星球。它拥有适宜的气候、丰富的水资源和多样的生态系统。这些因素使地球成为我们人类的宝贵家园。正是由于地球如此特殊的环境条件，才让我们能够繁衍生息，发展文明，并探索更多关于宇宙的奥秘。我们应该珍惜和保护地球，保护其生态环境，以便我们和未来的世代能够继续在这个美丽的星球上生活。

一、生态系统形成

地球自形成以来，已有约 45.5 亿年的历程。在这漫长的时光中，由于各种自然因素的作用，地球环境变化万千，逐渐形成了适于生命存在的条件。特别是在最近的 5 亿年里，化石记录显得异常丰富清晰，为我们研究物种进化和生物相对多样性提供了极为宝贵的实物资料。

自然环境并非恒定不变。受众多外来因素即所谓外部因素影响，生物的生存环境时常发生改变。根据地质学和考古学的研究，地球历史上曾五次发生大规模的物种灭绝，分别是在约 4.35 亿年、3.7 亿年、2.5 亿年、2.05 亿年以及 6 500 万年前。其中，前四次的灭绝事件主要是由强烈的火山爆发引发，这些突如其来的活动改变了气候和大气构成，从而严重破坏了生物的生存环境。最后一次灭绝，即距今大约 6 500 万年前的一次，可能是一颗直径约 10 公里的巨大流星撞击地球所导致的。

尽管历史上发生过五次大规模的生物灭绝，但从整体上看，地球的生命环境并没有被完全破坏。相反，每次灭绝后，地球上的生命环境都会渐次恢复和改善，最后孕育出新一轮的生命历程。至今，地球上已进入了第六个生命周期，这一周期已经历时约 6 500 万年。

现代人类的起源可以追溯到约 1 200 万年前，这一进程正好处于地球的第六个生命周期。从那时候开始，人类经历了漫长的进化历程，逐渐发展和进化为现代的智人。并且，人类的活动也开始对地球的生态系统和环境产生显著的影响，包括人类文明的进步、科技的发展和人口的增长等因素，但同时，也面临着许多包括环境污染、气候变化、物种灭绝等挑战。

地球上的生物，包括初期的人类在内，自诞生以来，一直以各自的方式适应和塑造自然环境，用以生存和繁衍。在距今 180 万年之前的大约 1 000 多万年的漫长历程中，人类并未显著地优于其他生物，而是处于与其他生物相互制约、依存的态势中。当时的生态系统处于相对稳定的运行状态，没有受到大规模的外部干预。

然而，约 180 万年前，一场巨变改变了这种平衡。从那时起，人类开始掌握制造和使用工具的技能，这一改变使人类独具一格，相对于其他生物，形成了"强取"特征。这成为了人类与其他生物地位区别的标志。

这一重大转变，无疑对人类的进化历程产生了深远影响——使我们的大脑进一步发展，增强了我们在生物链中的地位。然而，这种靠工具强行索取的模式也开始对生态系统产生破坏。生物的种类和数量因此开始下降。有化石数据显示，每年大约有 30 种物种灭绝。然而，根据联合国主持的"千年生态系统评估"，过去数百年以来的年平均灭绝速度已经高达 30 000 种。

工业化的发展，工具的不断升级改进，以及人口数量的剧增，已经对地球的生态系统造成了巨大影响。全球气候变暖、环境污染已经将生态系统推向了边缘。据预测，未来的物种灭绝速度将是现在的 10 倍，预计在将来一百年内，全球 30%的植物和动物可能会灭绝。

这次的灭绝潮被认为是由人类行为所导致的，这与过去的自然灭绝有着本质的区别。我们的行为正在对我们所依赖的生态系统造成威胁，而生态系统的崩溃和灭绝，将对我们人类产生严重后果。人类可能成为第六次大规模物种灭绝的根源——这是一种充满讽刺的现实。

尤其是自从人类发明了动力化工具以来，已有二百多年的历史。随着工具制造技术的急速发展，对地球和生态系统的破坏也愈发严重。生物的生存周期，曾经几千万年，现在可能即将以人类之手终结。令人担忧的是，先进技术仅仅用了两个世纪的时间，就将生物的生存环境推向灭绝的边缘。

这样的现象应引起我们的警醒和思考，我们需要审视人类推动工具自动化的行为，审视科技发展进程，是否超出了我们对生存环境的需求。科技进步、现代化无疑为人类带来了很多便利，但我们不能忽视其对生态系统的冲击。我们有必要深入探讨导致自然环境迅速恶化的原因，企图找到重新回归和保护生态平衡的出路。

在无外部干扰的自然环境中，各系统之间都是相互制约、相互依存的，保持这种平衡对于整个生态系统至关重要。地球前五次的大灭绝都是由突如其来、强烈的外部因素引起的，而人类的行为，无论是偏向于轻微改变或剧变，都对系统产生了影响，对生态平衡形成了威胁。

自人类掌握制造和使用工具的能力以来，经历了原始社会、农耕社会、到现在的工业社会，人类与自然的关系遭受了巨大破坏。工具制造技术的持续进步，使我们对地球的影响变得更大、更激烈。如今，作为地球的主宰，人类就像是正将自己和生态系统一同推向第六次大灭绝的边缘。这一关键因素应该深深敲响我们的警钟，引导我们的行为和决策，因为任何理由都无法抵消其影响。

二、地球母亲

1968 年"阿波罗 8 号"的宇航员比尔·安德斯给地球发回一张照片《地出》，并说："这个叫作地球的物体，它是宇宙当中唯一的颜色"。该照片，引起世人的震惊。为此，联合国宣布了第一个"地球日"。这一重要宣言是为了提醒全球人们地球的特殊价值和需要保护。地球是我们唯一的家园，我们共同生活在这个美丽而宝贵的星球上。保护地球的自然资源、环境和生态系统对于人类的生存和未来发展至关重要。通过庆祝地球日，我们强调了环境保护的重要性，并鼓励人们采取行动来减轻对地球的压力，促进可持续发展。每年的地球日都提供了一个机会，让人们思考自己对地球的责任，并激励他们采取具体行动来保护地球。这包括倡导节能减排、推动可再生能源、减少塑料污染、保护野生动植物等。通过这些努力，我们可以共同构建一个更美好、可持续的地球，给未来的世代留下一个更好的家园。最近在国际空间站上执行"远征 19 号"任务的巴拉特看到地球的美景时说道："一件是你曾经对它有所忽略，另一件是你多么希望能尽最大努力呵护它"。这就是万物赖以生存、繁衍的地球。至今人类尚没有发现第二颗如此完美的、适于人类生存的星球。

人类生存发展所必需的衣、食、住、行、用等必备的生活资料，都是从自然界获取的。土地是一种特殊的自然资源，是人类生产、生活最基本的资料来源。土地是人类和生态系统生存，最基本的依托。大地提供的水是最纯净的水；大地提供的食品，是没有污染的食品；大地环境提供的空气是纯净的空气。人类有义务保护自身的生存环境。我们应该珍惜这颗璀璨的星球。人类是有逻辑思维能力的动物，但是冷静地回顾人类的行为，对地球仍然知之甚少。爱护地球不足，破坏地球有余。人类应该敬畏地球、感恩地球。保护地球为我们创造了丰富、完美、舒适的生存环境。人类有义务敬畏地球母亲，爱护她、保护她。在生态系统中承担起生态链顶端的义务职责。与其他万物之间友好相处，尽一份人类应尽的义务，让地球母亲省心。人类没有任何理由成为践踏地球的逆子，更不可以无情地伤害地球母亲、践踏地球母亲。这都是对生态系统不负责任的行为，也是对子孙后代不负责任的行为。

三、正确对待生态系统

人类是生态系统中的一部分。人类文明有许多不同的形式，但对地球和生态系统的伤害与破坏是最基本的不文明行为。这是衡量人类行为的基本准则。自从约 180 万年前人类开始制造和使用工具以来，人类与其他生物之间的地位就不再平等。从此，加速了对可食用动物的捕杀。约 80 万年前，人类学会使用火，这导致对大型哺乳动物的猎杀几乎达到了灭绝的程度。特别是在工业革命之后，仅仅数百年的时间，人类借助先进的工具使整个生态系统以及人类自身面临着濒临毁灭的境地。

虽然人类文明有许多优点，但其导致生态系统和人类自身处于毁灭边缘的事实表明，现代人类文明并不符合自然发展的规律。我们需要研究和分析人类社会文明存在的问题，并探讨人类社会的未来走向。繁荣与富裕是我们所追求的，但必须有所限度。它们应该符合人类能够长期生存和繁衍的要求，保持与其他生物和谐共处的关系。这些都是衡量人类行为"对"与"错"的基本准则。

在近百年的历史中，中西方文明的碰撞展示了不同文明之间的差异。不同的价值观和标准会导致不同的行为和后果。作为生物链顶端的人类，现实事实提醒我们需要深入探讨人类文明的基础是什么。如果我们不能厘清这个问题，所谓的文明问题将永远充满变数，我们将永远无法明确人类文明是什么，人类社会将永远无法安宁。同样地，生态系统也将永远无法安宁。因此，我们需要对人类文明的基本性质进行深入研究和思考。

作为生物链中的一员，人类文明的根基应该以相互制约、相互依存的生物链为基本依托。这意味着我们需要将"万物皆有灵"作为基本的根基，以构建人类与生态系统的命运共同体。众多事实也表明，人类不能也不应该摆脱生物链的制约。以"万物皆有灵"为基本根基，我们可以认识到不同文明的差异所在，也可以意识到人类文明追求的标准应该是什么。这种基于相互依存和共生的观念能够帮助我们认识到人类与自然的关系，以及我们在推动可持续发展和维护生态平衡方面的责任。

"文明"是一个多层次的概念，它包括了物质文明和精神文明，二者缺一不可。生物链可以作为一个基本的参照点，帮助我们更好地理解人类对物质文明和精神文明的追求。

首先是从生物链的角度来看，我们认识到资源和能源的有效利用至关重要，浪费是不可取的。同时，保护生态环境也是必要的，我们不能随意制造垃圾，导致南北极冰层融化，威胁生物的生存环境。实际上，生存是人类文明的最基本问题。

其次是精神文明。物质文明是基础，一旦我们理解了物质文明的基本要求，我们就可以更好地理解精神文明。然而，我们现代人类的思维方式中存在许多虚妄和狂妄的地方。我们几乎忘记了人类也是生物链中的一环，我们也是生物。许多事情都表明我们只关注人类自身，而忽视其他生物，甚至连我们自己的生存都受到威胁。这充分说明了将只关注人类自身而不关心生态系统的精神文明的局限性。例如，有些人发现地球的生存环境危机后，考虑舍弃地球前往其他星球寻求生存；他们研究人类的长生不老问题，追求更奢侈的生活方式等。这些行为表明，这些人的精神文明的基点是不可靠的。此外，当今的经济大国相互追求 GDP 发展模式，只注重经济增长，忽视精神文明的发展。然而，事实证明，这种发展模式没有遵循人类应该遵循的生态文明发展模式，反而在破坏生态平衡。

在当前社会，主流的发展模式以 GDP 为衡量标准，将经济效益和金钱作为发展的尺度，将商业和金钱作为道德标准的中心，以满足物质欲望为目标。这种模式导致人类与生态系统的基本关系被忽视，引发了人类社会所面临的各种问题。这些问题源于人类社会的道德标准与生态文明不一致。我们逐渐放弃了应该遵循的"天人合一"的人类文明理念。人类作为处于生物链顶端的"文明"物种，追求的是个人满足，而对其他生物漠不关心。

总之，当前人类社会面临着严重的生物链破坏问题。我们必须以保护生物链为首要准则来审视和评估行为的适宜性，并且舍弃不恰当的行为，推崇符合自然发展规律的行为。只有将生态系统作为人类社会发展的基点和思考问题的基准，我们才能找到确保人类与生态系统共同延续的唯一道路。

第二节　生态系统投入产出模型的由来

现代主流社会给人们的印象是豪华、复杂、浮躁。它多了物质的东西，却缺失了心灵的安稳。科学技术的发展已经到了令人难以接受，甚至忧心忡忡的地步。人们需要分析、探讨为什么人类社会会变得如此。这种变化不仅影响到人类社会的生活，还直接危害到生态系统的生存。我们需要面对诸多问题，例如如何对待先进技术、工具的动力化和智能化问题、人口膨胀等。人类社会的发展变得愈加复杂，给全世界的人们带来了困扰。著名科学家史蒂芬·霍金曾预言："21 世纪将是复杂性科学的世纪。"难道社会发展也符合这一论断吗？

动态投入产出模型及其扩展模型在系统性问题的分析中，具有广泛参考价值。这里应用该模型分析经济系统稳定性的思路，分析生态系统的稳定性问题。

一、经济系统的静态、动态投入产出模型

经济系统中各个元素之间的关系，可以用经济系统投入产出表描述。如果将经济系统简单划分为农业、重工业、轻工业、运输业、服务业、非物质部门六个产品类，其投入产出如表 1-1。

该表描述了经济系统各产业之间，处于均衡状态的相互需求关系。根据需要可以将投入产出表划分得更细。

这里给出的是将经济系统划分为六个产业的简表。该表描述了经济

系统各产业之间，处于均衡状态的相互需求关系。根据需要可以将投入产出表划分得更细。

表 1-1　经济系统投入产出表

		中间使用						最终使用	总产出
		农业	重工	轻工	服务	运输	非物		
中间投入	农业								
	重工								
	轻工								
	服务								
	运输								
	非物								
初始投入									
总投入									

横向表示产出向，其方程形式如下：

$$X = AX + F \tag{1-1}$$

其中总产出向量 X，最终使用向量 B，消耗系数矩阵 A 分别为

$$X = (x_1, x_2, \cdots, x_n) \quad F = (f_1, f_2, \cdots, f_n)$$

$$A = \begin{pmatrix} a_{11} & a_{12} & \cdots & a_{1n} \\ \cdots & \cdots & \cdots & \cdots \\ a_{n1} & a_{n2} & \cdots & a_{nn} \end{pmatrix}$$

纵向表示投入向，其方程形式如下：

$$\tilde{X} = \tilde{A}\tilde{X} + \tilde{Z}$$

其中总投入向量 $\tilde{X}$，初始投入向量 $\tilde{Z}$，投入系数矩阵 $\tilde{A}$ 分别为：

$$\tilde{X} = \begin{bmatrix} X_1 \\ \cdots \\ X_n \end{bmatrix} \quad \tilde{Z} = \begin{bmatrix} Z_1 \\ \cdots \\ Z_n \end{bmatrix}$$

$$\tilde{A} = \begin{bmatrix} \sum a_{1j} & & \\ & \cdots & \\ & & \sum a_{nj} \end{bmatrix}_{j=1,2,\cdots,n}$$

该表是线性的，它可以模拟静态经济系统投入与产出的均衡状况。同样它也可以描述其他任何系统性问题的投入与产出的均衡状况。

该表是线性的，它可以模拟静态经济系统投入与产出的均衡状况。同样它也可以描述其他任何系统性问题的投入与产出的均衡状况。

上述投入产出表系统地描述了经济系统中各产业之间的相互需求关系。人们都熟悉，经济系统中某产品某时的出量发生变化时，它直接影响到其他产品后来的产出量。这就需要动态投入产出模型予以描述。动态投入产出模型线性的描述了稳定态经济系统的动态投入产出的变化关系。

生产要素的投入可以促使经济发展。动态投入产出模型为，

$$X(t+1) = AX(t) + B[X(t+1) - X(t)] + F(t) \tag{1-2}$$

其中 $B[X(t+1) - X(t)]$ 项表示，生产要素：资本、工具、技术、人力的投入，使得经济系统增长的状况。该方程描述了处于均衡、稳定发展的经济系统。

二、经济系统的动态投入产出扩展模型

当经济系统的供给端和需求端处于不平衡状态时，也就是在受到外部因素干扰时，经济系统的运行将变得不稳定。我们可以使用动态投入产出模型来描述这种不稳定状态，通过引入误差项来扩展模型。这样，我们可以更全面地描述经济系统的运行情况。

$$X(t+1) = AX(t) + B[X(t+1) - X(t)] + F(t) + S(t) \tag{1-3}$$

为了方便起见，我们假设 $\Delta t = 1$，代表一年的时间。在这个假设下，方程描述了一个受到外部因素干扰的不稳定动态经济系统。外部因素 $S(t)$ 反映了对经济系统稳定性的破坏情况。

三、动态投入产出模型在经济系统分析中的应用

在经济系统中，货币是经济系统的重要组成部分之一。货币是产品交换的媒介。其发行量应该与 GDP 的量值相匹配。当出现多余部分或缺

少的部分，则表示经济系统处于非均衡状态。对经济系统说来，与均衡态偏差的部分属于外部因素，它直接影响到经济系统运行的稳定性。在经济系统中各个产业之间受到市场的制约，都是处于相互制约、相互依存的紧致耦合状态。只有金融业及货币不完全受市场制约，与经济系统的关系属于松散耦合关系，具有外部因素属性。因此需要政府机构予以严格监管、控制。例如债券、金融创新产品等，本不属于经济系统，属于人为制造的外部因素—误差项 $S(t)$。它直接影响到经济系统运行的稳定性。外部因素主要是人为制造的，只能由人予以控制。这就是金融业、货币，需要人予以严格监管的原因。美元是世界通用货币。1944 年布雷顿森林会议制定美元金本位制，就是控制通用货币美元发行量的一种控制手段。然而 1971 年废除了金本位制。实际上，就是放弃了对通用货币美元的监管。这是经济系统的一次严重违规事件。从此，以债券、金融创新等等手段，代替美元使用，广泛流行。这里称其为虚拟化的货币。美元的发行量受到美国 GDP 产值的制约。而虚拟化货币的发行量只受到市场需求的制约，不受 GDP 制约。其发行量使得美元的实际使用量，无制约地虚膨胀了许多倍。虚拟化货币是外部因素，它给世界经济系统、货币系统制造了不公平交易，造成了世界经济系统、金融系统的不稳定状态。虚拟化货币越多，其危害性越严重。

关于系统稳定性问题，在自然界普遍存在。当系统运行过程中，如果没有外部因素干扰，系统运行是稳定的。当系统运行受到外部因素干扰时，则系统处于不稳定状态。例如火箭运行。如果没有外部因素影响，则火箭可以飞向预定的目标。当火箭飞行遇到外部因素干扰，又没有消除干扰的手段，则火箭飞行不可能飞向指定的目标。

四、影响经济系统稳定性的外部因素分析

对于经济系统说来，模型（1-3）的误差项是由经济系统处于非均衡状态，以及其他外部因素构成，简称为外部因素。例如虚拟化的货币，它不是经济系统的组成部分，属于外部因素。因此 $S(t)$ 对经济系统运行

的稳定性产生破坏性影响。只是影响的严重程度不同而已。影响经济体的稳定性。

从模型（1-2）和（1-3）可以了解到，外部因素影响可以分为以下四种情况：连续发生的强大外部因素；偶然发生的强大外部因素；偶然发生较弱的外部因素；没有外部因素影响的系统。

连续发生的强大外部因素。对于金融业说来，货币虚拟化 $S(t)$ 是个大数，且 $S(t)$, $t = 0, \cdots, T$（T 是统计时间的末年）连续发生作用，并随着时间发展而增大。此时，经济系统运行的稳定性，受 $S(t)$ 影响最为显著。随着虚拟化货币数量 $S(t)$ 的增大，经济系统运行的稳定性也越来越变坏。说明虚拟化货币是破坏经济系统运行稳定性的主要因素，其破坏程度随着虚拟化货币数量增长而增大。人们都熟知，当今世界通用货币的虚拟泛滥，已经非常严重地影响到国家经济系统和金融系统运行的稳定性，也直接影响到世界经济系统和金融系统运行的稳定性。说明这种强大的、连续作用的外部因素作用的危害性。这类处于严重不稳定态的经济系统，称为非常态经济系统。金融业越发达的国家，越容易发生经济危机或金融危机。原因就在于货币虚拟化的影响。例如，20 世纪 90 年代，日本的金融危机。日本 60 年代中期以后，经济腾飞发展。其中包括日元的严重虚拟膨胀。到 90 年代发展成为世界上仅次于美国的第二大经济体。日本的发展严重侵害了西方发达国家的经济利益。1985 年美、意、英、德、法等国发表"广场协议"，旨在提升美元以外的各国汇率。这一措施，使得日本泡沫经济迅速蒸发。这是最典型的非常态经济系统。又如美国 2008 年的金融危机，同样属于货币虚拟化迅速膨胀，导致出现的严重金融危机。是最典型的非常态经济系统。

偶然性外部因素可分为两种情况。一种是强大的偶然性外部因素；另一种是能量很小的，但是经常出现的外部因素。

强大的偶然性外部因素。强大的偶然发生的外部因素，由于它的能量过大，同样可以使系统受到严重破坏。例如火山爆发、地震、台风等，突然发生的自然灾害，都属于强大的偶然发生的外部因素。严重时，它可以使系统崩塌。例如据考古分析，地球上前五次生态系统毁灭，就是因为火山爆发，及巨型小行星撞击地球所致。这类外部因素对系统运行稳定性的破坏，是极其严重的，甚至使系统崩塌。

又如，冰岛是受 2008 年次贷危机影响最严重的国家。该国的实体产业很薄弱，主要是靠发达的金融业维持国家的经济生活。它的金融业从国际资金市场大量购入低利短债，然后投资高获利的长期债券（包括次级按揭资产）的策略，获取利润。也就是说，该国主要以债务倒买倒卖维持其经济运作。过度借债，使其财务杠杆达到惊人的程度，总外债规模竟达到国内生产总值的 12 倍之多。2008 年次贷危机发生之后，在国际金融市场很难买到新债的情况下，该国经济迅速出现破产状态。

较弱的偶然性外部因素。最普遍存在的外部因素影响是，经常出现的、能量较小的偶然性外部因素。$S(t)$ 呈间断的存在：$S(t_0)$, $S(t_1)$, …, $S(t_k)$，且能量较弱。例如临时性肉类短缺，导致肉类价格上涨。经济是一个系统。肉类涨价，首先影响到与人们有关的食品涨价；食品涨价，进一步扩展到其他商品涨价，形成连锁反应。这就是随着经济发展，物价也在不断向上浮动的原因。这类偶然性外部因素出现时，从公式（1-3）可以看到，它对系统的稳定性有影响，但是呈缓慢变化状态，它只是引起物价向上浮动。这与经济系统实际运行状况相符合。例如，20年前大米 2 元/斤，现在涨到 3 元/斤，就是偶然性误差累积产生的效果。这类外部因素对系统稳定性有影响，但是是缓慢的变化过程。系统性问题多是处于这种缓慢的变化状态，称其为常态。

没有外部因素影响。没有外部因素影响的系统，就是模型（1-1）描述的，供给与需求处于均衡态的系统：$S(t)=0$。在自然界不可能存在这种始终一成不变的系统。研究系统的稳定性问题，需要以稳定态系统为参照系。剧烈变化的不稳定态系统，也比较少见。一般多是处于缓慢的不稳定态变化。第三章介绍的以土地为依托的社会，是处于常态变化的类型；第四章介绍的以资本为依托的资本社会，属于系统剧烈变化的非常态系统类型。

以上四种状况，基本反映了动态系统的运行状态。对于经济系统，研究者的任务是，尽量避免连续性，或强大的外部因素影响的非常态系统，使稳定性尽量趋于缓慢地变化。上述分析同样适用于生态系统问题。

五、指数效应的启示

模式（1-3）的误差项呈指数增长，对经济系统稳定性的影响程度，反映了货币虚拟化 $S(t)$ 的严重程度。$S(t)$ 值越大变化越剧烈，对经济系统稳定性的破坏越严重。

实际上，任何系统性问题，都存在类似的现象。当系统受到外部因素干扰较弱时，系统是处于常态运行状态。当受到外部因素干扰严重时，则系统处于非常态运行。

地球上的生态系统，也是个系统性问题，受到外部因素干扰，其运行同样可以分为常态和非常态两种情况。它表明需要分析影响生态系统稳定运行的因素，尽量避免非常态状态出现。因为非常态变化直接涉及人类和生态系统的生存问题，不允许再进一步破坏。

第三节　生态系统投入产出分析

生态系统是系统性问题之一，同样可以用投入产出模型予以描述。这里构造了生态系统投入产出模型，利用该模型对生态系统问题做进一步分析。

一、生态系统投入产出表

一般而言，我们可以使用投入产出模型来描述和模拟由各种元素构成、相互制约和相互依存的系统。在这里，我们可以使用投入产出模型来模拟生态系统问题。为了简化问题，我们将生态系统简化为食草动物、食肉动物、植物、人类、空气、水和资源七个部门的生态系统投入产出模型。其投入产出表如表 1-2 所示。

表 1-2　生态系统投入产出表

		中间消耗							最终使用	总产出
		食草	食肉	植物	人	空气	水	资源		
中间投入	食草									
	食肉									
	植物									
	人									
	空气									
	水									
	资源									
初始投入										
总投入										

该表中，空气、水、资源，都属于资源类。各类生物受自然资源的制约。食草动物、食肉动物、植物之间处于相互制约、相互依存状态。

该表中的中间消耗项表示各类物种之间的彼此消耗关系。食草动物食草、空气、水、资源等；食肉动物食草动物、空气、水、资源等；人是杂食动物，既食草，也食动物、空气、水、资源。在没有外部因素影响的状态下，各物种之间处于相互制约、相互依存的动态均衡运行状态。总投入表示各类物种统计年投入的总量。初始投入表示各类物种统计年初始投入的数量。最终使用表示各类物种统计年可供使用的数量。总产出表示各物种统计年产出的总量。

表 1-2 的纵、横向分别表示当生态系统处于相互制约、相互依存发展状态时，应该满足动态均衡关系，即

$$总投入i = 总产出i$$

$$总投入i = 中间投入i + 初始投入i$$

$$总产出i = 中间消耗i + 最终使用i$$

$$i = 1, 2, \cdots, N$$

N：物种类总数。

该模型较全面地描述了，在均衡状态下各物种之间的相互制约、相互依存的关系。

二、生态系统投入产出表的典型特征

生态系统投入产出表反映了生态系统中的基本环境要素，如植物、淡水、空气和矿产资源等。这些要素被视为生态系统的基础，是相对稳定的常量，支撑着生态系统的存在。在数千万年的演化和发展中，生态系统形成了相互制约和相互依存的关系，可以被看作是处于动态平衡状态的系统。

人类作为生态系统的一部分，任何人类社会的发展和变化都直接影响到生态系统的生存环境和动态变化。因此，人类必须时刻牢记自身是生态系统的一员，并正确认识到人类社会的发展与变化对生态系统的影响。人类社会的活动，如资源开采、工业生产和城市化，带来了生态系统的压力，导致生物多样性减少、生态系统疲弱和环境污染等问题。

为了实现人类与生态系统的和谐共生，我们需要采取可持续发展的策略和行动。这包括优化资源利用、推广清洁能源、减少污染排放和保护生物多样性等措施。同时，需要制定和执行环境政策，促进经济社会发展与生态环境保护的协同推进。只有真正意识到与尊重生态系统的相互联系，人类才能在地球上实现可持续的发展，确保我们和后代能够继续享受优美的自然环境和丰富的生物资源。

三、生态系统投入产出方程

经济系统投入产出表与生态系统投入产出表的差异，反映了动态投入产出方程的差异。经济系统的动态投入产出扩展方程的形式为：

$$产出 = 静态方程 + 增产项 + 外部因素 \tag{1-4}$$

增产项：表示生产要素的投入，导致经济增长的变化。

该图左半部分表示经济增长对生态系统的破坏；右半部分表示现存的生态系统所占的份额。说明发展经济需要权衡与生态系统的关系。浮华膨胀的经济大国发展，是造成生存危机的根本原因。人类与生态系统是平等的关系。人类需要亲近自然。只要控制人口增长，温馨的基本生活需求对生态系统伤害不大，仍然属于常态。生态文明是人类文明的升华。下面将进一步分析人为制造的、影响生态系统稳定性的。

$$产出 = 静态方程 + 外部因素 \qquad (1-5)$$

数千万年来，由于自然资源的限制，生态系统是处于相互制约相互依存的均衡、饱和状态。而经济模型（1-4）中的"增产项"是由生产要素：资本、工具、技术和人力构成。这些元素都是破坏生态系统的因素。因此该"增产项"与生态系统的其他"外部因素"，共同构成模型（1-5）的"外部因素"项。也就是说，生态系统的动态投入产出方程没有"增产项"。只包括"外部因素"项。由此也说明，随着人类社会经济发展，更加速了对生态系统的破坏作用。例如虚拟化货币、工具、科学技术以及超过生态系统均衡态发展的人口数量。由模型（1-4）与（1-5）的对比，说明了经济发展与生态系统的关系是此消彼长的关系。如图 1-1 所示。

图 1-1　经济发展与生态系统的关系

该图左半部分表示经济增长对生态系统的破坏；右半部分表示现存的生态系统所占的份额。说明发展经济需要权衡与生态系统的关系。浮华膨胀的经济大国发展，是造成生存危机的根本原因。人类与生态系统是平等的关系。人类需要亲近自然。只要控制人口增长，温馨的基本生活需求对生态系统伤害不大，仍然属于常态。生态文明是人类文明的升华。下面将进一步分析人为制造的、影响生态系统稳定性的外部因素问题。

第四节　影响生态系统稳定性的外部因素分析

地球为生态系统提供了稳定的资源，这种资源经过数亿年的演化，使得生态系统一直保持着均衡的发展状态。然而，人类制造的外部因素，正在不断加剧对生态系统的破坏。它说明人类必须认识到生态系统稳定性的重要性，并在社会的发展与生态保护之间取得平衡。近数百年来，快速的社会发展给我们带来了严重的生存危机问题，这实际上揭示了人类社会发展与生态系统破坏之间的密切联系。现在，让我们简要分析一下外部因素对生态系统的影响。

一、天然的外部因素

地球的形成距今约 45.5 亿年。在漫长的历史中，适宜生物生存的环境逐渐形成。在过去的 5 亿年里，有大量的化石证据帮助我们计算和评估物种多样性。地球环境的变化使得生物能够繁殖、进化、分化，形成了丰富多样的生态系统。然而，生物的生存环境不仅受到地球自身变化的影响，也受到外部因素的影响。

常见的外部因素包括火山喷发、地震、台风、干旱和洪涝等自然灾害。这些因素对生态系统有一定的影响。然而，这些外部因素通常是暂时性的，会在一段时间后逐渐结束。尽管如此，它们已经成为生态系统中的常态因素，对生物的生存和适应能力产生一定的选择压力。

为了维持生态系统的稳定和生物的生存，我们需要意识到这些外部因素的存在，并努力平衡人类社会发展与保护生态环境的关系。通过合理利用资源、保护环境和进行生态修复等措施，我们才能实现可持续发展和生态系统的持久稳定。

考古分析表明，在过去的 5 亿年中，地球经历了五次大规模的生物灭绝事件，这些事件是由非常态的外部因素引发的。这些灭绝事件发生在约 4.35 亿年前、3.7 亿年前、2.5 亿年前、2.05 亿年前和 6 500 万年前。

其中，前四次造成了大部分生物的灭绝，是由强烈的火山喷发引发的。在 6 500 万年前的事件中，可能是因为一颗直径约 10 公里的巨大流星撞击地球而发生的。

尽管这些特殊和偶然发生的外部因素给生物带来了巨大的灭绝，但地球上适宜生物生存的环境并未被完全摧毁。随后，地球的生存环境逐渐恢复和改善，进入了地球上的第六大生物灭绝期，延续至今。

这个历史事实提醒我们，尽管外部因素可能对生态系统和生物产生重大影响，但地球具备自我修复和调整的能力。然而，我们仍需意识到人类自身的行为对生态系统的影响，并采取积极措施来保护和维护生物多样性和生态环境的稳定。只有通过可持续发展和环境保护的努力，我们才能确保地球的生态系统持久存在，保留美丽而丰富的自然环境。

需要注意的是，人类出现之后的很长一段时间中，人类与其他动物处于相互制约、相互依存的紧密耦合关系。生态系统的运行受到自然的外部因素的影响。

二、工具

在约 180 万年前，人类掌握了制造和使用工具的技能，这使得他们在获取食物方面相较于其他动物具备了更大的优势。工具并非生态系统的内在组成部分，而是一种外部因素。由于运用的工具，人类与其他动物的关系从相互依存的紧致耦合关系，转变为松散耦合关系，生态系统对人类的制约因此减弱。在生态系统中，作为拥有重大影响力的物种，人类必须认识到自身行为对生态系统的影响，并采取有效的监管和管理措施来保护生物多样性和生态环境的稳定。

随着制造工具技术的进步和发展，人类借助工具对生态系统的影响也日益严重。特别是在奴隶社会时期，人类运用工具和集体狩猎的方式，导致了亚洲、北美洲和澳大利亚许多大型哺乳动物几乎灭绝。这显然展示了人类借助工具对生态系统的破坏性影响，也加剧了对生存环境的恶化。

对任何事件进行评价时，全面分析其后果至关重要。工具是人类自己制造的。总体而言，工具对人类是有益的。然而人类也是生态系统的一部分，与生态系统形成了密切的相互依存关系。在发展工具技术时，我们必须考虑其对生态系统的影响。

从工具的出现到农耕社会，人类制造的工具都是手工制造的，主要目的是提高生活质量。在相当长的时间里，人类社会的经济发展属于循环型经济，对生存环境没有造成严重破坏。人类对生态系统的破坏是一个缓慢的过程。根据化石记录，每年大约有 30 种物种灭绝，算是一种常态。

19 世纪的工业革命标志着工业经济的崛起，其中破坏了循环经济的发展模式。随着时间的推移，工业经济经历了动力化、电气化、自动化、信息化和太空技术等多个阶段。尽管科学技术的不断进步使得人类在各个领域取得了巨大进展，但工具本身的外部属性并未发生改变。对生存环境的破坏仍在不断加剧。更令人担忧的是，发展工具技术和科学技术往往被视为拓展资本积累、提高经济效益、彰显实力和争夺全球霸主地位的主要手段，而很少考虑到对生存环境和生态系统的破坏，已经完全改变了工具发展的初衷。

工具技术和科学技术在提升经济效益方面发挥了重要作用，促进了经济的扩张和货币流通的增长。人们生活条件的改善，推动了人口数量的剧增。各种外部因素相互影响，导致了外部因素的无限制增长，也加剧了对生态系统稳定性的破坏。形成了恶性循环，如图 1-2 所示。

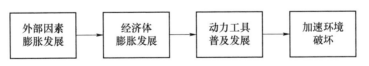

图 1-2　外部因素与破坏生存环境的关系

工具技术和科学技术的发展已经远远超出了满足人们基本生活需求的范畴。地球提供的资源是有限的，各种生存环境的供给也是有限的。随着工具技术和科学技术的无节制发展，仅仅几百年的时间就已经对生态系统和生存环境造成了明显破坏。全球变暖和环境污染已经导致生态系统处于严重威胁之中。

现在，我们迫切需要深刻认识到物种灭绝的速度已经达到令人惊讶的数字，每年大约有 3 万种物种灭绝。据估计，未来的灭绝速度将是现在的 10 倍。令人担忧的是，这次物种灭绝与以往不同，它是由人类行为造成的。人类的智慧竟然成为第六次物种灭绝的罪魁祸首，这是最具有讽刺意味的现实。

人们必须清醒地认识到，第六次生存危机是资本社会数百年非正常发展金融、工具和科学技术造成的。它充分展示了资本社会发展模式的扭曲性。现代社会的发展越来越复杂和扭曲，也直接破坏了生态系统的稳定性。世界自然基金会（WWF）曾指出："我们可能是第一个意识到我们正在毁灭这个世界的一代人，也可能是最后一个拥有挽救能力的一代人"。联合国在 2015 年通过的《2030 年可持续发展议程》中提到："我们决心为所有人建设一个更美好的未来，我们有可能是第一个消除贫困的一代人，也有可能是最后一个拯救地球的一代人。如果我们未能实现这一目标，将会永远失去拯救地球和人类生存的机会"。这些都是关于生存危机的警示信息，具有可信度。

地球与人体类似。工具等外部因素就像是侵蚀地球肌体的毒瘤，生态系统消耗的宛如地球的乳汁。当人体患上肿瘤时，需要尽早进行治疗和切除，以延长患者的寿命。同样地，人类对地球产生的外部因素就像是一种肿瘤，我们必须尽量控制和减少，以控制其危害。只有进行及时的"治疗"，才能延长地球生存环境的寿命。人们必须清醒地认识到工具等外部因素的本质属性。工具改变了人类的命运，同时也改变了生态系统的命运。因此，在管理和利用工具方面，我们必须谨慎行事。我们应该意识到人类自身行为如何影响生态系统，并致力于寻求可持续发展的方式，以确保我们与自然环境的相互依存关系能够持久地保持平衡。政府和其他利益相关方在管理人类活动与生态系统之间的相互作用方面扮演着重要的角色，需要进行监管和引导。

三、科学、科学技术

科学和科学技术是两个不同的概念。科学是通过逻辑推理进行的纯粹脑力劳动，它的深入研究并不会直接对生存环境造成伤害。然而，科学技术是科学与工具的结合，其中工具介入会产生不同的影响。许多科学技术研究成为提高经济效益的重要手段，推动了工具对生存环境的进一步破坏。例如，爱因斯坦对相对论的研究属于纯粹的脑力劳动，对生态系统并没有直接的危害。但是人类创造的核能则直接影响到了生态系统。

如今，工具技术和科学技术相互促进发展，构成了一个巨大而炫目的工业体系，建造了浮华的经济帝国大厦。人类是生态系统的一部分。评判人类行为对与错的最基本标准是它是否有利于广大人民的利益和生态系统的利益。

就对生态系统的影响而言，复杂的工业经济系统可以简单地分为对生态系统有害和无害两类。有害工具对生态系统的危害情况可参见表 1-3。

表 1-3 工具对生态系统的破坏及影响

人类社会	远古社会	原始社会	农耕社会	资本社会	濒临毁灭
工具	无	原始工具	手工工具	工业革命	工业革命
存在时间	1 000 万年	180 万年	10 万年	0.02 万年	−50*年
破坏环境	无	常态	常态	非常态	生存危机

注：* 再过 50 年将面临生存危机。

现代人类最大的问题在于对工业经济和科学技术的发展缺乏控制，导致人类从最初使用工具的阶段，逐渐演变成现在工具全面控制人类的物质和精神生活，破坏生存环境，甚至陷入了生存危机的境地。人们过于关注工具对人类的利益，而忽视了它对生态系统和生存环境的破坏。制造工具的初衷是为了改善人们的生活条件，它不应成为扩大资本积累、提高经济效益，以及显示实力以争夺全球霸权的手段。我们不能忘记人类社会经济发展与生态系统是相互制约的关系。

人们都知道，金属和化石燃料等资源都是地球经过数亿年形成的，但是现代工业社会在短短几百年内就耗尽了这些资源，导致资源破坏、枯竭和生态环境的破坏，进而引发了生存危机。然而，人类仍然对消耗型经济模式执迷不悟，以高消费促进经济增长，却不去考虑这种生活方式所带来的灾难性后果。现在摆在人类面前的选择是，是继续无限制地发展工具和科学技术，还是关注人类的生存问题，是否控制这些严重破坏生存环境的非常态的外部因素，必须迅速作出抉择，并将其纳入日程，切实控制和减少危害。

尽管当今的信息技术和太空技术成为技术进步的代名词。工具技术无制约的膨胀发展，但是并没有改变工具的外部因素属性。人类社会从使用工具到智能化工具为人类提供服务，如服务员、医生、保姆等，工具使得人与生态系统的关系越来越疏远。人类似乎被高塔束缚，成为特殊的动物群体，远离了生态系统。从系统稳定性的角度来看，工具对人类生活的过多介入导致了人与生态系统关系的疏远，以及对生态系统的破坏。人们忘记了自己也是动物，永远不能忘记人类离不开生态系统。此外，高科技的快速发展并没有改变动力机械的普及发展趋势。而是使得工具系统越来越浮华膨胀发展。生态环境的破坏仍在不断加剧，能源和资源需求不断增长。工具、科学技术、虚拟化货币、人口数量等外部因素相互促进不断扩大发展。对生态系统和生存环境产生不断加剧的破坏。回顾过去工具在生态系统中的作用，我们可以得到前车之鉴，都是进一步破坏了生存环境。它说明人们对这种忧虑的担心是有根据的。生态系统的形成既需要适宜的生存环境，也需要经历数亿年的时间演化和进化，才逐渐形成如今相互制约、相互依存的生物世界。两者缺一不可。从生态系统的角度来看，人造的工具属于外部因素，其破坏作用逐渐加剧。在非常态发展的外部因素中，尚未受到时间演化洗礼的工具已经给我们上了惨痛的一课。人类面临着严峻的生存危机问题，现在摆在我们面前的选择是，是继续无限制地发展工具和科学技术，还是关注人类的生存问题，必须迅速作出抉择。无论是开发利用外层空间与改善地球的生存环境，人们应该考虑哪种决策更有利于子孙后代，这是我们需要认真思考的问题。

第五节　外部因素对生态系统的破坏

人为因素正在全方位、深层次地瓦解我们的生态系统，这个过程中，工具的使用被凸显为对生态系统最明显的破坏者。随着人类社会的演进和工具的快速创新，生态破坏早已从过去的常态进阶为现今的非常态，甚至已经呈现为危及生态系统存续的危机。

世人必须清醒地认识到，是我们人为制造的外部因素引发的工具使用，正改变着环境的面貌，威胁着生态系统各个角落，其影响如此深远，如此全面。因此，我们刻不容缓地需要采取行动，积极寻找并实行更具可持续性的生活和生产方式，以此保全我们无比珍贵的生态系统。

一、破坏生态环境

沙漠化扩大。沙漠化是破坏生态系统稳定运行的重要因素之一。人类社会自从狩猎生活过渡到利用工具进行游牧式生活以来，对自然资源的利用增加了。人类饲养牲畜对土地沙漠化有一定的影响，例如撒哈拉沙漠的扩大。据考证，几千年前撒哈拉沙漠许多地方仍是一片绿洲，但由于游牧主导的生活方式，过度放牧加剧了沙地的扩大。类似的情况也出现在阿拉伯半岛和蒙古高原等以游牧为主的地区，导致沙漠化问题日益严重。现代社会已经认识到过度放牧对土地沙漠化的直接影响。然而，人口持续增长和对肉类需求的增加以及耕地面积的扩大导致了土地沙漠化问题的持续恶化。

森林的破坏。几百年前的美洲大陆，从加拿大到墨西哥广大地区，拥有茂密的森林和丰富的动植物物种。然而，欧洲移民的到来带来了先进的技术，他们过度砍伐树木、开垦荒地、捕猎动物，导致这片土地发生了巨大的变化。原始森林消失，大型哺乳动物如猛犸象等已经绝迹。这些情况反映出人类社会发展对生态系统造成了严重的破坏。生物链是一个相互制约、相互依存的整体。当不协调的现象进一步发展时，当人口数量增加，某些物种灭绝时，生物链可能会断裂和破坏。这些问题已经成为我们不能忽视的现实。

资源的枯竭。在目前的情况下，人类正在以超过自然积累速度的方式消耗煤炭、石油、地下水和其他自然资源。根据报道，人类每年消耗的资源量严重超出地球所能提供的。目前的情况是，人类社会仅仅在 8 个月内就耗尽了地球一年能够提供给人类的资源量。这种过度消耗导致生物物种数量急剧减少，地球变暖、海水酸化、土地盐碱化以及大量河流枯竭等问题日益明显。

二、现代化经济发展模式

现代化社会从发展工业和科学技术中获得了巨大的经济效益，扩大了资本积累。导致工业和科学技术的畸形发展。从动力工具、光电工业、自动化工具、智能工具到空间技术。一方面，工具技术和科学技术在日新月异地进步发展，但是没有改善工具对生态系统和生存环境的破坏。而是工具的应用越来越普及，呈指数增长。扩大了经济效益，扩大了资本积累，构筑起庞大的经济帝国。而另一方面，却是进一步丧失了生态效益，对生存环境的破坏，几乎同样是呈指数增长。造成大量物种灭绝。生态系统面临生存危机的境地。这是破坏生态系统稳定性的最好证明。追求 GDP 增长，单纯追求人类的幸福生活，而不顾对自然资源枯竭和生态系统的严重破坏。更为严重的问题在于，人们至今仍然迷恋这种经济发展模式，其影响仍然在不断扩大，这种发展模式几乎成为人们的共识，成为人们追求的理想发展目标。而许多自然资源是个常量，这是最基本的生物生存的依据。许多学者在分析论证这种发展模式存在的问题。有关的国际环境组织在不断公布地球环境遭到破坏的情况。然而追求 GDP、追求经济增长的发展模式，仍然在继续，并不断扩大。似乎视而不见这些分析、论证、呼吁。这些国际组织、研究机构所做的研究成果，撼动不了经济大国之间竞争。经济发展模式没有予以控制的迹象，甚至以敷衍的方式，应付这些分析、论证、呼吁。造成人类生存环境遭到严重破坏的发展模式，这个根本性问题不解决，只是一般性地采取"治标"式的治理环境，不可能改变人类生存危机的根本问题。也就是说，产生问题的根源原因不解决，只是去解决产生的后果问题，不可能奏效。

从动态投入产出模型（1-4）、（1-5）对比可以看出，现代化的经济发展模式的严重危害在于，仍然在无休止地扩大膨胀的经济体。扩大工具技术膨胀发展；扩大科学技术膨胀发展；扩大虚拟化货币膨胀发展，以及没有控制人口增长。对于生态系统说来，这些都是外部因素。外部因素是人为造成的。生态系统不可能制约这些外部因素，只能由人去主动解决，别无他法。为了改善人类和生态系统的生存环境，唯一的出路只有缩小外部因素影响。资本社会不择手段地扩大资本积累的发展模式，发展工具技术，发展科学技术，不控制人口增长，这不是社会先进性的代表，而是不符合自然发展规律的代表。即控制有害于生态系统的工具发展；控制有害于生态系统的科学技术发展；废除货币虚拟化；控制人口增长。治理环境问题，需要"标"，"本"兼治。首先是治"本"。只有在治"本"的基础上，治"标"才能收到成效，这是显见的道理。反之，如果只是治"标"，而不去治"本"，则只能是灾难越来越严重。这就是"源"与"汇"的关系。只是治"汇"，而不去治"源"，永远解决不了实质性问题。直至今天，人类命运已经面临岌岌可危的境地，儿孙辈的人就将面临这些实实在在的危机问题。而经济大国仍然我行我素。这种反差，后果是灾难性的，不堪设想。谁也不要喊你是错的，我是对的。在面临人类灾难性的问题上，人类的行为是最公正的试金石。

例如亿万年大自然积累的碳化合物，仅数百年人类几乎将其耗尽。随着工业发展，人口增多，对资源的消耗量仍然进一步扩大。现实已经表明，资源枯竭的现象不可避免。它是人类自身破坏了人类赖以生存的环境。

三、生态系统的中性特征

生态系统与人类属于不同范畴。生态系统具有全局属性；人类是生态系统的一部分，具有局部属性。为了解决生态系统与人类社会的关系问题，首先需要了解生态系统的典型特征以及人类社会对生态系统存在的问题。

哲学是一门中性的科学。以现代哲学为例，唯物与唯心是辩证的统一体。不可以只重视唯物，也不可以只重视唯心。需要既重视唯物，又需要重视唯心。说明哲学具有中性特征。现代社会的失误，就在于忽视了哲学的指导作用。

生态系统是遵循自然发展规律的系统，具有中性特征。在协调人类与生态系统的关系中，首先需要重视生态系统的中性特征。工具和科学技术的非正常发展，以及人口的膨胀发展，有害于生态系统。人类只能通过控制这些外部因素对生态系统的影响，既促进人类社会的发展，又不会严重破坏生态系统，从而实现人类与生态系统的共存。

人类作为生态系统的一部分，应意识到自身行为对生态系统的影响不能过度。说明以哲学思维理念指导是重要性，让人们认识到资本主义社会只重视扩大资本积累的发展理念，不符合人与生态系统的关系。它破坏了生态系统的平衡发展。因此，我们应该控制工具、科学技术和人口膨胀等外部因素对生态系统的破坏。这是保持人类与生态系统均衡发展的唯一出路，也是确保生态系统和人类自身生存的唯一途径。

国家的政府机构负责管理国家事务，维护各个领域的均衡发展。控制外部因素对生态系统的破坏是国家和国际组织职责的重要组成部分。因此，国家和国际组织应当直接参与，采用哲学的发展理念来治理国家，管理人类与生态系统的关系，以控制外部因素对生态系统的影响。

人类与生态系统是相互依存的关系，人类无法离开生态系统。人类文明是在生产力基础上建立起来的，侧重于发展生产力。而生态文明是基于生态系统的基础上建立起来的，关注生态系统的稳定运行。二者的区别在于随着生产力的发展，对生态系统的破坏越来越严重，导致人类与生态系统的关系日益疏远。而生态文明建设的目标是维持生态系统的稳定性。在人类社会的发展中，必须时刻关注对生态系统的影响，以确保人类与生态系统的和谐共存。

第二章
以土地为依托的社会

以土地为依托的社会包括远古社会、原始社会、奴隶社会和农耕社会。在这些社会中，人类生活和生存都依赖于土地。土地为人类提供食物、水源和居住地，是生物生存的基础。人类社会发展的早期阶段，土地起着关键的支撑作用。

地球环境为生物提供了适宜的生存条件。万物的存活都根植于土地，并依赖土地。植物扎根于土壤，占据着土地的资源，吸收土地提供的养分和水分。太阳提供温暖的阳光，像乳汁一样供给各类生物繁衍生存。生物链中的各种生物以此为基础，通过进化和适应优胜劣汰，循环往复地繁衍生息。在人类发展的历史长河中，人类也是植根于土地的生物。为了生存，人类与其他物种争夺土地。无论人类社会如何发展，最真实意义上的财富永远是土地，它是人类存在的基础。人类根植土地，已经生存和繁衍了千百万年。人类社会的战争无不是为了争夺财富、争夺土地而战。

维系人类生存和生活的基础依托是家庭，由男女两性组成。在现代社会，广大劳动者即农民和工人是维系人类生存和生活所必需的群体。他们为人们提供衣、食、住、行等基本需求，维持着人们的生活和生存。广大劳动者是人类赖以生存和生活的基石，无论人类社会如何发展，劳动者的重要地位都不可动摇。

第一节　人类与生态系统的关系

人类是生物链上的一部分，其命运与其他生物的命运紧密相连，相互之间存在密切的关联。为了全面了解人类行为对生态环境的影响，我们需要深入研究人类社会的发展和演变过程。通过分析人类的演变和对生态系统的影响，我们可以更清晰地认识现代社会所面临的问题。

人类作为生态系统的一部分，现代社会的发展对生态系统产生直接影响，不仅破坏了生存环境，还对生态系统和人类自身的生存构成直接威胁。人类社会的发展与生态系统紧密相连，研究人类社会发展时必须充分考虑人类与生态系统之间的关系。构建一个以生态系统为基础的社会是人类社会研究中一个永恒的课题。

在人类的发展历史中，工具是改变社会结构和人类命运的主要因素。随着社会的发展，为了满足物质交换的需求，货币的出现变成了必要的条件。对于生态系统来说，工具和货币都是外部因素。工具和货币的出现改变了人类与生态系统的关系，同时也对人类自身产生了影响。工具和货币的发展直接影响了人类历史的进程，推动了科技和劳动力等生产要素的不断进步。这些进步不仅改善了人类的生活条件，还直接影响了生态系统的变化以及人类与生态系统之间的关系。

根据工具对生态系统稳定性的影响程度，我们可以将人类历史划分为稳定态历史时期、常态变化历史时期和非常态变化历史时期。

稳定态历史时期。这个时期发生在工具出现之前，人类与生态系统之间存在紧密的相互制约和依存关系。这个时期持续了约 1 000 万年，远古社会即处于这个阶段。

常态变化历史时期。从大约 180 万年前开始，人类开始使用和制造工具。在这个时期，人类经历了石器时代、狩猎社会、游牧社会和农耕社会等不同阶段。尽管工具的使用发展有所变化，但总体上仍局限于手工工具。人类对生态系统的影响仍处于可控的常态变化过程中。农耕社会一直延续至今，在世界许多地区仍然存在。

非常态变化历史时期。是指工具出现和发展后对生态系统影响最严重、不可控的时期，即资本主义社会的发展阶段。资本主义社会将工具技术和数量视为扩大资本积累的重要手段。为实现这一目标，资本主义社会进一步推动科学技术的发展，促进工具技术的进步，以达到增加资本积累的目的。这种发展模式改变了发展工具的目的，违背了最初利用工具改善生活条件的初衷。而这种发展模式对生态系统造成了严重破坏，使生态系统从常态变为非常态。短短几百年的发展，将生态系统推向崩溃的边缘，并直接威胁到人类自身的生存。这使得生态系统处于非常态变化历史时期，展现了资本主义社会在人类社会发展中带来的扭曲。

作为地球上的生物，人类处于生物链的顶端，是唯一具备思维和制造工具能力的动物。因此，人类的行为对生态系统产生直接影响。生态系统的变化，无论是正常变化还是非正常变化，与人类的行为密不可分。然而，人类通过自身的智慧将生态系统和人类自身推向灭绝的边缘。这是资本主义社会面临的一个值得深思并进行研究的社会问题，这些问题都是由人类行为引起的。人类必须承担起恢复生态系统常态变化的责任和义务，挽救生存危机，将生态系统恢复到常态变化的状态。只有这样，人类和生态系统才能实现和谐发展，且共同实现长期的生存。这是人类的责任和使命。地球将永远是人类的家园。至于对外层空间的探索，从理论研究的角度来看是无害的，但如果涉及工具的介入，情况就不同了。无论人类到达何处，都将成为所到环境的外部因素。

第二节　稳定态时代：远古社会

根据考古学的研究，人类在地球上的历史可以追溯到约 1 200 万年前。然而，直到约 180 万年前，人类才能够制造和使用工具，这个时期被称为远古人类社会。在这个时期，人类与其他生物一样，需要适应自然环境以实现生存。他们依靠自身的能力从自然界中获得食物，并在受到自然限制的状态下生活。与其他生物一样，人类与自然界之间建立了相互制约和相互依存的关系，彼此处于平等的地位。

在远古社会时期，生态系统基本不受人类干预的情况下运转。除了自然环境的影响外，几乎没有其他外部因素的干扰。只有在没有自然灾害的情况下，生态系统才能保持动态的稳定状态。在适宜生物生存的环境条件下，生态系统中的物种会繁荣生长。然而，当面临困难和灾害时，生态系统中的物种可能会受到影响，经过一段时间后，系统会进入新的动态平衡状态。

在远古时期，人类社会与生态系统之间存在着紧密的相互关系，这种关系持续了数百万年。人类与自然环境互相作用和共同演化，并适应着四季更替、周期性的自然环境变化。可以将这种关系描述为一种稳定的生态系统，该系统具有强大的稳定性和惯性，不容易轻易改变。

然而，需要明确的是，实际情况要比静态投入产出模型更复杂。远古社会与生态系统之间的相互作用受到多种因素的影响，如气候变化、自然灾害和人类活动等。这些因素对生态系统和人类社会的影响是相互交织的，相互影响，并在演化和适应的过程中不断调节平衡。

因此，在远古时期，人类的生活密切依赖着周围的自然环境。采集、狩猎、捕捞和采集等活动是他们的主要生计方式。与此同时，人类也逐渐形成了相应的社会组织和文化。人类社会与生态系统之间建立起了一种相互制约和相互依存的关系，通过不断的演化和适应，彼此相互影响和调节。这种相互关系在远古时期塑造了人类社会和生态系统的演化轨迹。

第三节　可控的不稳定态时代：远古时代

生态系统缓慢变化的过程中，人类的发展变化最为显著。这一变化的主要驱动因素是人类拥有高度发育的大脑，同时，人类能够直立行走。直立行走进一步促进了大脑的进化和发展，推动了人类思维能力的复杂化。人类的进化与生存需求紧密相关，演化出了能够使用和制造工具的能力。在人类的历史上，工具的出现和发展是决定人类命运的转折点。工具的使用对人类的生活方式和社会结构产生了深远的影响。工具不仅满足了人类的基本生存需求，还为人类开辟了更广阔的可能性。它扩展了人类的能力，使人类能够更高效地独立于自然环境，并改变了人类与环境的关系。

一、石器时代

1968 年，在东非肯尼亚特卡纳湖附近的考古遗址上发现了砾石打制的石器，经过分析和论证确定是人类有意识制造的工具，并估计其距今约为 180 万年。这标志着人类开始能够制造和使用工具。尽管最初的工具非常简单，但在人类发展的历史长河中，它们成为改变人类命运的重大里程碑。

距今 80 万年前，人类掌握了使用火的技术，并能够独立取火。火的应用推动了人类社会的发展，再次带来了重大的变革。

人类开始制造和使用简单的工具。从磨石到棍棒，进一步发展为制造长矛和弓箭等工具。相对于其他生物，这使得人类在寻找食物方面具有明显的优势，具备了"掠取"的属性。从此以后，人类的生存条件开始优于其他生物。尽管最初的工具很简单，但对于生态系统而言，工具是外部因素，会对生态系统的稳定性产生影响。它表明外部因素对于一个系统而言具有非同一般的作用。它改变了系统运行的状态，从稳定态变为不稳定态。这种不稳定性的严重程度取决于外部因素的影响程度。也就是说，工具的利用以及火的使用，猎取肉食动物，破坏了生态系统运行的稳定性。不稳定态的严重程度取决于工具发展的程度。

人类社会发展的现实表明，工具的发展不仅对生态系统的稳定性产生连续的影响，而且工具的发展越来越先进、数量越来越多、应用面越来越广泛，工具对生态系统的破坏也变得越来越严重。特别是在工业革命之后。工具的发展已经改变了制造工具是为了改善生活的初衷。制造工具成为扩大资本积累的重要手段。如今，工具的技术和数量发展到了使生态系统处于危机边缘的地步。

人类能够制造和使用工具以及掌握使用火的能力，是改变人类命运的转折点。通过利用工具和火，人类的生存能力逐渐摆脱对自然的适应和被动，转变为对自然的主动攻击。对食物、居住条件和抵御其他动物入侵的需求，让人类逐渐具备了较强的自主能力。然而，人类对自然界的侵犯也日益加剧。从此，人类成为生物链顶端的动物，在生态系统中成为"主体"，导致生态系统变成"客体"。这种主客体关系的颠倒，反映了人类与生态系统关系的颠倒，也是人类给生态系统带来灾难的根源。

世界辽阔，地域广大。由于不同地区人类制造和使用工具的技术水平差异，人类社会呈现出错综复杂的交错式发展。有些地方发展成为狩猎型社会，利用工具进行狩猎。随着工具技术的改进和生存能力的增强，有些地方发展成为游牧型社会。还有些地方则发展为农耕型社会。至今，这些不同的发展模式仍然存在。

二、狩猎式族群

狩猎式的族群是指依靠工具和火焰进行狩猎，并以狩猎为主要生活方式的群体。他们运用工具和火焰的帮助，进行集体狩猎，追捕大型动物，尤其是大型哺乳动物。大型哺乳动物往往移动缓慢且体型庞大，更容易成为人类狩猎的目标。这种狩猎方式对大型哺乳动物的捕杀造成了显著危害。不断扩张的狩猎式族群开始向全球各地扩展。4.5万年前，狩猎式族群从亚洲迁徙至澳洲，仅几千年的时间便使澳洲的大型哺乳动物灭绝。相继迁徙至亚洲和美洲，很快将长毛象等大型哺乳动物赶至灭绝。长毛象曾分布在北半球各地，而狩猎式族群的到来导致这些大型哺乳动物的灭绝。在这个时期，人类利用工具和火焰对生态系统的破坏已经导致全球约一半以上的大型哺乳动物灭绝。这个时期首次明显展现出人类依靠工具和火焰对生态系统的严重破坏。然而，该时期的破坏主要集中在大型哺乳动物方面，对生存环境几乎没有造成大的影响。

随着大型哺乳动物数量的减少，人口增长和人类生存技能的提高，一些族群开始驯养动物。他们发现野生动物与人类同样存在情感相通的特点，逐渐将捕获到的野生动物收养，逐渐培养为人工驯养的动物。还有一些族群利用种植可食用植物，逐渐形成了定居农耕的生活方式。

三、游牧社会

随着工具制造技术的发展，人类在获取食物方面取得了进一步的改善。在狩猎式的群体中，一部分人逐渐掌握了驯养野生动物的技术，并利用动物同样具有情感的本性来进行驯养。人类开始驯养牛、羊、狗等动物，并随着时间的推移，不断改良和繁育动物的品种。这使得人类与生态系统之间多了一层以人类饲养动物为基础的关系。人类能够驯养动物表明人类的生活条件得到了进一步改善。拥有自己饲养的牲畜意味着人类的生活条件得到了保障和稳定，也使人类与野生物种之间的关系进一步疏远。这些群体逐渐采用以放养和饲养牲畜为主的游牧方式生活。通过饲养牲畜可以满足人类的肉食需求，无须再过着无保障的追捕野生动物的生活方式。人类从以狩猎为主的生活方式发展为以驯养动物为主的生活方式，是人类社会发展的重要进化阶段。这使得人类的生活条件得到了进一步改善和基本保障。随之而来的是人口数量的增加和饲养牲畜的增多。这种变化直接涉及与野生动物争夺草地的问题。随着饲养牲畜数量的增加，对生态系统和环境的破坏也随之加剧。其中最为明显的是撒哈拉以及周边地区、阿拉伯地区、蒙古高原地区等地，这些地区主要是游牧民族的居住地，他们过着以游牧为主的生活方式，至今仍保留着这一传统。这些地区的沙漠化问题不断扩大，与人口增加和过度的游牧方式有一定的关联。破坏生态环境是一个逐步形成的过程，而恢复受破坏的生态环境也不可能一蹴而就。随着人口的增长和对食物需求的增加，这些问题已经变得越来越严重。这些现象是人类所面临的现实问题，我们不能忽视这种生活方式对生物生存环境的破坏。

第四节　可控的不稳定时代：农耕社会

在游牧生活中，当遇到水草丰茂的地方，人们会停留更长的时间。逐渐出现了定居下来的人群，他们建立起自己的居所，以防寒和避免猛兽的侵袭。开始种植可食用的植物，培育出谷物、蔬菜等作物。人们还开始驯养和繁殖野生动物，如猪、羊等供人食用，养牛、马等动物，并制造简单的农具进行耕种。随着这一发展过程，人们逐渐实现了稳定的定居生活，生活变得更加舒适和安定。这就逐渐形成了以农业为主的农耕社会。

一、农耕社会形成

随着工具使用和制造技术的进步，以及火的运用，人类社会也在不断发展变化。随着人口的增加和可狩猎的大型哺乳动物减少，人类的生活条件相对变得困难。随着农业技术的发展，人类开始掌握植物栽培和动物饲养技术，逐渐过渡到定居的生活方式。这种以家庭为中心的生活方式提供了基本的生活保障和稳定，减少了对外部环境的依赖。因此，越来越多的人接受了这种生活方式，从而导致了农耕社会在世界各地的普遍存在。

人类进入农耕生活大约有 10 万年的历史。但直到约 2 万年前，农耕生活才成为固定的生活方式。农耕社会的出现和形成是人类社会制造和使用工具发展的重要转折。人们能够建筑自己的居所，摆脱了四处漂泊。他们可以养殖畜牧，自给自足。他们也可以自己耕种土地，种植粮食和蔬菜，从而确保生活的基本需求。适宜农耕的地区也促使人们聚集在一起，形成村落，以防止野兽的侵袭。正是农耕生活的这些优点使得这种生活方式几乎遍布了全球。中东地区的小麦种植技术由于小麦适宜于耕种而很快传遍世界各地。不同地区的农产品交流使得全球形成了丰富多样的农耕经济。

土地成为以农耕为基础的社会中最重要的资源。在农耕社会中，战争主要围绕着争夺土地、财富和生产力展开，其规模庞大且频繁。社会的基本单位是家庭，由男女两性组成，他们的唯一目的是维持生存。农民是社会的核心群体，与土地密切相关。这突显了工具制造和使用技术在人类社会发展中的重要性。然而，对于生态系统而言，工具是外部因素。随着工具技术的进一步发展和人口的快速增长，对生态系统的破坏也进一步加剧。

二、农耕社会的典型特征

农耕社会与远古社会、原始社会一样，都是以土地为基础的社会形态。石器时代至农耕社会是工具制造和使用的时代，随着工具制造技术的发展，社会逐步向前发展。从最初制造简单工具，发展到以耕种土地为主的农耕社会。农耕社会同样以土地为基础，人们享有固定的居所，过上相对安定的生活，并以耕种土地为主要生存和繁衍方式。

以土地为依托的社会注重接近自然的生活方式，受到生物链的制约。人类与各类生物共同生活在相同的生存环境中，以土地为基础与大自然保持紧密联系。植物文明即以土地为依托，以根植于土地的植物为基础构建的生态环境，各类生物依此繁衍生息。与其他动物一样，人类也依赖植物和大地存活。在大自然赋予的生存环境中，生物们不断地繁衍生息。他们的存亡兴衰与季节的更迭紧密相连。各生物之间存在紧密的相互依存和制约关系。

农耕社会形成以家庭单元独立生活的方式，拥有自己耕种的土地和饲养的牲畜，生活相对稳定。这是农耕社会人口快速增长的主要原因。如果有意识地控制人口增长，农耕社会生产方式的特点会对生态系统侵扰影响较少。人类与生态系统之间的关系将更加和谐，社会变化也会相对缓慢，属于相对稳定的状态。农耕社会的典型特征包括：

封闭式循环经济。农耕社会的经济形式是，与土地紧密联系在一起的经济。由于手工工具发展水平的局限，农耕社会经济结构，主要是以一家一户为单位的、满足自我需求的封闭式小农经济。以家庭为单位，各家各户都是以满足自我需求为主。自我饲养牲畜，自我耕种土地，自我满足生活必需品的需求。封闭式生活理念是其典型特征。与外界的联系主要是通过集市交易，解决物品的互通有无问题，几乎没有地区间的交流往来。小农经济模式，手工工具仅为满足基本生活所需，资本积累很少，对生态系统的影响很小。封闭式经济与外部联系很少。这些因素决定了农耕社会是缓慢变化的社会。如果能够控制人口增多，农耕社会与生态系统的关系是和谐的。

农耕社会的经济是循环经济。一年四季春种秋收，周而复始地循环。受自然环境的影响，不可能年年是丰收年，也不可能年年是灾年。加之农耕经济以满足自我需求为主。农具技术条件的局限；一个家庭能够耕种土地面积的局限；农产品积累久存会变质的局限等因素，决定了农耕经济发展模式变化缓慢。农民饲养家畜耕种土地；家畜粪肥施于土地，以便保持土壤的肥效；农作物秸秆饲养牲畜、作为燃料。一般垃圾同样作为肥料，保持农耕经济周而复始的循环。很少有浪费的物品，又保持了土地的肥效。数万年来，土地因施用农家肥由生土变成了熟土，保障了农作物的生长。这一现象表明，土地同样需要营养保护。它也是对生态环境保护的重要组成部分。

淳朴、务实的品格。实体经济是基础。农民在土地上劳动，来不得半点虚假。农作物生长，除了受自然环境的影响之外，一般说来，你对土地付出得多，收获就多；你付出得少，收获就少。由此养成了农民淳朴、务实的品格。工业生产的工人因劳动性质决定，同样具有淳朴、务实的品格。他们是保障人们基本生活需求的群体。因此，工人、农民当之无愧地是一个国家的基础群体。哪个国家不遵循实体经济是基础这一朴素的道理，这个国家就会显现浮躁、乱象丛生，增加了人与人之间关系的复杂性。

经济发展缓慢、比较稳定。农业生产是以一家一户为生产单位。生产的产品以满足自我需求为主。加之农产品不可能多年储存，这种自然条件和思维方式使得生产的产品有限。尽管出现了交易市场，也仅仅是解决互通有无的问题。交易公平，很少有投机取巧的欺诈行为。而且封闭式小农经济，自给自足经济发展模式具有普遍性。都是满足于自给，直接影响到交易市场不可能发达，也不可能出现大型城市。天气变化直接影响到人们的生活。丰年，生产的产品丰富，生活得到保障。但是你丰收了，他也收获了，多余的产品卖不出去，只能留存或以低价出售。丰收而不能多得。灾年，直接影响到人们的物质生活质量，产出品稀缺。你缺少，他也缺少，同样无处购买，大家共同度过灾年。尽管物以稀为贵，但是交易量很少，经济收入仍然得不到提高。

农耕社会，一直处于剩余积累较少的状态。生产要素是推动经济发展的原动力。剩余积累很少，是农耕社会经济发展缓慢的根本原因。至今农耕社会国家的经济发展，仍然是处于这种状态。直到现在，世界各国从事基础劳动的农民、工人都是提供人们基本生活需求的劳动群体。他们的经济收入一直处于社会的最底层。然而其他与金融有关系的行业则不同。与金融关系越密切的行业，其收入越高。收入高低，不是决定于劳动力投入的多少，而是决定于与金融业关系的密切程度。它反映了社会收入分配的不公平。反映了经济结构发展虚膨胀的现实，与金融业关系密切的产业，与人们生存可有可无的产业发展越快。对于生态系统说来，随着经济体膨胀发展，其破坏性越来越严重。这就是经济扭曲发展的实现。也说明对金融业需要严格监管。越是基础性产业经济效益越低，劳动者的收入一直是处于经济收入的最底层。越是与基础性产业偏离远的产业，例如金融业，其经济效益越高，职员的收入也越高。这是极不正常的社会现实。也是当今社会，产生诸多弊病的根本原因。

货币。农耕经济确实具有上述特点，货币在其中仍然是产品交换的重要媒介，因此货币的虚拟化条件相对较少。这导致农耕经济很少受到虚拟化货币等外部因素的影响，资本积累程度也较低。同时，不同产业间的相互制约和相互依存关系也非常明显。因此，这些基础性产业在市场的制约下发挥着重要作用。

基础性产业往往具有较低的经济效益，这是因为它们通常涉及生产的初级阶段，与高附加值产业相比，经济效益相对较低。另外，基础产业劳动者的收入往往处于经济收入的最底层，这是因为基础产业中的劳动力往往面临低工资、艰苦的劳动条件等问题。

然而，值得注意的是，基础产业的发展对整个经济系统起着至关重要的作用。没有强大的基础产业，其他高附加值产业也难以发展。此外，基础产业中的劳动者也是推动整个经济的中坚力量，他们的劳动为其他产业提供了必要的物资和服务。

为了改善基础产业劳动者的收入状况，需要采取一系列措施，包括提高工资水平、改善劳动条件、加强职业培训和教育等。同时，政府和社会应该重视基础产业的发展，提供相应的支持和政策保护，以推动整个经济系统的均衡发展。通过合理的发展策略和措施，可以实现基础产业与其他产业的协调发展，为劳动者提供更好的收入和福利保障。农耕社会存在有高利贷贷款的问题，因交易数量有限，对货币市场的影响有限。货币的发行量，直接受到农耕经济的制约。农耕社会，货币、工具仅仅满足于经济运行所需，对经济系统稳定性影响很小，经济系统结构基本保持供给与需求的均衡状态。保持着与大自然密切接触的状态。这是农耕社会经济系统很稳定的根本原因。应该说这种经济结构符合于经济发展规律，符合于自然发展规律。至今世界上大多数国家，仍然是农耕社会国家，都是最好的证明。农耕经济受自然环境直接影响。但是自然环境是周而复始地运行，因此农耕经济也同样随着自然环境的变化，呈现周而复始的波动式变化，几乎不存在灾难性、严重不稳定性状态。

农耕社会的局限性。市场交易是推动农耕社会发展的重要因素。农产品赢、缺的状况，需要互通有无。所需要的农具，需要交换、购买，于是出现了货币，出现了农产品交易市场，以便于产品交换。农耕时代的市场交易，有的是以物换物，有的是以货币为媒介进行交易。城乡的关系属于农村是主体，城市是客体。城镇的发展依附于农村的发展。

随着农产品交换数量的增多，市场不断扩大。随着市场扩大，交易量增多，相伴随的行业种类也随之逐渐增多。例如，饮食业、商业、小手工业作坊、服务业等。随着市场逐渐扩大，为货币的流通、货币量的增加创造了条件。城市人口逐渐增多，导致对商品需求的增多。行业结构不断发生变化，社会结构也逐渐发生变化。货币流通量不断增加，促使工业发展，促使交易市场不断发展扩大，相互促进发展。逐渐发展到国家之间交易量不断扩大。城市规模逐渐发展扩大。随着经济发展，城乡差别逐渐扩大，城市规模随之逐渐扩大。城市、农村的关系也在不断发生变化。以农村为主体，发展为以城市为主体，农村为客体。这种主、客的颠倒，体现了经济结构的变化，体现了工业和金融业在城乡结构变化中的作用。不符合自然发展规律。随着经济发展，货币的发展，物质交流的增加，这种颠倒越来越突出，社会风气也在不断发生变化。农村淳朴、务实的社会风气，逐渐被城市浮华的社会风气所取代。

对城市规模扩大，产生直接影响的不是农业。它与商业、服务业、金融业和工业的发展密切相关。随着工业经济发展，工业产品种类不断增多，经济效益不断扩大，导致金融业不断扩大发展介入，成为经济快速增长的关键因素。金融业的迅速发展推动了与之相关的行业蓬勃发展，从而进一步促进了经济的膨胀和扩张。因此，在经济发达的国家和地区，金融业往往起到维持富裕生活的重要角色。这也导致城市的迅速扩大，成为了繁荣的象征。然而，尽管如此，农业仍然是最基础的产业之一，它始终为人类提供食物和资源。农业的发展虽然相对缓慢，但其重要性不可忽视，它始终扮演着社会稳定和基础发展的关键角色。人类对农产品的基本生活需求至关重要。这一事实折射出了一个社会现象：随着社会的发展变得越来越复杂和快节奏，人们与土地的联系逐渐疏远，给从事基础产业的人们带来了越来越深刻的伤害。这种情况实属不正常的社会现象。然而，我们应该意识到，无论社会如何变革，土地始终是社会发展的基石。为了确保社会的可持续发展，必须遵循符合自然规律的发展原则。经济发展的根本依据是满足人们的基本需求，并与生态系统实现均衡发展，以保障生态系统和人类能够长期共存。这也是人类社会发展所追求的基本宗旨。它也说明农耕社会循环经济发展模式，保持人与生态系统常态的发展关系。其重要意义不可以忽视。

人口迅速增长。农耕社会是一个相对安定、自给自足且舒适的小农经济体系，能够基本满足人们的生活需求。其中，妇女的劳动负担减轻，导致了生育率的上升。农耕社会对生态系统稳定性产生影响的主要因素是，与土地相关的繁重劳动需要强壮的劳动力，因此家庭需要有男性劳动力的支持。为了要生育男孩，人们常常生育较多的子女，这导致了人口生育率明显增加。此外，文化和医疗水平的限制以及政府对人口增长对生态系统影响的忽视也起到了作用。这些因素都促使农耕社会的人口增长率居高不下。

在农耕社会出现之前，人们主要以采集和狩猎为生，即大约一万年前，全球人口约为五百万至八百万。而到公元 1 世纪，人口增长到了 2.5 亿。随着人口数量的增加，人类对其他生物的生存空间减少产生了直接影响。人口的增长成为破坏生态系统平衡的一个重要因素。就像货币和金融与经济系统的关系是松散耦合的一样，需要政府进行监管。显然，人口问题同样需要政府进行严格监管和控制。另外，推行世界经济、贸易自由化、金融自由化，对促进世界人口迅速增长，起到了重要助推作用。参见表 2-1。

表 2-1　人口分布状况

	人口/亿				增长率/%	GDP/（万亿美元）
	2000 年	2005 年	2010 年	2017 年		
世界	61.22	65.20	69.33	75.30	1.2	80.684
高收入国家	11.35	11.54	11.99	12.49	0.6	51.475
中等收入国家	45.41	48.32	51.22	55.49	1.1	28.683
中低收入国家	50.07	53.66	57.34	62.81	1.3	22.168
低收入国家	4.66	5.34	6.12	7.32	2.6	29.237

从表 2-1 数据可以看出，人口增长状况与经济条件有直接关系。富裕国家的平均增长率最低。随着经济条件初步改善，人口的增长率随之增高。表 2-2 列出了人口增长率最高的一些国家。表明中、低收入的国家，是控制人口增长的重点地区。

表 2-2　中等收入，高生育率国家

国家	2000 年		2017 年		人均 GDP/（美元/人）
	总人口/（万）	人口密度/（人/千米²）	总人口/（万）	增长率/（%）	
埃及	6 990.6	63	9 755.3	1.9	241
肯尼亚	3 145.0	52	4 970.0	2.5	151
埃塞俄比亚	6 653.7	—	19 495.7	2.5	77

续表

国家	2000 年		2017 年		人均 GDP/（美元/人）
	总人口/（万）	人口密度/（人/千米²）	总人口/（万）	增长率/（%）	
尼日利亚	12 235.2	136	19 088.6	2.6	1 969
赞比亚	1 053.1	13	1 709.4	3.0	1 509
乌干达	2 403.9	—	4 286.3	3.3	605
莫桑比克	1 906.8	—	2 966.9	2.9	415
喀麦隆	1 527.4	32	2 405.4	2.6	145
马达加斯加	1 576.7	—	2 557.1	2.7	450
马拉维	1 137.6	—	1 862.2	2.9	345
安哥拉	1 644.1	—	2 978.4	3.3	417
几内亚	880.9	29	1 271.7	2.6	83
坦桑尼亚	3 417.8	37	5 731.0	3.1	909
塞内加尔	988.4	—	1 585.1	2.8	1 035
马里	1 096.8	—	1 854.2	3.0	825
毛里塔尼亚	270.9	—	442.0	2.7	131
加纳	1 893.9	83	2 883.4	2.2	164

特别是人口数量很多，人口增长率又较高的国家，控制人口增长尤为重要。

至今世界上大多数国家仍然是农耕社会。受世界市场经济的影响，经济不发达国家同样受益，造成人口快速增长的现象至今不减，由于常年使用化肥和农药，耕种的土地土质严重盐碱化。据世界粮农组织公布是数据。人均谷物产出量大约在 1985 年达到峰值。海洋鱼类的捕捞量，已经超过其繁殖量。从此，产出与供给一直处于不相配的状态。然而人口仍然在持续增长。表明人口增长问题，已经直接影响到生态系统均衡发展的问题了。人们的生活质量。示意如图 2-1。

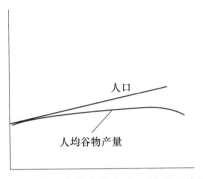

图 2-1　世界人均谷物与人口增长示意图

这幅图说明了当今世界面临的人口增长问题，是人类社会必须解决的严峻挑战之一。如果不加以控制，人口问题将成为人类面临的重大灾难性问题。

三、农耕社会对生态系统的影响

农耕社会对生态系统影响，具体体现在人口快速增长。农耕社会所使用的工具，主要是手工业生产的工具，对生态系统并没有构成严重影响。农耕社会对生态系统的影响，主要体现在农耕社会人口迅速增长。从表 2-1 和表 2-2 的数据可以看出，人口增长最快的国家，基本都是中低收入国家和较贫困的农业国家。所列数据表明，这些国家的生育率很高，人口增长最快。随着人口增加，开垦荒地作为耕种土地。耕地增加，成为一种改善生活条件的主要方式。人口增加直接侵占了其他生物的生存空间。这里也说明，若维护人与生态系统均衡发展，必须控制人口增长。

农耕社会时期，人类制造工具的能力进一步增强。工具制造技术的发展，人们的物质生活得到进一步改善。逐渐形成人丁兴旺，四世同堂，家族兴旺等民风。这些都是农耕社会，人口迅速增长的重要因素，都直接影响到人类的生殖率和婴幼儿的成活率的提高。农耕社会时期，由于地域辽阔、人口迅速增加，直接侵占了其他生物的生存空间。直到现在以农业为主的国家，人口增长率依然很高。人口泛滥已经构成破坏生态环境的重要因素。现如今，在广大农业人口居住区域内，因人口密度不断增加，其他动物几乎灭绝。人口仍然在不断增加，人类居住区域在不断扩大，生物的生存空间在不断缩小，这是人类与生态系统不均衡发展的严峻现实。如果不控制人口泛滥问题，其他动物的消亡，已经是近在眼前的现实。类似于非洲的野生动物园，世界上几乎没有了。非洲野生动物园又能存在多久？只要看看非洲人口增长的状况，就会意识到已经是摆在世人面前的实际问题。

人口增长则破坏了人与生态系统均衡的状态。这类问题只能由政府机构和世界组织予以严格监管，形成人们的共识，予以政策倾斜，别无他法。然而至今，没有将人口增长问题，列入政府及国际组织职权的主要内容之一。随着经济增长，人口增长问题越来越严重，几乎无人问津。世人需要关注农耕社会人口泛滥这一现实课题。所谓进步的人类和人类社会的进步，唯一的衡量标准，就是实现人与生态系统均衡发展。人口数量大，人口密度大，人口增长率较高国家的统计数据见表 2-3。

表 2-3　人口分布状况统计表

国家	1990 年		1999 年		
	总人口/（亿）	年增长率/（%）	总人口/（亿）	人口密度/（人/千米²）	年增长率/（%）
中国	11.55	1.5	12.67	134	1.1
印度	8.35	2.1	9.87	336	1.8
印尼	1.79	1.8	2.09	114	1.7
泰国	0.56	1.7	0.62	121	1.2
土耳其	0.56	2.3	0.64	84	1.5
尼日利亚	0.87	3.0	1.10	136	2.6

以上这些国家人口数量多，人口密度大，人口增长率较高，直接侵占了其他生物的生存空间。无论是改变对生态系统的影响，以及改善人们的生活条件，改善生存环境，都需要控制人口增长。

控制人口增长问题是威胁人类生存的严峻问题之一，它应该成为各级政府职能和国际组织的主要职能之一。制定政策、财政支持、教育、形成生活习俗等方方面面予以重视。人口问题是破坏生态系统均衡发展的，人为制造的主要外部因素之一，需要充分认识到该问题的危害性。

以非洲为例（表2-4），非洲许多国家在过去的几十年里经历了人口快速增长的现象，导致人口数量迅速膨胀。如果不采取有效的人口控制措施，这种增长趋势将对非洲的天然动物园产生严重影响。人口的增加意味着对土地资源的持续开发和扩张，这将直接减少动物的栖息地，动物没有安身之所，没有安定的家园，如何保护动物？此外，随着旅游业的繁荣，人们对动物观赏的需求与日俱增，不断增加的游客数量将进一步侵占动物栖息地，使它们失去稳定的家园。人们已经认识到，人与生态系统是密不可分的整体。地球上生物生存环境的变化，涉及生物的生存问题，涉及 生物链的变化。生态系统的变化，像镜子一样，反映了人类生存变化的状况。控制人口增长是维护生态平衡的本源性问题。这个问题不解决，只是表面性做文章，保护生态环境问题喊得再响，也无济于事，只能眼看着生态系统和人类一步一步趋于毁灭。

表2-4　GDP/人低于 2 000 美元的国家

国家	总人口/（万）	增长率/（%）	人均 GDP/（美元/人）
刚果金	6 751	2.8	680
利比里亚	429	3.2	683
布隆迪	1 016	3.4	691
几内亚	1 175	2.4	1 058
莫桑比克	2 583	2.6	1 490
厄尼特利亚	636	3.5	1 369
马拉维	1 636	2.9	1 073
多哥	682	2.6	1 262
马达加斯加	2 293	2.8	1 320
埃塞俄比亚	9 410	2.7	1 350

国家	总人口/（万）	增长率/（%）	人均GDP/（美元/人）
刚果	6 751	2.8	680
卢旺达	1 178	2.5	1 617
阿富汗	3 055	2.8	2 000
尼日尔	1 783	3.8	910
塞拉利昂	609	2.6	1 750
坦桑尼亚	9 425	2.9	1 750
赞比亚	1 454	2.9	1 560

　　例如中国。1949年的中国人口是4.7亿人。人均可耕地4亩/人。水资源没有短缺的迹象，山泉流水成年不断。而如今，仅仅经过70年时间，人口达14亿，人均可耕地面积仅1.5亩/人。许多自然景观，几乎都见不到了。水资源明显显现短缺的现象。为了满足人们对食物的需求，大量使用化肥、农药等，使土地严重盐碱化，土地肥力严重退化。大量抽取地下水灌溉农田，使水资源严重短缺。地下水位严重下降，大量河流干枯。人们的生活环境一步一步显著恶化。不要只是看到工具发展造成人类生存危机问题。单就人们生存环境恶化的现实现象，就难以想象，再过30年，50年，人们的生活将面临什么样景象。单就水资源问题，现在已经是面临危机的局面，人口继续增加，粮食和水的问题就是一个最实际的威胁人们生存的问题。这是全国大部分地区都面临的，大多数人都亲身体会得到的实实在在的现实。解决这些改善生存环境问题，都是摆在人们面前的实实在在的课题。不要以为利用现代化发展，可以进口农产品予以补充。如果许多国家都现代化了，人口仍然在不断增长，不是仍然存在农产品的缺口吗？说明控制人口增长是解决经济问题、人与生态系统均衡发展问题的基础性决策。

　　产生这些问题的原因，与现代化发展模式有直接关系。只看到货币虚拟化、工业快速发展、科学技术快速发展带来的眼前好处，虚浮的生活方式。看不到其长远的危害性，不关注人口增长的危害性，人类生存危机问题是其必然的结局。

人类社会发展进入资本社会之后，人们的生活得到极大改善。优越的生活条件，加之人类的认知水平提高，这时人类的生育率显著降低。它也说明控制人口增长问题是可以实现的。参见表2-5。

表 2-5　生育率较低的高收入国家

国家	总人口/（万）	生育率/（%）	GDP/（万美元/人）
德国	8 210	0.4	4.50
日本	12 650	0.3	3.73
法国	5 910	0.5	3.81
英国	5 879	0.3	3.79
意大利	5 730	0.2	3.36
俄罗斯	14 720	− 0.1	2.33
比利时	1 020	0.3	4.12
捷克	1 030	− 0.1	2.81
丹麦	530	0.4	4.45
芬兰	520	0.4	3.89
希腊	1 060	0.4	2.48
匈牙利	1 010	− 0.3	2.34
荷兰	1 580	0.6	4.63
挪威	450	0.5	6.76
波兰	450	0.2	2.60
葡萄牙	1 000	0.1	2.61
罗马尼亚	2 250	− 0.4	1.94
斯洛伐克	540	0.2	2.68
西班牙	3 940	0.2	3.28
瑞典	880	0.4	4.63

农耕社会的货币和工具没有虚膨胀的条件，是农耕社会长期稳定发展的根本原因。在千、百年前，相对于广袤的大地，人口增长对于生态系统的影响，尚不十分明显。但是发展到今天，农业人口迅速增加，耕地面积迅速扩大，已经直接影响到生物的生存空间不断缩小。它对生态系统的影响越来越突出。现在广大平原地区，布满了耕地、村落、工厂，几乎不存在其他生物。在这种环境下，生物品种、数量不可能不减少。只是这种影响是缓慢的变化过程，容易被人们所忽略。同时也反映了这一历史时期，尽管人类借助于工具对生态系统有破坏影响，其影响变化是缓慢的、可控的。人与其他生物的关系基本是和谐的，仍然遵循相互制约、相互依存的生存法则。

农民一年四季与土地打交道，不分寒暑地日夜操劳，满身是灰尘，营养不良，劳动强度大，医疗条件差。广大农民冬夏与大自然接触，是最务实的人，淳朴、实在，经济收入却处于最底层。需要强调的是，农民是维系人类生存的最基本的依靠群体。

人类社会最原始、最基本的准则是，维系人类的生存和生活。它是衡量一切行为的基本依据。凡是违背或威胁这一基本依据的行为，都是有害于人类生存、生活的行为。

在人类发展的历史长河中，最基本的生存、生活基础是土地。尽管工业发展令人眼花缭乱。在虚拟化货币的作用下，科学技术迅猛发展，工具技术、数量迅猛发展，经济体越来越虚膨胀。人们的基本生活需求需要这些吗！生态系统的生存环境遭到严重破坏。人们应该认识到，最真实意义的财产始终是土地。人类是在土地上周而复始地繁衍生息。

道德、文明是维系人类本源的要素。首先，它应该是尊重、维系人类生存、生活的基本道德准则。农民同样需要物质生活和精神生活。数万年来，农民追求物质生活，它是以"天人合一"的物质、精神全面发展的哲学思维理念维系农耕社会的运行。

农耕社会的人口泛滥不是农民个人的过错。人们需要认识到，该问题是破坏生态系统均衡发展的重要外部因素之一。它体现了现代化发展的扭曲。只是重视资本的作用，物质的作用。单纯追求物质生活的人类文明发展的必然结果。它是缺失政府监管职能的必然结果。控制人口增长是全世界的问题，显然它是各国政府和世界组织的重要职能之一。而且从人们的生理、生活负担，以及经济发达国家人口增长率很低的现实都说明，人们普遍不愿意承受生育过多子女的负担。只要政府部门予以政策支持、扶持，形成社会舆论，控制人口增长是可以实现的。人类的进步，最基本的进步应该体现在，维系人与生态系统均衡发展。

第五节　稳定性分析

动态投入产出模型描述的是经济系统供给与需求处于均衡状态的系统。该系统是稳定的。实际上，动态投入产出扩展模型仅仅比模型多了误差项，或称为外部因素。模型描述的是供给与需求处于非均衡态的系统，该系统是不稳定的。说明对于稳定态系统说来，外部因素影响的严重性。它是改变系统运行状态的主要因素。用这两个模型比较分析的方法，分析了经济系统的运行状况。用生态系统动态投入产出模型比较分析，同样可以了解生态系统的稳定性状况。

工具。工具是影响生态系统稳定性的主要因素，是外部因素。在农耕社会，工具都是手工生产的简单工具。人们使用工具，只是为了改善人们的基本生活水平所需，对生态系统的影响是缓慢的影响过程。犹如原始社会，尽管工具对生态系统有影响，但是它是缓慢的影响过程，属于常态。而现代化社会对生态系统的破坏，最显著的特征是：在资本、先进工具、先进科学技术的作用下。经济系统快速膨胀和发展。全面地破坏了生物的生存环境。属于掘根式的破坏，不可挽回式的破坏。这种破坏属于非常态。原始社会延续了约 180 万年；农耕社会延续了 10 余万年，现代化社会仅 200 余年。都充分表明经济发展水平，对生态系统的影响状况。都是最好的对比证明。它最真实地说明了，现代化社会不是进步。它是严重违背自然发展规律的发展模式，必然产生生存危机的后果。

自然经济。农耕社会及以前的人类社会，都是以土地为依托的社会。受到大自然的制约比较明显。农业生产活动，受到一年四季轮回的制约，受到封闭式小农经济生产方式的制约；还受到风调雨顺之年和灾年的直接影响；人力的制约，手工工具的制约，每年生产的产品，不可能久存的制约，不可能太多等因素制约。使得所有农耕社会都是呈缓慢地发展变化状态，这一点与资本社会经济截然不同。资本社会经济，工具自动化、现代化、货币虚拟化、科学技术膨胀发展。已经不只是为了维持生活，而是面向世界市场。其主要目的是不择手段地扩大资本积累，提高经济效益，维持其霸权统治。正是这种经济发展模式，造成资源迅速枯竭；产品极大浪费；生态环境遭到迅速破坏。

人口。农耕社会对生态系统稳定性影响，最显著的因素是人口增长过快。人口超量增长破坏了人与生态系统的均衡关系。它与农耕社会的生产方式、文化水平、医疗条件、政府介入等，都有直接关系。繁重的体力劳动需要有男性劳动力支撑，农耕社会人们的生活基本达到了温饱。认知水平的局限等因素影响，人口数量迅速增长，已经成为严重破坏了人与生态系统均衡发展的关系。它是破坏生态系统的外部因素，类似于虚拟化货币对经济系统稳定性的影响。这个问题只有政权机构介入予以监管控制，政策支持，宣传教育。缺少这些因素介入是农耕社会人口快速增长的根本原因。

第六节　农耕社会的重要贡献

在人类社会发展史上，农耕社会具有许多重要参考价值。农耕社会生产的工具，仅限于手工制造的工具。外部因素，主要是满足人们生产、生活的基本需求，手工工具生产效率低下，经济发展缓慢，对生态系统稳定性的影响有限。如果能够实现控制人口增长，保持与生态系统均衡发展的关系，对生态环境基本没有构成严重破坏。农耕社会保持着缓慢地发展变化，仍然保持以土地为依托的社会。在没有其他自然因素影响的情况下，社会发展比较稳定。农耕社会仍然是保持着与大自然密切接触的社会，与生态系统基本保持着均衡发展的关系。仍然是根植于土地上的社会。

农耕社会的另一显著特点是自给自足的生活方式，缺少向外扩张的因素。自我耕种土地，自我饲养牲畜，供自我生活所需。这种生活方式，形成了农民淳朴、务实的品格，不会弄虚作假。对待土地来不得半点虚假。你糊弄它：少耕锄、少施肥，到秋天就少收成。如果能够控制人口增长，农耕社会处于与生态系统和谐相处的发展方式，对保护生态系统起到了重要作用。就这一点说来，明显优于资本社会时代。

农业生产基本上是靠天吃饭。遇到风调雨顺之年，可以过上丰衣足食的生活。当遇到灾年，则可能过上，食不果腹的生活。地球是年复一年周而复始地运行。丰年不会永久保持，灾年也不会多年不变。这是以土地为依托的社会，能够长期稳定运行的原因之一。人们的生活、生存直接受到大自然的制约，使得人们保持了对大自然的敬畏和崇拜之心。

农耕社会的经济结构是循环经济。生产的粮食、蔬菜、水果供人们食用，下脚料饲养牲畜、家禽，排出的粪便用于肥田。没有浪费的东西。既不污染环境，又保持土壤的肥沃。

经济是基础。两千年前农耕社会，在中国产生了"天人合一"的重要哲学理论，如老子的《道德经》；儒家学说中的《中庸》等。至今这些理论仍然为世人所推崇。它是人类社会宝贵的精神财富、文化财富，是对人类社会的重大贡献。在世界不同地区产生了重要哲学理论，出现了各种不同的宗教信仰。例如天主教、伊斯兰教、基督教、佛教等等。对于维系人与生态系统的良好关系，宗教信仰起到了重要作用。农耕社会能够延续10余万年，能够产生重要的哲学理论与宗教信仰，与当时人与自然的关系密不可分，与工具发展水平密不可分。这些因素反映了农耕社会的经济结构、发展理念，没有构成对生态系统产生破坏性影响的主要原因。至今世界上大多数国家，仍然是农耕社会，有它的一定道理。

农耕社会发展缓慢与经济发展条件有关，与敬畏自然有关，也与哲学理念指引有直接关系。另外，应该说与宗教信仰都有一定关系。农耕社会保持着人与天、地的密切关系。这些都是农耕社会对人类与生态系统保持均衡发展的最重要贡献。

农耕经济实现了人类生活、生存的基本保障。衣、食、住，都依靠农业供给。人们不妨冷静地想一想，现代化社会的经济发展。尽管其内容高、大、全，令人眼花缭乱，主要内容仍然仅仅是锦上添花而已。人们最基本、最原始的需求仍然是农产品。这些最基本、最原始的需求所需要的费用，仅仅是收入的极少部分。在各种外部因素膨胀发展的作用下，经济体虚膨胀扩大。现代化没有给人类带来实质性好处。而付出的代价是，资源严重枯竭，人类和生态系统的生存环境遭到全面破坏，面临生存危机的境地。由此也说明，必须认识到控制现代化经济发展的扭曲性。现代化经济的典型特征是：虚拟化的货币膨胀发展、工业膨胀发展、科学技术膨胀发展、受现代化经济影响，人口迅速增长。这些现象都表明有必要控制外部因素的过度膨胀和发展。需要重视哲学掌控对人类社会发展的重要意义。

第七节　农耕社会的启示

现代人类社会发展面临生存危机问题，人类命运抉择问题是一个严峻的课题。农耕社会具有启示意义，其内容可以概括如下：

工具：工具的出现对人类社会和生态系统产生了深远影响。在生态系统中，工具是一种外部因素，它直接影响到生态系统运行的稳定性。工具给人类带来了福祉，却也给生态系统带来了灾难。随着人类社会的发展和工具技术的进步，对生态系统和人类社会造成的灾难越来越明显。

农耕社会的特点：农耕社会中的生产工具主要是手工生产工具，其目的是改善人们的生活水平。农耕社会依托于土地，主要从事农业生产劳动，保持着"天地人"合一的发展理念。农民在农业生产中注重投入与产出的关系，表现出勤劳务实、不浪费的宝贵品格，与生态系统保持着紧密的联系。这种以土地为基础的生产方式是社会稳定发展的基础。

哲学：农耕社会产生了许多重要的哲学理论，这些理论与人们对自然的认识有关。这些哲学理论指引人们敬畏自然，遵循自然规律，在人类社会的发展中起到重要作用。

经济：农耕社会发展经济的目的主要是为了解决生存和生活需求，强调循环经济。相对于现代社会，农耕社会的经济发展缓慢，剩余的积累有限，几乎没有虚拟化货币的影响。因此，货币在农耕社会中仍然保持着产品交换的本源属性。农耕社会中的市场交易主要是解决互通有无的问题，并以公平交易为特征，很少出现不公平交易的现象。这种市场交易方式有利于社会的稳定发展。

总的来说，农耕社会的经验提醒我们在现代社会的发展中需要关注生态系统的稳定性，并与自然发展规律相协调。在追求经济发展的同时，也要考虑到可持续性和环境保护的重要性。同时，深思哲学、价值观和社会道德也是必要的，以维护社会的稳定与发展。

第三章

以资本为依托的社会

以资本为依托的社会是指资本主义社会。这种社会以资本的积累和利益追求为基础，生产和经济活动受到资本的驱动。资本主义社会强调私人产权和市场经济，通过投资和交易来获取财富和利润。资本在这种社会中成为主要的生产要素和社会关系的核心。

原始社会和农耕社会都是以土地为基础的社会形态，它们共享以土地为依托的生存环境。这两种社会形态的最大优点是土地可以持续地生产各种植物，为动物和人类提供食物资源，并保持相对稳定的供给状态。至今，人类的基本需求仍然离不开土地的产出。这反映了人类对自然的需求与自然运行规律的相互依存。

资本社会的出现是人类历史上最突出的事件之一。与其他社会形态相比，资本社会最大的不同之处在于它以资本为依托。我们都知道，金融是一个需要严格监管的领域，金融市场的波动可能对经济系统的稳定性产生影响。在全球市场对货币需求增加的背景下，虚拟货币的数量几乎可以无限增加，从而推动资本的无限累积。而农耕社会的发展受到自然环境的限制，无法满足这种条件。这正是资本社会与土地为基础的社会之间本质差异的体现。因此，资本社会的稳定性明显不如农耕社会，这是资本社会基础不合理性的具体表现。

第一节　资本社会的形成

经济是社会变革的基础，社会的变化与经济基础的变化密切相关。深入理解资本社会的形成过程对于充分认识资本社会具有重要意义。

随着农耕社会的演进，农产品的交换逐渐增多，农产品市场得以扩大。随着经济的发展，商业、工业作坊和服务业等行业相继出现。市场的扩大带来了各行业间的分工，为资本积累创造了条件。航海技术的进步使得西班牙、葡萄牙等国家通过探险开辟了全球市场，进行不平等的贸易和殖民扩张。这些国家对资本积累的追求推动了资本主义的发展，形成了新兴的资产阶级，进一步推动了资本主义社会结构的形成。

18 世纪的工业革命加速了资本主义社会的形成。以工业化和自由竞争为特征，工业革命中机器生产和工厂制取代了手工业作坊，提高了经济效益，扩大了资本积累。工业革命使得资产阶级取得统治地位，为资本社会奠定了基础。技术不断进步推动工业化进程加速，并进一步促进资本积累。资本家成为富有的阶级，资产阶级成为主导社会的群体，构成了资本社会。同时期，法国大革命追求民主和自由，与工业革命相互依存、相互推动，成为资本社会必不可少的两个方面。

资本社会的发展依赖于资本所有者的统治地位。他们成为国家的主导力量，国家政权实质上只是管理资本所有者共同事务的委员会，并没有实际权力。在资本社会中，发展工业和科学技术扩大了资本积累，促进了金融业迅速发展。金融业的发展成为重要手段，借助全球市场的有利条件，无限扩大资本积累。然而，这也带来了对生态系统和人类自身的破坏性影响。

相比之下，原始社会和农耕社会以土地为基础，与自然环境保持密切联系。土地提供了各种植物的生长，维持了生态系统的稳定状态。在这种社会形态下，人类需要遵循生态系统的运行规律，控制人口数量，以保持生态系统均衡发展。

总之，资本社会的形成与工业经济发展、科学技术进步、金融业发展、市场的扩大密不可分。资本主义的特征包括工业化、扩大资本积累、自由竞争和资产阶级的统治。随着资本主义的发展，也对自然环境和人类自身产生了灾难性影响。

第二节 资本社会的典型特征

经济历史专家们曾经针对一个重要问题进行了探索，即对于欧洲在工业化方面的领先地位……。《极简欧洲史》的作者帕特里夏克·龙，提出了一个脑洞大开的问题，"欧洲是先驱者，还是个怪兽？"这个问题引发我们深思。优化这个问题，我们也许可以问，"资本主义国家如何在工业化、科技进步、以及金融领域领跑全球？它是全球的引领者，还是一个怪兽？"接下来，我们针对这一问题进行简洁的讨论和分析。

从航海技术、工业革命到资本主义社会的形成和发展，历经了大约四百多年的时间。葡萄牙和西班牙利用航海技术开辟了世界贸易市场。通过占领殖民地和掠夺财富的方式，使得这两个国家在世界上取得了主导地位。200 年前，英国和法国则凭借先进的工具技术成为世界的霸主和掠夺者，抢占了殖民地。这些国家都利用先进的工具技术抢占了世界市场，迅速积累了大量的资本。随着资本的迅速积累，工业、科学技术和金融业迅速发展，金融市场、股票市场和证券市场等相继出现。金融市场的出现成为资本主义社会的典型特征之一。

第二次世界大战后，美国以其科学技术实力、军事实力和经济实力优势成为世界的霸主和掠夺者。它通过在世界各地建立军事基地取代了殖民统治，并通过货币虚拟化的方式取代了武力掠夺。自由竞争以及与自由竞争相适应的资本主义社会制度、政治制度和经济体制成为主导发展模式。经济发达国家的工业和科学技术实力，在国际市场上的优势使其占据主导地位。

贪婪者的欲望是无止境的，就算钱再多也无法满足其贪婪的胃口，而普通人口袋里的钱足够购买所需的物品。贪婪者的哲学是，无论口袋里的钱多少，仍然不能满足。这种思维方式产生了截然不同的后果。

总之，资本主义国家在工业化、金融化和科学技术、军事实力方面领先于世界。然而，我们也要意识到，这种领先地位是相对的，并且也带来了一定的问题和挑战。我们应当客观评估，对资本主义社会的发展进行深入思考，并寻求平衡和可持续发展的方向。

一、资产所有者主宰社会

资本社会的典型特征是，随着工业化发展、金融业发展，形成了掌握控制资本的庞大群体，形成了相互对立的阶级：资产阶级和无产阶级。人与人之间除了赤裸裸的金钱关系，除了冷酷无情的现金交易，就再也没有任何别的关系了。资产阶级为了向外扩张，利用金融优势、科学技术优势，推行自由竞争以及与自由竞争相适应的社会制度和政治制度，推行资产阶级的经济统治和政治统治。资产阶级为了扩大资本积累，对生产工具技术、科学技术、生产关系，不断进行改革，从而对整个社会关系不断地进行改革。并不断地向世界推广。在世界大市场对新技术产品、通用货币需求的背景下，工业和科学技术发展，金融业发展几乎是无止境的。日甚一日地扩大生产资料的消耗，财产聚集在少数人手里，进而形成无止境的贪婪群体成为社会的主流群体。掌握控制着国家经济，掌握控制着国家机构的运行。主导国家的唯一发展理念是扩大资本积累、积累、再积累。为达到此目的，可以采取任何政治、经济、军事手段向外扩张。目空一切、唯我独尊。整个社会，乃至整个世界都必须服从于资本社会的发展理念。至今人们仍然认识不到，工具、科学技术、虚拟化货币，以及人口膨胀发展对生态系统的破坏性。逐渐形成了资本社会的政治、经济结构。这是人类社会对最先进的社会结构的误导。

二、资本社会与规则

工业革命以来，资本社会的资产所有者的世界观发生了根本性变化，每个个体都支持增长型导向政策，相信增长会带来不断增长的福利水平。政府将寻求增长视为解决所有问题的良方。无论是发达国家还是不发达国家，都将经济增长视为就业和解决社会问题的良方。现在正处于工具技术、科学技术和金融爆炸的时代，这是不容置疑的事实。过去的二百多年，资产阶级创造的生产力比以往任何时期都更多、更庞大。然而，这种发展模式完全忽视了对资源、生态系统和生存环境的破坏。人均GDP迅速增长，例如在欧洲，200年间GDP增长了50倍。这彰显了工具技术、科学技术和金融在经济和社会生活中发挥重要作用的集中体现。然而，如今工具技术和科学技术的爆炸式发展引发了人们的焦虑和不安。资本社会的历史虽然只有数百年，竟然将人类社会和生态系统引入濒临毁灭的境地，这是最为现实的问题，需要人们思索、分析和判断资本社会增长型经济发展模式存在的弊病问题。

人们很容易理解，地球上各种资源和适于生物生存的环境都是有限的。生态系统和物质财富的增长受到资源限制的制约；丢弃的垃圾和排放的废弃物受到生存环境的限制；人口增长受到资源和生态系统的双重制约。农耕社会的问题被视为落后和保守的象征，但现代社会随着经济发展，问题反而越来越多。这些现象表明我们需要深入思考和分析"增长崇拜"发展模式存在的问题，需要关注社会结构问题，需要思考人类社会发展的前途。

资本社会资本积累发展模式是在世界广大市场需求的环境中形成的，推动了工具迅速发展、科学技术迅速发展、货币迅速虚拟化以及世界人口的膨胀。少数国家利用其工具和科学技术发展的优势来满足世界市场的需求，形成了增长型发展的市场环境。而其他产业（如粮食生产、工业生产、科学技术研究、资源消耗、环境污染等）的增长，是因为人口增长、货币虚拟化和世界市场需求的增长而产生的。

哲学地认识世界是符合自然规则的，它不仅是看到一面，也看到另一面，而是全面地认识世界。通过规则分析资本社会的问题，会发现资本社会的典型特征是单纯追求资本积累和单纯唯物的利益追求。资产所有者的贪婪是无止境的，永远无法满足他们的胃口。这种发展模式忽视了资源枯竭、生存环境破坏和生态系统的生存危机。这些问题的根本原因在于忽视了对世界的整体认知和控制，导致了对世界的片面认识产生了严重后果。资本社会缺乏哲学发展观面对世界。资本社会将广大劳动者视为工具和商品，而忽视了他们的命运。这颠覆了广大劳动者作为主体、资产所有者作为客体的主客体关系，同时也忽视了资本社会对生态系统和生存环境的破坏。这些现象表明缺乏对世界的全面认识所带来的严重后果。

三、工业化

经济系统中的各个产业之间是相互制约和相互依存的。当一个产业发生变化时，会直接影响其他相关产业的相应变化。举例来说，英国工程师瓦特在 200 年前发明了蒸汽机，以蒸汽机为动力的技术形成产业，影响了一系列相关企业的发展，构成了产业革命。钢铁、机械工业等行业随着蒸汽机技术的发展而得以发展。航海技术和工业革命推动了西欧国家经济的快速发展。19 世纪，美国发明家爱迪生的电的应用对照明、电信等与电有关的产业产生了迅速的发展影响。

　　20 世纪初，爱因斯坦发现了相对论，随后便出现了核能技术的应用。核武器成为一种对人类安全构成巨大威胁的毁灭性武器。人们越来越崇拜、迷信科学和科学技术（这里需要再次强调，科学和科学技术是两个不同的概念。）科学技术的推广应用，带来的后果是不可忽视的。科学技术迅速发展，工厂规模越来越庞大，分工越来越细致。资本社会的经济和科学技术也越来越发达。世界市场得到开拓，使得所有国家的生产与消费都成为全球性的。经济发展的目的完全背离满足人们基本生活需求的初衷，而成为资产所有者扩大资本积累的主要手段。彻底废除了农耕社会的束缚，代之以自由竞争和与之相适应的社会制度。资产所有者实施经济统治和政治统治。随着工业技术的进步，商业、金融和服务行业规模不断扩大，人口也越来越密集，超大型城市不断增多，经济体持续膨胀发展。形成了浮华膨胀的经济帝国。这种发展模式导致大量农村人口涌向城市谋生，农村从此被城市统治，城市成为主体，农村成为客体。这颠倒了农耕社会中农村与城市的主客体关系。这并非微不足道的小事，这种主客关系的颠倒导致了一系列社会问题。农业应该是主体，其他产业应该是客体。这就像生态系统应该是主体，人类应该是客体的关系一样。无论何时，我们都需要遵循客观发展规律。它具体体现了人为制造的外部因素膨胀发展所带来的严重后果。

　　在以生产力为主要特征的人类社会，经济大国间互不相让，相互竞争。掌握核技术的国家越来越多，也越来越威胁着人类生存安全。核电的应用已经遍及世界许多国家，成为能源供应不可或缺的重要组成部分。计算机技术的发展，尤为显著。自从 20 世纪中叶，出现计算机技术以来，随着计算机技术的发展，利用计算机技术，为自然科学、社会科学研究，提供了廉价的模拟手段，代替了昂贵的科学实验。从此科学技术研究取得了飞速的发展。许多与计算机有关的先进技术得到了迅速发展。至今这种发展态势仍然不减。例如核能技术、航天技术、气象技术等等。许多科学研究领域，都采用了计算机模拟技术代替了实验，得到了突破性发展。机械手代替人力，解放了工人的繁重劳动，又显著提高经济效益，推动了工业生产进一步自动化，产出量呈指数增长。至今，网络技术已经广泛应用于人民群众的生活之中，人类社会的生活，几乎都由计算机控制。特别是人工智能的研究，突出向控制人的行为方向发展。更明显地趋向于工具对人行为的控制。颠倒了人是主体，工具是客体的关系。颠倒了人是主体，生态系统成为客体的关系。如今工具技术、科学技术发展越来越成为庞大复杂的体系。但是没有改变工具的基本属性。造成的灾难越来越明显显现。人们只注意到工具技术发展、科学技术发展给人们带来的好处。忽略了这些技术带来的灾难性后果。现在越来越清楚了。任何事情发展都需要"有度"。控制"有度"，方能延缓生态系统存在的时间，符合自然发展规律。

工业技术和科学技术的迅速发展对生态平衡的破坏越来越严重，说明工业技术的快速发展对生态系统和环境的破坏影响日益加剧。为了保护生态系统的生存，我们必须摒弃资本积累式的发展模式，并控制工业技术和产品数量的增长。工业技术和产品数量的发展应该用于改善人们的生活质量，保持生态系统的稳定变化，这是发展的基本宗旨，而不应将工业发展作为扩大资本积累的手段。忽视这一点会使生态系统陷入迅速破坏的非正常状态。

随着工具生产技术和科学技术的发展，创造的生产力比过去任何时代都多。工具对人类和其他生物赖以生存的环境造成的破坏变得越来越严重，人类与生态系统的关系也越来越疏远。这是我们当今社会面临的严峻现实。我们必须认识到，在生态系统中，人类只是其中的一部分，我们仍然是动物的一种。人类与其他生物之间的关系是相互制约、相互依存的关系。人类社会的发展不能妄自菲薄，忘记这一点。我们不能过于傲慢，认为地球不适合居住，可以逃到其他星球上繁衍生息；地球资源不足时，我们可以去其他星球索取资源。首先，这种行为属于外部因素，无论去哪，都会像流星一样破坏其系统的稳定性。这种思维方式，除了具有震撼和刺激作用外，对我们没有任何益处。这不是地球人的正常思维方式。其次，地球上还有许许多多的人们和完整的生态系统。如果我们破坏了生态系统，人类的命运也无法幸免于难。这是现代化社会发展中我们需要认真考虑的现实问题。至于探索其他星球的问题，那些抛弃人类家园而不顾的人，只能说是在维护资产所有者的利益。人类社会需要关注绝大多数人和生态系统的利益。它是关乎人类社会发展的重大问题。我们不应只关注创新、震撼和经济效益等方面，而完全忽略其可能带来的后果。类似的问题很多，需要人们进行鉴别和分辨。关注人类和生态系统的长期生存，是我们面临的最重要的研究课题。

当前工业化技术的发展，以各种动力交通工具为例，数量已经超过20亿辆。我们已经被交通工具堆积所包围，导弹和核武器数量已经超过7万枚，足以摧毁地球好几次。如今我们已经置身于导弹和核武器堆之上，处于环境日益恶化的生存环境中，生活变得不稳定。在全球市场对货币需求的背景下，虚拟化货币的数量不断增长，进一步推动工业化技术无约束地膨胀发展，推动科学技术无约束地膨胀发展。随着工具技术的不断发展和产品数量的增加，生物的生存环境受到了严重破坏，生物的数量呈指数式减少。此外，人口数量也在迅速增长。这些因素已经将生态系统和人类置于濒临灭绝的境地。然而，当今社会的主流发展模式仍然在继续扩大。人们争夺经济实力的霸权、军事霸权、市场霸权、金融霸权、科学技术霸权，似乎无关濒临生存危机的问题。这就是今天人类生存环境的非正常状态。

直到目前为止。经济发展，一切生产技术和科学技术的发展，都是单纯重视眼前的经济效益。至于这些工业、科学技术对未来的影响、后果，全然不在其考虑之列。而这种发展模式产生的后果，对生态系统、生存环境的破坏，正日益严重地威胁着人类的生存。它表明人类社会发展，不可以只重视经济效益，只重视唯物，还需要重视唯心发展观的掌控作用。不可以只顾经济效益，还要顾及到生态效益，顾及对生态系统的影响。没有生态系统，也就没有人类。它应该是人类社会发展的基本准则。人类社会与生态系统密切相关。人类社会发展不是不要技术，而是需要控制其发展，其发展是以改善人们生活质量为目的。不应该成为扩大资本积累的手段。需要维护生态系统运行的稳定性处于常态变化状态。

根据数据分布，我们可以清晰地看到工业和金融业在经济结构中的作用和影响，随之而来的是经济结构的不断变化。货币的虚膨胀导致经济体的快速膨胀。与货币有关的产业迅速发展，而与货币虚膨胀无关的实体经济则不断被边缘化，实体产业劳动者成为社会中最底层，收入微薄，生活缺乏基本保障。两极分化问题日益严重，社会也变得越来越焦躁。这明显展示了货币虚拟化所带来的危害。然而，我们仍要认识到满足人们基本生活需求的主要仍是农产品，而且在人们的收入中，用于购买农产品的部分所占比例很小。浮华膨胀发展的经济体，只是给人类社会带来了灾难。

四、追求资本积累最大化

资本社会的典型特征是无休止地追求剩余价值和资本累积的最大化。工业和科学技术的发展与追求剩余价值密切相关。这表明资本社会的发展动力主要来自对剩余价值的追求和由此产生的资本积累。生产的主要目标是获取剩余价值。这一特征与农耕社会发展经济的目标显然不同。农耕社会发展经济的主要目的是解决人们的生存需求。资产所有者不断扩大资本积累，进一步扩大再生产，以满足世界广大市场的需求。追求剩余价值使资本社会具有内在的扩张和争霸性质。这种扩张超越了城市和国家的边界，影响到整个世界。这种发展模式导致了模型（1-5）中外部因素的无限扩大。它严重浪费了资源，破坏了生态系统的稳定运行。

其结果是直接威胁到生态系统和人类的生存。现实中的许多事实充分说明了资本社会发展模式的危害性，违背了自然发展规律。

资本社会以追求利润为主要目标，资产所有者成为社会的主导阶层。大多数劳动者成为被支配者、成为商品，导致社会成员地位不平等，主客体颠倒，引发资本社会的矛盾、危机和阶级斗争等问题。社会化大生产和私人占有生产资料之间的矛盾是资本社会难以摆脱的问题。货币通过金融市场等多种方式虚拟化和膨胀。对于经济系统来说，虚拟化的货币是外部因素。它导致经济系统虚膨胀，直接影响金融体系和经济系统的稳定性，经常出现经济和金融危机。以追求剩余价值为主要目标的发展模式引发了一系列资本社会的社会问题。资本社会的矛盾、危机最终引发政治上的冲突，并导致无产阶级与资产阶级之间激烈的矛盾。这也是以资本为基础的社会与以土地为基础的社会本质上的区别。土地是生物链存在的基础。农耕社会以及原始社会都建立在土地上，人类与自然密切接触。而资本社会建立在资本基础上，改变了人与自然的关系。发展工具的理念完全改变了工具的初衷。工具原本用于改善人们的生活质量，但资本社会发展工具的主要目标是满足世界市场需求，实现资本积累的目标。它关注的是资本积累，而不是人与土地以及人与自然的关系。人类与自然的疏远导致人与自然关系的恶化，人类面临着生存危机。因此，可以说资本社会并非人类社会的进步，而是严重扭曲了人类社会的发展。

货币虚拟化是资本社会不可忽视的特征。虚拟化货币的出现是资本社会向外扩张、称霸世界的必然结果。资本社会为追求经济效益，几乎赋予了社会的各个活动金钱的色彩。其中最典型的是通过虚拟化的货币使钱生钱。根据货币的本质特征，货币只是产品交换的媒介。货币的发行应与国内生产总值相匹配，除此之外并没有任何实际价值。如果货币可以进一步增值，那么货币的增值部分就是虚拟化货币。显然，虚拟化货币不符合经济系统的正常需求。对于经济系统来说，虚拟化货币是外部因素。它直接破坏金融体系和经济系统的稳定性。

虚拟化货币的出现严重违背了货币的原始属性，其危害影响到国家经济、政治和对自然的认知方式。它也影响着全球经济、政治和对自然的认知方式。目前世界经济和金融的混乱局面与虚拟化货币的泛滥密切相关。

经济大国用虚拟化货币代替了武力侵略，成为掠夺他国财富的重要手段。例如美国现在有 30 万亿美元的外债。听起来很吓人。实际上，他们通过外债来换取其他国家的实物，并保持美元的流通，所获得的利益远远超过 30 万亿美元。这就是虚拟化货币的作用。

资本社会发展的根本原因在于对经济效益的无节制追求。特别是将货币作为产品进一步增值。从而以虚拟化的货币发展工业和科学技术。其结果是导致国内经济虚膨胀发展，全球经济也在虚膨胀发展。这不仅浪费了资源，还破坏了货币作为产品交换媒介的本质属性。

过去 30 年里，全球货币总量增长了四十多倍，而商品总量只增长了 4 倍。自 1982 年以来，美股指数增长了 12 倍，而国内生产总值只增长了 4 倍。

据国际货币基金组织统计，2007 年金融资产价值增至 230 万亿美元，相当于当年全球 GDP 的 4.21 倍。同年，全球实体经济产值约为 10 万亿美元，而 GDP 接近 54 万亿美元。这些数据表明了当前世界虚拟化货币的存量情况。此外，由于虚拟化货币的外生性，它既不是国家货币，也不是全球货币，它并不完全具备货币的属性。它使美国经济处于严重不稳定状态，导致美国经济结构形成严重缺陷。这些都是经济系统不稳定的具体表现。2008 年震惊世界的严重金融危机就是一个典型案例。只有经济大国的货币具备虚拟化的条件，一般国家的货币并不具备这种条件。这也说明，在全球范围内使用虚拟化货币具有剥削特征。它是一种看不见的手段来掠夺他人的财富。

需要注意的是，国内债券发行与国外债券发行之间的区别。在发达经济国家，很多人已经积累了多年的资本。国家利用债券的形式将这些资金集中起来，为人们提供各种福利待遇，例如养老保险、免费教育、人身保险等。这体现了充分利用资金的周转和使用效率。然而，债券代替美元以获取其他国家的实物则是经典的剥削行为（表 3-1）。这些是具体问题，需要进行区分。

表 3-1 债务、赤字分布　　　　　　　　单位：GDP%

国家	美国	日本	德国	英国	法国	意大利	西班牙	葡萄牙	爱尔兰
债务	87.5	214.3	76.6	78.2	83.1	116.7	66.3	84.6	82.9
赤字	11.4	8.8	3.2	11.5	7.9	5.3	11.2	9.4	14.3

货币是经济系统的重要组成部分之一。货币虚拟化是指随着经济发展，货币的数量和价值在虚拟世界中不断膨胀。从数据来看，发达国家的第三产业数据明显高于第一产业和第二产业，也体现了货币虚拟化的作用（表 3-2、表 3-3）。

表 3-2　发达国家的三产结构（%）

	一产		二产		三产	
	2005 年	2014 年	2005 年	2014 年	2005 年	2014 年
美国	1.6	—	20.6	—	77.6	—
日本	4.4	3.7	28.4	25.8	68.0	69.1
法国	3.6	2.8	23.8	20.5	72.3	75.8
德国	2.3	1.3	30.0	28.3	67.8	70.4
英国	1.3	1.1	22.2	18.9	76.2	79.1
意大利	4.0	3.5	30.9	27.1	65.1	69.5

表 3-3　发展中国家的三产结构（%）

	一产		二产		三产	
	2005 年	2014 年	2005 年	2014 年	2005 年	2014 年
中国	44.8	29.5	23.8	29.9	31.4	40.6
埃及	30.9	28.0	21.5	24.1	47.5	47.9
印度	55.8	49.7	19.0	21.5	25.2	28.7
巴西	20.5	14.5	21.4	22.9	57.9	76.6
墨西哥	14.9	13.4	25.5	23.6	59.0	62.4

　　资本社会是建立在资本基础上的社会。货币虚拟化直接影响到资本社会的各个方面，包括政治、经济、文化、教育和政权结构等。资本社会的发展模式违背了自然发展规律，导致生态系统和人类生存面临危机。货币虚拟化、工业膨胀和科学技术膨胀是这种模式具体表现。发达国家通过虚拟化货币换取欠发达国家的实物，改善了欠发达国家的生活条件，但也导致了人口迅速增长问题，这个问题没有得到足够的重视，已成为人类自我毁灭的严重问题之一。

　　货币虚拟化也影响了人类对待自然的认知方式。资本社会的发展严重扭曲了人与自然的关系，追求经济效益却忽视了生态环境的重要性。资本社会的认知方式忽视了人类与其他动物的相互依存关系，导致对生态系统的扭曲认知。这种虚拟化的货币观念也带来了严重的生态破坏和工业垃圾。

　　金融业与经济系统存在松散耦合关系，需要严格监管。资本社会利用金融业的强大实力和科技优势，在国际市场上扩张，并追求利润的无止境追求，推动了工具技术、科学技术和金融技术的虚拟化发展。债券换取他国物资只是金融业的一种剥削手段，还有许多其他金融创新手段正在不断发展。这也是为什么经济小国总是处于被剥削地位的原因。

　　布雷顿森林体系在 1944 年确立了货币以黄金为标准的制度，对货币实施具体的制约和监管。然而在 20 世纪 70 年代初期，金本位制被废除了，这是一次严重的失误。发达国家利用虚拟化货币（如债券）替代实际货币，与其他国家进行不公平的贸易，获取更多经济效益。由于发达国家缺乏实质性的货币监管，货币虚拟化泛滥，导致本国经济和金融系统的不稳定，进而对世界经济和货币系统造成影响。

　　社会商品化是指资产所有者对社会的统治地位。美国社会是典型的资产所有者统治的例子，华尔街作为金融中心控制着美国社会的运行。市场化是资本社会的特征，强调追求经济效益，导致工具技术、科学技术和其他产品市场不断改进和发展。然而，这种市场化模式也导致了资源的浪费和经济大国之间的竞争，对生态环境产生严重破坏。同时市场化也导致了经济危机、金融危机、罢工和示威等社会问题。货币虚拟化的影响也在市场化中得到体现。

货币虚拟化对经济、社会和环境产生了广泛而深远的影响。因此，在追求经济发展和生态保护之间需要取得平衡，并综合考虑可持续发展的因素。同时，我们也要认识到货币的监管和金融创新对社会产生的负面影响，并采取相应的措施加以避免。

举个例子来说，我们可以以汽车产业为例。汽车是一种方便人们行动的工具，但为了在竞争激烈的市场中占据优势，汽车产品不断更新换代。随着经济的发展，货币贬值导致人们的收入增加，这进一步刺激了消费者对最新汽车产品的追逐。人们倾向于追求时尚和攀比，想要追求与他人持平的生活水平。这种消费模式在虚拟化货币膨胀的作用下推动着新产品的不断推陈出新，而旧产品则在中低收入群体中仍然具有广泛的市场。然而，这种攀比的消费思维方式导致了极大的资源浪费和社会浮躁。

政府采取的以消费促进生产的政策进一步推动了这种消费模式的蔓延，认为这可以促进经济发展。然而，这种发展模式的副作用被忽视，比如对生态系统的破坏和对社会发展的影响。我们应该思考人类社会的发展方向，以及资本社会的扭曲性质。人们是否更应该追求精神生活而非单纯的物质追求？今天的人类社会正面临着严重的生态环境问题，我们迫切需要认识到生存问题的重要性，否则我们将无法挽救人类的生存危机。

我们还需要关注道德信仰的缺失。资本社会过分追求经济发展，忽视了道德信仰的重要性，而将金钱看作唯一的信仰。道德信仰表现为人与人之间的关系、人与生态系统之间的关系以及个人修养等方面。缺乏道德信仰导致社会发展严重扭曲，忽视了人类只是生态系统中的一部分，人类不当的行为也对生态系统造成了危害。人类的行为对自身也造成了伤害，但这些问题在追逐利益和经济发展的过程中被忽视了。

全球化也是资本社会的特征之一。20世纪末以来，全球化推动了世界经济的自由化和金融自由化，为经济大国向外扩张提供了政策依据。世界各国的资产所有者在外国兴建跨国公司，利用其他国家的资源和廉价劳动力来提高经济效益。然而，这也加剧了贫富差距，一部分人积累了巨大的财富，而另一部分人则被边缘化。这种全球化战略和信息化技术的发展使得广大劳动者丧失了工作的热情和思考能力，失去了自主判断的能力，成为被机器人取代的对象。这种发展模式改变了人的基本属性，将人当作工具，而不是作为社会主体。这与广大劳动者作为社会主体的发展理念相悖，也违背了人与人之间、人与工具之间以及人与生态系统之间的关系。

资本社会还标榜开放、民主和自由的特征，这些特征与经济基础密切相关。然而，我们应该深入思考这些特征背后的含义。开放、民主和自由条件有限，只有在建立了世界统一货币的环境下，实现了国家主权和货币的平等相待，恢复了广大劳动者的主体地位，才能真正实现开放、民主和自由。此外，人与生态系统的关系是相互制约和相互依存的关系，国与国之间以及人与人之间也是如此。我们应该在维护生态系统稳定性的前提下，寻求相互制约和相互依存的关系。只有通过减少外部因素对生态系统的影响，才能改善生态系统的稳定性，实现人与生态系统的均衡发展。资本社会还表现出掠夺性和贪婪性。为了追求资本积累，资本社会可以不择手段地获取利益。发展工具技术和科学技术的主要目的都是为了积累更多的资本，甚至可以违背经济规则，放任金融和货币的发展，导致货币虚拟化膨胀。人类的贪婪性在工具技术发展和资本积累的过程中越来越明显，人们忽视了对大自然的敬畏，破坏生态系统的稳定性。这种态度对人类和环境都带来了深远的危害。

在对待这些问题时，我们应该采用哲学的思维模式，综合地看待事物，避免极端的倾向。我们既要关注物质生活的需求，也要权衡这些需求对生态环境的影响，综合地面对客观世界。同时，需要冷静地思考、分析现代社会问题的根源，以及解决这些问题的途径。我们作为人类，要认识到我们是生态系统的一部分，我们的行为对生态系统造成的影响，我们需要通过控制工具发展、科学技术的发展以及废除货币虚拟化等方式来减少这种影响。同时，我们也需要保留人与大自然神秘感的情感联结，让我们充满遐想和情趣，这样才能赋予生活更多的意义和希望。

我们应该认识到开放、民主和自由等概念是有条件的。只有在建立了世界统一货币的环境下，实现了国家主权和货币的平等相待，恢复了广大劳动者的主体地位，才能真正实现开放、民主和自由的理念。我们也要认识到掠夺性、贪婪性和消费主义对社会和生态系统带来的危害，以及资本社会对开放、民主和自由的扭曲理解。我们需要综合考虑这些因素，以实现更为可持续和平衡的社会发展。

五、虚膨胀的时代

货币、科学技术、工具是几个不同概念。但是它们在影响社会的发展方面，存在着密切联系。需要再一次强调，这里所指的货币、科学技术、工具，是专指虚拟化货币、有害于生态系统和生存环境的工具和科学技术。

哥伦布发现新大陆是世界贸易的开端。从新印度带回了欧洲缺少的动、植物品种令人耳目一新。从土著人那里换来或掠取来的少量黄金，令国王、皇后激动不已。关于盛产黄金、宝石之地的描述，引发以后的航海探险。此后，大量西班牙、葡萄牙人涌入美洲大陆进行掠夺。劫掠多灾多难的土著人的土地、财产。这种扩张的思维，逐渐使许多美洲、亚洲国家，沦为西班牙、葡萄牙的殖民地。

18世纪英国以蒸汽机技术为代表的工业革命，随之法国以追求自由化为特征的法国大革命兴起。其实工业革命与自由化革命是资本社会的一对孪生兄弟。利用新技术掠夺世界，逐步取代了葡萄牙和西班牙。世界许多国家重新被瓜分，沦为他们的殖民地或半殖民地。将当地的土著人边缘化，甚至灭亡。

第一次、第二次世界大战，更是赤裸裸地利用战争手段掠夺财富。

1900年前后，美国利用科学技术兴起，其经济技术实力取代了英国、法国，成为世界上第一经济强国。

20 世纪 70 年代以后，资本社会势力强大，可以我行我素。从此，虚拟化的货币风行于世界。经济发达国家，可以利用虚拟化货币，代替货币使用，以不流血的方式掠取世界财富。利用在世界各地设置军事基地代替殖民地统治。

人类社会发展到资本社会阶段。工业革命使生产技术飞跃发展，生产效率显著提高，使资本剩余积累进一步扩大。资本社会国家，利用金融市场，使其资本再增值，产生虚拟化货币。剩余资本是生产过程中产生的剩余。它有实物与之对应。资本本身并不具有增值的属性，只有将资本作为生产要素投入到实体经济，实体经济发展才会产生增值。资本通过金融市场使资本增值的部分，属于虚拟增值。实际上，它是利用贫富差距，国家间的贫富差距，出现的一种重要的剥削手段。富国的金融业越来越发达，贫国则很难改变贫困局面。这部分增值，对于经济系统说来，是外部因素，它破坏了经济系统运行的稳定性。而资本社会最具有代表性的发明是，利用世界广大市场对货币的需求，利用金融市场使货币虚拟增值。伴随着货币虚拟增值膨胀，进一步助推经济虚膨胀、科学技术膨胀发展、工业膨胀发展、军事技术膨胀发展、人们思维模式虚膨胀，形成恶性的虚膨胀循环发展模式。该虚膨胀发展模式直接影响到经济体系膨胀。

货币虚膨胀，是人类社会发展具有典型特征的事件。货币的原本属性是产品交换的媒介，与经济系统中其他产业之间的关系属于松散耦合关系，需要政府予以严格监管。一些经济发达国家，形式上仍然对货币发行量予以严格监管。而实际上利用货币的代用品—债券、金融创新（虚拟化货币）等方式代替。债券在市场上流通泛滥，代替货币泛滥。虚拟化的货币，是经济系统的外部因素，它起到了掠取的作用，严重破坏了经济系统运行的稳定性。人类的生活与生态系统是密不可分的。虚拟化的货币助推工业膨胀发展，科学技术膨胀发展。对于生态系统来说，这些都是外部因素。它加剧了对生态环境的破坏，破坏了生态系统运行的稳定性，使得人类与其他生物的关系，越来越疏远。形成"人类独尊"的局面。严峻的现实已经是世人皆知的非正常发展状态。

资本社会的文明是人类文明走向极端化的文明，是人类文明发展的必然结果。人是生态系统的一部分。只有重视生态文明，将构筑在生产力基础上的人类文明，逐步向生态文明升华，方能解决人类社会发展的扭曲现实，拯救人类生存危机问题。

从航海技术、工业革命到资本社会形成、发展，约 400 年时间。经济强国利用虚拟化货币，有条件投入更多货币支持科学技术发展、支持工业技术更新、改造，形成抢占世界市场的优势，具有称霸世界市场的优势，不断扩大其资本积累。这是资本社会重视投资于科学技术事业，重视工业产品更新、改造的根本目的，是资本社会发展理念的必然结果。不顾工业与科学技术相互促进发展对生态环境的影响。形成资本社会特有的产业体系（图 3-1）。

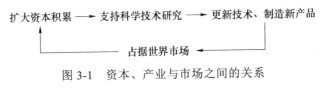

图 3-1　资本、产业与市场之间的关系

工具的发展和科技进步对生态系统稳定性产生了显著影响，因此在追求经济效益和技术创新的同时，我们必须综合考虑生态环境的保护和可持续发展的因素。

以工具发展为例，许多工具的膨胀发展，如动力工具、交通工具以及化肥、农药、冰箱、空调等，对生态系统和生态环境产生了破坏性影响。这些工具在一定程度上改善了人们的生活，但它们的持续扩张却导致了资源浪费和环境污染的问题。

然而，在现代社会中，主流思维模式往往是唯物论，只重视可见的物质实体和通过科学实证得出的结论。虽然这种认知方式有其合理性，但却忽视了唯心思维的重要性。唯物主义的发展导致了对工具和科技的过度追求，而忽视了人与其他生物、人与生态系统之间的相互联系。

我们需要意识到，人类是生态系统的一部分，我们的行为对生态系统和其他生物产生重要影响。如果仅仅关注物质享受而忽视个体内心的修养和其他生物的生存，我们将失去对人类自身所需的完整性。在生物链中，各种生物通过相互制约和相互依存的规律生存和发展。人类必须顺应这种规律，而不是试图逃离或剥夺其他生物的生存权利。

事实上，随着工具制造技术的不断发展，我们借助工具对生态系统的破坏也不断加剧。进入 21 世纪以来，信息技术的兴起引发了一场关于超级人工智能的竞争。然而，超级人工智能作为最先进的工具技术，仍具有破坏生态系统稳定性的特征。它有可能取代人类的工作，进一步加剧生态系统的危险。

在这样的背景下，我们需要意识到技术更新的主要目的常常是为了利润和经济效益，而不是为了保护生态系统。经济大国往往只关注 GDP 增长，忽视了对环境和生态系统的破坏。因此，对于技术发展和虚拟化货币的发展，我们需要进行深入思考和审视。在追求经济效益的同时，我们必须考虑资源的合理利用、生态环境的保护以及人类和其他生物的共存。

总而言之，工具的发展和科技进步对生态系统产生了显著的影响。为了实现可持续发展，我们需要平衡经济利益与生态保护之间的关系。我们必须意识到人类是生态系统的一部分，我们的行为对生态系统和其他生物产生重要影响。在发展工具和科技的同时，我们必须树立正确的价值观，充分考虑生态环境的稳定性和保护性，以实现人类与自然的和谐共生。

虚膨胀时代。一期《读者》杂志刊登一篇文章。该文介绍了科技的迅速发展与人的适应能力不匹配的问题。适应能力包括：开发学习系统、培训系统、管理系统、社会安全保障网以及政府监管体系等。这种不匹配进一步促使社会产生动荡，是世界各国面对的重要政治挑战。见图 3-2。

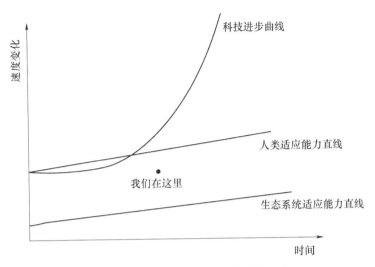

图 3-2　科技与人类、生态的适应能力

曲线表示科技变化的速度；直线表示人的适应能力，即生态系统适应能力曲线。1 千年前，科技进步曲线爬升得非常缓慢。到了 20 世纪曲线变化加快。重大科技创新周期约 20～30 年。如汽车、飞机等。随着科学技术飞速发展，曲线的斜率越来越大。如自动化设备、云计算、人工智能等。到 2016 年这一周期已缩短到 5～7 年。

直线表示人类的适应能力。以前这条直线位于曲线的上方，表示人类适于科技发展。而现在科技的发展，人类的适应能力已经远远落后。即适应能力直线落在科技发展曲线的下方。科技的发展越来越超出人类的适应能力。由此也给人类带来了焦虑。这些焦虑，包括开发学习系统、培训系统、管理系统、社会安全保障网以及政府监管体系等。

在书籍《幻想与模拟》中给出了一个有趣的比喻，指出迪士尼乐园的存在，其实这就是"真正"的美国，而真正的美国本质上就是迪士尼乐园。迪士尼乐园以虚构的形式出现，旨在让我们相信其他地方才是真实的。实际上，这个比喻揭示了美国社会发展偏离了与生态系统的密切联系。一个社会以什么为依托，其经济结构就会相应地呈现出相应的特征，而其上层建筑也进一步反映了经济结构和社会依托的本质。

《幻想与模拟》一书，对 1985 年在纽约召开的关于"世界末日"会议的评论指出，纽约已经是世界的末日了。但是对世界末日的讨论掩盖了这个事实。作者还认为，"剧本要比它的原型差得多"。这些现象充分反映了，如今世人对于世界末日之迫近，仍然缺乏足够认识。仍然对资本社会的华丽景观存在迷恋。它也反映了，如果不是站在生态系统的基点上，反思人类社会的问题，是不容易看清人类社会存在问题的实质和严重程度。今人不见古时月，古月也许照荒邻。

六、典型案例

硅谷创投教父、PayPal 创始人彼得·蒂尔写了一本《从 0 到 1》的书。该书很具有代表性。

1999 年末，彼得·蒂尔经营起了 PayPal 公司，开发一个电子邮件支付系统。起步时发展很艰难。后来想出一个办法：采用"每位新用户一经注册即可得到 10 美元"的策略。很快招来数十万新客户。（天价成本在当时的硅谷司空见惯）。到 2000 年，PayPal 公司价值达到 5 亿美元时，得到投资者投资支持。

PayPal 公司发展到 2004 年，彼得·蒂尔将 PayPal 公司卖掉了。重新组织队伍，创办了"投资人基金"，开启了硅谷投资界的新格局。他的投资理念是强调"创新"，走别人没有走过的路，投资别人唯恐不及的资产高风险的行业。例如，在当时人们不敢问及的探索宇宙的火箭、取代人类的机器人、超级机器人、治疗癌症的药物等。

该书的基本思维理念是："进步可以呈现两种形式。第一，水平进步，也称广泛进步，意思是照搬已取得成就的经验：是从 1 发展到 n 的发展方式。水平进步很容易想象，因为我们已经知道了它是什么样。第二，垂直进步，也称深入进步，意思是要探索新的道路—从 0 到 1 地进步"。该书的这种思维模式，在当今世界颇具影响力。

关于教育，他创办了旨在高中和大学生休学创业的"20under20"项目。即使在美国，该项目也同样引起巨大争议。

《从 0 到 1》的创新思维理念，到 1969 年获得了巨大成功。人类登上了月球，互联网诞生。于是人们期望这个世界创造更多的《从 0 到 1》的发展模式。期望能到月球上去度假，当地球毁坏了能够前往外星球居住，等等。

《从 0 到 1》，或者说从无到有的发展模式，强调的是企业要善于创新和创造。由此开辟一个只属于自己的垄断市场，成为这个市场的唯一，从而使企业安享丰厚的"利润"。否定企业渐变的发展模式，即"从 1 到 n"的发展模式。

在该书的前言中再一次强调，"美国的公司，如果不在艰难的创新上进行投资，不管现在有多少钱，将来都会以失败告终"。"人类之所以有别于其他动物，是因为人类有创造奇迹的能力。我们称这些奇迹为科技"。"人类决定建造什么，并非基于大自然赋予人类的基本选项，而是通过创造新科技，重新改写世界历史"。"要想将企业从每日的生存竞争中解脱出来，唯一的方法就是：取得垄断利润"。"如果你垄断了市场，你就能提升产品价格。其他人没有选择，只能从你那里买"。"政府也知道垄断的好处，因此还有专门部门努力创造垄断企业"。"垄断企业推动社会进步。因为数年甚至数十年的垄断利润是有力的创新动力，资本进一步推动企业创新，占领市场。垄断是成功者的写照"。

《从 0 到 1》的思维模式是典型的少数资产所有者资本至上、垄断思维模式的延续和发展。为了说明《从 0 到 1》的思维模式不可取性，不妨引用一点相对的概念。

可以将生态系统比作航空母舰战舰系统，资本社会只是该系统中的一艘战船。相对论的观点是，该战船不应该将眼光只关注在自己战船的事务，而需要关注该战船与航空母舰战舰系统的关系。这样该战舰系统才具有强大的作战能力。否则就会出现认识事物的片面性，削弱了战舰系统的作战能力。人类只是生物链的一个环节，如果只看到人类的利益，看不到对生物链的危害。最终将一损俱损一亡俱亡。《从 0 到 1》的发展模式是典型的只顾及小船的事情，而不顾小船与大船的关系。不顾小船的行为对战舰系统造成的危害。

《从 0 到 1》的思维模式,恰恰只是局限在资本社会的航船上,观察人类社会的事物,看不到资本社会国家与其他国家的关系,更看不到人与生态系统的关系,得出了错误的结论。实际上,《从 0 到 1》的思维模式集中体现了资本社会单纯追求经济效益的发展模式。这种模式主要关注眼前的物质利益(唯物),而忽略了人的存在与生存所依赖的其他因素,如他人、资源、空气、水和生态系统等。然而,缺少了任何一个因素,人类都难以生存。从根本上说,没有其他方方面面的支持,就不可能存在人类。作为高级动物的我们,不应该过于自负和自我忘却。资本社会发展模式已经给人类自身和生态系统带来了毁灭性的灾难。实践证明,这种发展模式是扭曲、衰落的,违背了自然发展规律。

《从 0 到 1》的模式是在虚拟化货币的推动下,资本社会发展模式的缩影。人类是维护地球生态系统和人类生存的重要一环,而不应只追求经济效益的最大化。这是衡量人类行为最基本的准则。

目前,人类社会存在着许多与人类作为一种动物相背离的行为。货币本来是产品交换的媒介,在其使用范围内,货币发行量应该与 GDP 的数量相匹配。然而,经济大国可以利用发行债券的方式代替货币,掠夺他国财富。工具和科技本来是改善人类生活条件的手段,但资本社会却将其转变为扩大资本积累、争夺世界的工具。这导致对生存环境和生态系统造成了毁灭性地破坏。经济竞争、货币竞争、工具竞争、军备竞争、科学技术竞争、信息化竞争……这一连串的竞争使人类的生存和其他生物的生存得不到基本保障,已经面临着毁灭的境地。因此,我们迫切需要警醒,并充分认识到资本社会的扭曲性和危害性。事实证明,西方的发展模式是单纯唯物的发展模式,并不符合自然的发展规律。盲目崇拜和迷信西方的发展模式只会让我们走向毁灭之路。

七、不稳定性

资本社会是基于资本和工业基础的社会模式,其核心思维是追求经济效益和扩大资本积累。由依托于土地的社会转变为依托于工具和资本积累的资本社会。对于生态系统而言，工具和虚拟货币都是外部因素。建立在工业和资本基础上的经济体随着工业和货币虚拟化的膨胀而膨胀。这种膨胀首先体现在产业结构的变化上。工业和科学技术不断向高端、精细、尖端方向发展，并扩大其边界。同时，服务业也不断膨胀，占据经济体中越来越大的比重。

这种膨胀也在人们的衣食住行和行为方式上呈现出浮华和浮躁的特点。这体现了货币虚拟化的影响，以及工业和科学技术非正常发展的影响，严重破坏了经济运行的稳定性。这种社会性质的变化导致资本社会面临一系列无法解决的社会和经济问题。与生态系统的关系也越来越疏远。一旦资本社会的运行轨迹出现拐点，就会引发波及全球的经济危机或金融危机，如 1929 年的金融危机、2008 年的金融危机以及 1993 年发生在日本的金融危机，都是最好的例证，震惊世界的经济危机发生在经济大国之中。

然而，我们必须意识到，人类只是动物中的一种存在。忽略这一基本特征，相对于生态系统来说，就无法认清人类在工具作用下，人类与生态系统关系的转变。这种转变导致了紧密耦合的关系变为松散耦合关系，是破坏生态系统稳定性的根本原因。我们不能忘记地球是我们的生存家园。例如，探索外层空间的生活问题，实质上是人类外化的具体体现。当我们把地球弄得百孔千疮，难以为继时，却想逃往其他星球，这是典型的外化行为。面对近百亿人口的群体，我们应该如何应对？地球上的生态系统又怎么办？这充分说明资本社会的思维模式并没有代表广大人民群众的意愿，更没有顾及生态系统的存在。此外，不论是对于生态系统还是宇宙空间，人造工具都是对其外部因素。它们破坏了地球生态系统运行的稳定性，并在宇宙空间中扮演类似流星的破坏角色，只是影响大小的问题。作为生态系统的一部分，解决地球上的问题并维持人类与生态系统的共存，是我们人类不可推卸的责任和义务。与这个命题相比，其他事情就显得没那么重要了。

第三节 资本社会的危害性

一、畸形发展的社会

资本社会是少数资产所有者统治的，构筑于资本基础上的社会。资本社会从出现到今天，仅仅数百年时间。人类历史跨越千万年，如今竟然面临濒临生存危机的境地。这个问题是极为严峻的。人们需要深入分析、探讨资本社会的种种问题。分析、探讨人类社会未来的发展问题。能否挽救人类濒临生存危机？能否让人类社会和生存环境，再延续存在万千年。这是人类需要关注的重大核心课题。人类的聪明才智，反而使人类面临生存危机，这不能认为是人类高明。关于探讨其他星球上的生活，直言不讳地说，这是对人类的背叛。地球上的第六代生态系统正在由人类自己摧毁，这是对人类智慧和判断的最真实反映。分析和探讨资本社会的问题，以及人类社会未来的发展问题，成为了当务之急，也是最核心的议题。

单纯追求扩大资本积累、货币虚拟化、工业膨胀发展、科学技术膨胀发展、单纯追求唯物发展观、人的行为浮躁。经济是基础，有什么样的经济基础，形成什么样的上层建筑。庸浮的经济基础，形成庸浮的社会。人们的行为轻浮、浮躁。比谁的钱多。谁的钱越多谁最有发言权，谁的社会地位越高。衣、食、住、行本是人们的基本生活需求。受到经济条件的影响。无人顾及资源浪费、生存环境破坏。具体体现了资本社会扭曲性的人文特征。

资本社会是构筑在资本基础上的社会，从基础上反映了资本社会的扭曲性。人类只是动物的一种，与其他生物一样都是生活在土地上。而资本社会以资本为基础，关注的焦点是经济效益，这是资本社会扭曲发展的具体体现。不关注生态系统的存在与否，即将生物及人类的生存拖入到濒临灭绝的境地，这是对资本社会扭曲性最有力的证明。自然的发展变化，都是缓慢的变化过程。如果生态系统出现了急剧变化，那说明有强大的外部因素对其产生了影响。资本社会的发展严重破坏了自然的平衡和运行规律。工业生产是这样，无休止地技术创新、产品更新，其目的是抢占市场、满足市场需求，满足人们的奢侈需求，满足人们的虚荣心理，最终是满足资产所有者扩大资本积累。至于对资源的消耗、浪费、破坏生存环境等，全然不顾。

资本社会仿佛是用法术催起来的资本社会经济体，生活资料太多，工业和商业发达。经济系统各产业之间形成一个系统，紧密地联系在一起。

农业是最基础的产业，是人们赖以生存的基础。其他产业发展，对农业都没有太大的影响；工业、金融、服务业之间，相互影响最突出。它反映了资本社会经济体，因金融业、工业膨胀发展对其他产业的直接影响。也反映了经济体的虚膨胀状况。人们最基本的需求衣、食，都来自农业。其他产业对于人们的需求，都仅仅是锦上添花的作用。过度发展会导致社会越来越浪费资源，破坏生态环境，并使人们逐渐变得虚狂和浮躁。这样的发展对于维持人类和生态系统的正常运行没有任何好处。

另外，实体经济的发展与生产要素的投入有直接关系。而金融业与服务行业的发展，需要很少生产要素投入。只要人们手中有钱，它便很快发展起来。歌咏：只要有个体育场或体育馆，就可以一夜赚到千万元货币。NBA 比赛，足球比赛：都是修建一个比赛场馆可以多年使用。但是一场比赛可以收入越千万美金。旅游业：只要有人组织联系，就可以获得巨额收入。金融业最为突出，利用虚拟化和金融创新手段，就可以获得多少倍的经济效益，等等。这正是经济发达国家和经济体膨胀的具体表现，它真实地反映了货币膨胀的情况。

一般国家不具备这个条件，其经济结构也与经济发达国家有显著差别。反映对资源的利用，产品的利用是节约型的。人们的生活充实、务实；经济系统运行稳定，与资本社会存在显著差别。这些现象真实地反映了，资本社会的经济发展模式不符合自然发展规律。具体表现在，农耕社会运行了十余万年，至今世界上大多数国家，仍然是农耕社会国家。而资本社会仅运行了数百年，已经导致人类面临生存危机的境地。它最真实地表明资本社会的扭曲性。

浪费资源、破坏生态环境

资本社会的发展理念，唯一追求的是扩大资本积累。以消费促增长的发展方式、贷款消费的方式等，发展经济的模式造成人们奢侈的生活方式。人类正在以超过自然积累的速度消耗煤炭、石油、地下水及其他自然资源。据报道，现在的情况是，8 个月就消耗完了大自然年平均提供给人类对资源的消耗量。

真正造成野生动、植物减少的是人，特别是资本社会的发展模式。改善生态环境的主要问题，首先需要解决的是改变资本社会的发展模式问题。至今资本社会的发展模式，仍然是人们向往、追求的发展方向。不认清资本社会发展模式的危害性，不可能解决人类生存危机问题，不可能解决生态环境破坏问题，更不可能解决构建生态文明社会的问题。

工业化无休止地发展，建筑规模不断扩大；人口增加再增加，扩建农田；都市化不断扩大，不断与动植物争夺这片土地。使得动物的生存环境大量丧失，生存环境不断遭到破坏。据"千年生态系统评估委员会"介绍，目前，生物多样性的丧失仍然是呈指数型扩大。人类的行为是生态环境遭到破坏的主要原因。

二、单纯唯物发展观

资本社会思维模式的主流是唯物论。任何事物是经过科学实验证实是正确的，如此认识世界没有错。摸得着、看得见，才是实实在在地存在，同样是没有错。然而世界现实，恰恰是受这种思维模式的驱使，毫无制约地发展工业，发展科学技术，单纯重视唯物。导致如今的人类面临毁灭的危境。人们需要深入思考，这个世界不只是有人，还有其他生物。人类社会的发展，还应该顾及对其他生物生存的影响。人与其他生物的命运是联系在一起的。现实说明了，是一损俱损，一亡俱亡的唇齿相依关系。也就是说，人类的活动，不可以只为人类创造无休止的物质财富（唯物）。已经远远偏离了人们基本生活所需。全然不顾及这种发展模式，对其他生物生存的影响（唯心）。不可以只看到唯物的好处，还需考虑缺失唯心思维的后果。这是人类社会发展面对世界，应该遵循的准则。只有认识到唯物的好处，更要认识到丢弃唯心的危害，才是人类社会发展的正确途径。对于人类社会，往往唯心部分更为重要。唯心是关乎人类自身修养的问题，是更深入、全面认识世界的问题。就个人而言，只追求物质享受，而不顾及个人心灵的修养，不顾及其他，这样的人不是一个正常人。其他动物在生物链中，都是遵循相互制约、相互依存的规律生存、生活。同样，人也是动物，人需要受生物链的制约。如此认识世界，认识人与生态系统的关系是人类遵循自然发展规律的正常行为。

无数事实说明，随着工具制造技术的发展，人类借助工具，对生态系统的破坏，也随之一步步加剧。现在已经发展到危及生态系统，危及人类存亡的地步。自动化工具仍然将有关的服务人员边缘化了。工具是外部因素，其属性是破坏生态系统运行的稳定性。说明在人类社会中不宜有更多工具介入。不久的将来，将研制出超级机器人。超级机器人的智商将超过人类。它具有工具的特征，又具有人的思维能力，实现工具控制人的行为，颠倒了人是主体工具是客体的关系。将人类边缘化了。工具成为介于工具与生态系统之间的，具有中性特征的工具。也就是说，地球上将出现中性人统治人类。对于生态系统说来，工具的基本属性是外部因素没有变，工具影响生态系统运行的稳定性的属性没有变。超级人工智能成为代替自然力的工具，控制人的行为。生物链对各种生物以相互制约、相互依存的自然法则予以制约。如果超级人工智能对于人类行为的制约符合于自然法则，控制了人类对生态系统的破坏，自然是好事。但是对于生态系统来说，超级人工智能毕竟仍然是外部因素。它能控制人，它也能控制其他生物。另外，超级人工智能成为，于生态系统与自然环境之间，又多了一层人工智能代替自然力，控制人的行为。工具具有破坏生态系统稳定性的特性，工具危及生态系统于危亡的境地的现实仍然在继续，已经成为人们难解的难题。超级人工智能的出现，只能进一步加速生态系统的危亡。而发展超级人工智能技术，为了提高经济效益是实质，为了使得人生活得更舒适是设想。更不是为广大劳动者群体着想。自然力历经数亿年的作用，逐渐形成今天的生态系统。而超级人工智能技术，无论何时都是外部因素。仅数十年就要达到数亿年的作用，不可信。工具对生态系统破坏的前车之鉴，不可以忘记。况且超级人工智能技术，尚存在诸多问题。世人担心超级人工智能对人类社会的危害，是有现实事实依据的。

人们需要认清频繁技术更新的主要目的。它是为了占据市场优势，追求经济效益。认识到货币虚拟化与科学技术、工业技术更新之间的关系。进而需要清醒地认识到，经济大国的单纯追求 GDP 增长的发展模式，给人类社会带来的"祸"是主要的，"福"只是麻醉剂。与一个人只追求酒、色、财、器之乐的后果类似。都是歧途。

技术更新的主要特征是投入少，经济效益高。新技术产品有竞争优势，受到市场欢迎。这正是经济大国为何都愿意投巨资于高新技术的原因。只重视经济效益，而不顾资源浪费，更不顾生态效益。

三、知识型社会

知识是对事物的直觉认知，它具有单纯唯物的认知属性。智慧是对事物深层次的认知，它对事物的认知具有哲学的属性。美国硅谷《从 0 到 1》的发展理念，应该说它是资本社会以及现代化社会典型的知识型发展模式。也就是只知道追求知识，而缺失智慧。只看到发展金融、发展工业、发展科学技术给人类带来越来越多的福利、实用价值。各种知识不断扩展了人们对世界认知的眼界，成为人类生存不可缺少的东西，人们对知识的作用确信无疑。单纯重视知识，不仅反映了现代人对知识的理解，也反映了知识在现代人思想中的霸权地位。只看到知识的力量，看不到缺失智慧的后果。就连投硬币都是正、反两面均匀地出现，哪有只出现正面，而不出现反面的道理。不去思考任何知识都会有直接或间接的后果。发展到今天，已经没有任何力量能够牵制知识的传统力量了。在现代社会，知识的主要表现形式就是科学技术。科学技术研究成果所带来的经济效益已经超乎想象。同时，这些成果给人们的心灵带来了前所未有的震撼、刺激和奇妙体验，使得人们对科学的崇拜已经达到了巅峰。由此也导致推动科学技术发展成为重中之重的决策；已经成为资本社会扩大资本积累的重要手段。这些都具体体现了典型的单纯唯物的发展模式。工业革命以来，仅仅 200 余年，生态系统遭到严重破坏，已经处于岌岌可危的境地。它正是知识型、唯物型认知事物产生的严重后果。教训是极其深刻的。

现实表明，人类社会不仅需要知识，更需要智慧，需要哲学。智慧包括知识。而智慧、哲学是全面、深刻认识事物的思维模式。需要全面、综合地考虑发展问题。发展的目的是生存下去、生存得更完美更久远。不应该只关注眼前的利益而忽略未来的长远考虑。更不应该成为将人类引向毁灭之路。由此说明"创新者生，守旧者亡"的发展理念，有违于自然发展规律。需要顾及人类的行为对生态系统、生存环境的影响。不妨简单地理解为：知识具有唯物属性，是片面地认识世界；智慧具有哲学属性，是全面地认识世界。现代社会的主要问题，就在于单纯追求唯物，丢弃唯心思维的掌控，即丢弃哲学指引造成的严重后果。民间流传一条朴素的道理"顺天者昌，逆天者亡"，符合于自然发展规律。天道不可违。

科学技术是知识的重要组成部分。科学技术起到了"物尽其用"的作用，提高了经济效益，让大自然为我们的福利服务；但是科学技术含有工具的成分，它影响到生态系统运行的稳定性。甚至把地球的生存环境毁掉了，几乎无法弥补。科学技术使人们减轻劳作之苦，却给人们增加了不堪忍受的精神负担，导致人与大自然的关系脱离得越来越远。科学技术，它应该使得人类的生存环境得到显著改善，人类和生态系统的生存得到延长，应该是人类奋斗的永恒主题。但许多科学技术，却将人类和其他生物引向毁灭的境地，却是眼见的事实。这就需要人们冷静思索，当今社会工具发展与科学技术发展存在的问题。

在现代社会，知识已经成了带有绝对正面意义的东西。人们在推崇和追求知识的同时，却没有对现代知识形态和知识本身有足够的认识和辨别。只有智慧、哲学要求我们对知识作出了批判的反思。它可以指出现代知识的盲点和不足。现代意义的知识，都是局部的、专业的、或是技术性的。知识将人的生活方式、生活目的、生活态度、生活质量、生活意义，被这种技术性的知识排斥在外，只重视其唯物性。知识的增进不但没有从整体上增加人们的幸福感，反而使地球上的生命，陷于空前的危机。

产生这些问题的根本原因在于，对西方现代性的政治经济制度和社会制度带来的眼花缭乱的好处所迷惑。受到单纯唯物发展观所迷惑。唯物发展观已经成为现代化社会的主导思维模式，几乎不可撼动。特别是最近几十年，科学技术迅速发展，西方的科学技术振奋人心，对西方的迷信，更是达到了神化的地步，什么都是西方的好。不去深入了解、分析西方社会的弊端，只是停留在物质层面上，停留在唯物的层面上学习西方社会。都去照搬西方社会的经济发展模式，扩大了资本社会经济发展模式的负面影响。忽视了哲学发展理念对人类社会发展的重要指导作用，造成进一步加速了人类面临生存危机的进程，生存危机问题越来越严重。

在此情况下，充分表明今天的人类社会，需要重新思考智慧和哲学对于人类社会发展的重要意义。知识只告诉人们真与假。只有智慧和哲学会告诉人们知道对与错、善与恶、福与祸。它告诉人们不仅需要物质的东西，更需要精神的东西，需要道德修养。西方社会的问题，正是在于只看到知识的作用、唯物的作用，而不顾及缺失哲学指引的危害，缺失智慧的危害。

四、生命支持能力弱化

人类的过度消费仍然在不断增长。不仅是随着人口增长而增长，也在随着经济增长而增长。据《全球环境展望报告 4》预估，全球 GDP 截至 2050 年 3～5 倍的增长，对生态系统的破坏也将翻倍地增加。

世界上 1/3 的耕地其肥力在减退。50%的牧场被超载放牧，沙漠化严重。2/3 的海洋资源以超过其繁殖能力的速度被捕捞。超量抽取地下水在粮食主要产区已被广泛应用。地下水位在不断下降，干旱现象越来越严重、扩大。化肥的使用使土地表面硬化。化肥中的氮、磷，大量进入陆地生态系统。

近些年来，越来越多的研究揭示了生命支持能力的恶化程度。其中最权威的研究之一是，由全世界超过 1 360 位专家于 2001—2005 年完成的《千年生态系统评估》。该报告指出，大约 60%的生态系统服务，正在退化或不可持续地利用。

这些现象表明，资本社会是以发展生产力为核心的社会。它是人类社会以生产力为核心的发展理念，发展到了极致的具体体现。它是人类社会面临生存危机的必然结果。需要探索人类生存下去的出路。

第四节　以生产力为基础的社会

从人类能够制造和使用工具以来，人类社会的发展一直是构筑在生产力基础之上。探讨生产力在人类社会中的作用，可以更深入地认识人类社会存在的问题。

一、以生产力为基础的社会

生产力，即劳动产生价值的能力。随着人类社会发展，生产力的概念也在不断扩充。

远古社会，人们靠自身的能力维持生活。

人类能够制造工具之后，靠自身的能力和工具维持生活。直至农耕社会，制造的工具都是手工工具。人类社会生产力发展，一直处于缓慢状态。对生态系统的影响处于缓慢的影响，属于常态。

资本主义社会与以前的社会最大的不同在于，以前的社会是构筑于土地上的社会。资本社会是构筑于资本基础上的社会。资本社会的生产力构成。包括资本、科学技术、工具和人力的投入。而且资本、科学技术、工具之间不断相互促进发展。至今这种发展模式仍然在不断扩充。随着动力工具、自动化工具，进一步发展到智能化工具。从来没有改变工具的属性。工具系统发展的越来越复杂，庞大，已经构筑起浮华庞大的经济帝国。远远偏离了人们的基本生活需求。从地上、空中、水上，全面地破坏了生物的生存环境。导致人类和生态系统面临生存危机的境地。它真实地反映了人类社会发展工具技术、科学技术和虚拟化货币的扭曲性、变态性。它已经不能代表人类社会的进步，而是将人类社会引向灾难。

现在摆在人类面前需要急迫辨清的问题是，人类和生态系统延续存在下去重要，还是资本社会的发展模式重要。21世纪面临的最核心的问题是人类生存危机问题。它已经实实在在地摆在人们面前的严峻课题，这个问题得不到解决，其他所谓科学技术进步，人类进步，都失去了任何意义。

二、单纯重视发展生产力带来的是灾难

资本社会的发展是单纯重视生产力发展模式的典型代表。而且这种发展模式误导了整个世界的经济发展。人们普遍认为资本社会的发展模式是人类社会发展追求的理想目标。而现实是资源严重枯竭、浪费；全方位地严重破坏了天上、地上、水上生物的生存环境。人们需要清醒地认识到单纯重视发展生产力带来的是灾难。

三、改变现状的可行性

改变现状是艰难的。但是世界许多研究机构、世界组织、许多国家都在关注生存环境问题。世界各国逐渐取得共识。人们都认可的问题得到逐步解决，树立了解决问题的重要开端。例如构建世界统一货币问题。

它有利于世界上大多数国家。只是经济发达国家有损失。实际上，他们损失的也主要是浮财。2008 年美国的金融危机，若干国际级大银行倒闭了，危机影响到世界许多国家。但是虚拟化的货币蒸发了之后，世界又恢复了正常秩序。20 世纪 90 年代日本的金融危机。日元对美元的比价从 235 日元/1 美元升值至 76 日元/1 美元。虚拟化日元蒸发之大，可谓惊人。但是日本经济照常运行。

回归自然的生活方式，并不是让人们回归原始社会生活，甚至是回归农耕社会生活。而是回归到与其他生物平等相待的生活。农耕社会的生活方式表明，回归到与其他生物平等相待的生活，并不会影响人们的基本生活质量，与富裕、舒适的生活并不矛盾，只是杜绝奢侈、挥霍、浪费的生活方式。回归自然的生活方式，改变了因人类生存而影响到其他生物的生存为代价。发展工业、发展科学技术、发展金融业，普及教育等，都需要以不影响其他生物的生存为基本依据。

北欧几个国家的生活方式，很值得借鉴。这些国家很富裕，人均 GDP 值很高。国家实行高税收政策，财富积累由国家掌握。一般人的工资收入差别不过 2、3 倍。避免了人们利用手中的钱铺张浪费、挥霍。国家可以利用这些积累的财富为人民提供了广泛的社会福利待遇，已经形成了良好的社会风气；人们对于汽车等物品的利用，几乎达到了极致，能利用就利用，不会轻易丢弃；爱护自然，不会轻易破坏自然资源和自然环境；亲近自然，节假日愿意到自然环境中休闲。重视俭朴的生活方式，能用公共交通工具，就不用私人交通工具，能步行就不用交通工具。人们淳朴、善良、温馨的生活，其幸福指数，在世界都是位居前列的。北欧的事实说明，人们需要现代化生活，只是必须废除现代化生活的陋习。

厄瓜多尔于 2008 年通过的宪法，该法授权各州，通过与自然和谐并承认自然权利的方式追求幸福。该宪法给法律实体、各州设立了尊重和支持自然权利的特别义务，并规定此类权利具有法律强制力。

2009 年 4 月 22 日，联合国大会通过了，由玻利维亚提议的一项决议，宣布 4 月 22 日为"国际地球母亲日"。玻利维亚总统并呼吁，联合国成员国着手创立"地球母亲权利世界宣言"。

"地球母亲权利世界宣言"是个令人觉醒性的宣言书。该"宣言"的序言中提到:"考虑到我们都是地球母亲的一个由相互联系、相互依赖又有着共同命运的生命体组成的不可分割、活生生的共同体的一部分"。"认识到资本社会制度和各种形式的掠夺、开发、虐待和侮辱,对地球母亲造成巨大破坏、退化和瓦解,并通过气候变化等现象将我们知道的生命置于危险境地。已确信在一个相互依赖的生命共同体中,人类享有的权利使地球母亲招致失衡"。申明"人类权利实现的必要途径是,认可及保护地球母亲和地球上的所有生物的权利。"

2009 年 12 月召开的《联合国气候变化框架公约》第十五次缔约方会议(COP15),即哥本哈根会议。一些小国在推动这项事业。世界上一些世界组织在推动保护生态平衡事业。"地球母亲权力宣言"是个很重要的决议文件。

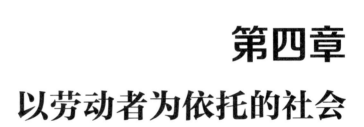

第四章

以劳动者为依托的社会

以劳动者为依托的社会的典型特征是社会主义社会。在这种社会中，劳动者是社会发展的重要动力和基础。社会主义社会注重公有制和劳动努力的价值，强调为全体人民提供基本需求和公平分配。劳动者作为创造财富的主体，参与社会生产和决策过程，共同分享社会发展的成果。

马克思和恩格斯创立的科学社会主义理论，是人类社会有阶级划分以来最宝贵的财富。在人类社会有等级划分以来，第一次构建以广大劳动者为依托的社会，恢复了广大劳动者为社会主体的地位。响亮地喊出了"全世界无产者，联合起来！"劳动者是社会的主人。

马克思构建的科学社会主义与资本社会，是两种水火不相容的社会体制。一是以"劳动者"为主体的社会主义社会，二是以少数资产所有者为主体的资本主义社会。劳动者创造的财富归少数资产所有者所有。颠倒了主客体关系。科学社会主义将这一颠倒的主客关系颠倒了过来。在强大的资本社会抵制的环境中，仍然不断发展壮大，说明了构建以劳动者为依托的社会，符合于自然发展规律。

第一节 马克思主义理论的重大贡献

马克思主义理论自诞生之日起，在新旧思想理念的斗争中，不断发展壮大，受到世人广泛关注、传播。随着资本社会的发展，锻造的无产阶级革命势力不断发展壮大。最后将成为资本社会的掘墓人。

尽管资产所有者抵制马克思的科学社会主义理论，它仍然否定不了该理论的重要意义。从社会结构方面扼要地说来，其重要意义在于如下四个方面。

一、劳动者从客体变为主体

人类社会发展，自从出现等级划分以来，为人类创造物质财富的广大劳动者，从来都是处于社会的最底层，物质生活得不到基本保障，人格同样不被人尊重。几千年前的儒家学说中，就清楚地道出了，"劳心者治人，劳力者治于人"的观念。劳力者辛辛苦苦创造物质财富，保障人们生活基本需求，却处于社会的最低位，这是颠倒了的历史。随着人类社会发展，这种颠倒了的历史从来没有改变过。农耕社会，当封建王朝走向腐败没落时，一次一次的农民武装起义，力图实现或推翻了腐朽、没落的旧世界。然而建立的新世界，经济基础并没有改变。仍然是构建在土地上的农耕社会，仍然是延续"劳心者治人，劳力者治于人"的发展模式。一次一次革命，一次一次重复旧的社会秩序。

人类社会发展进入到资本社会之后，实现了工业革命。从此自动化工业生产线，代替了落后的手工作坊。工业生产技术改进了，生产效率提高了，形成了强大的资本集团——资产阶级。同时也造就了强大的无产阶级群体。资产阶级为了追求利润，残酷地剥削无产阶级，使阶级对立深刻化、简单化了。整个社会日益分裂为两大相对对立的阶级：资产阶级和无产阶级。社会财富增加了，但是广大劳动者的生活条件并没有改变。随着自动化工具的出现、发展，广大劳动者群体被边缘化，社会矛盾不断发展扩大，仍然是处于社会的最底层。随着工业技术的发展，资产所有者将工人视为工具、商品，可以随意地舍弃，他们的人格都得不到基本保障。资产所有者与无产者之间的关系，变成赤裸裸的金钱关系。无产者渴求改变这种不合理的社会制度。随着资本社会发展，无产阶级队伍也随之不断发展壮大，矛盾不断加深。

人类社会发展进入到 19 世纪初期，伟大的哲学家马克思、恩格斯创立了科学社会主义理论。分析了资本社会的本质特征，第一次提出了，资本社会造就了无产阶级。无产者将是资本社会的掘墓人。为求得无产阶级的解放，构建无产阶级的政权，无产者将成为新世界的主人。无产者成为社会的主体，资产所有者成为客体。马克思理论第一次将千百年来颠倒了的历史，重新颠倒了过来。人类社会发展，从来都是劳动者创造的。科学社会主义是符合于自然发展规律的社会。

二、创建共产党

广大劳动者求得翻身解放，需要有组织、需要有领导、更需要有行动纲领、需要有构建新世界的目标。构建新社会的核心问题是改变劳动者的地位。为了求得无产阶级的解放，1847 年，马克思和恩格斯发布了《共产党宣言》，宣布成立了共产党组织，该组织承担着领导和指挥革命运动的任务，旨在推翻旧世界。这一宣言为革命运动提供了组织化的领导。

共产党的性质。无产阶级要在决定命运的关头强大到足以取得胜利，就必须组建一个不同于其他所有政党，并与资产阶级对立的特殊政党——共产党。共产党组织劳动者的结构主要由无产阶级的先进分子构成。共产党人没有任何与整个无产阶级利益不同的私利；他们不提出任何特殊的原则；在无产阶级和资产阶级斗争所经历的各个发展阶段上，共产党始终代表整个运动的利益，代表广大劳动者的利益。

共产党的使命。共产党人的最终目的，就是领导推翻资产阶级统治，废除资产阶级所有制。建立无产阶级统治。最终实现建立没有阶级、没有私有制的新社会。共产党人强调和坚持整个无产阶级统治的不分民族的利益；共产党人是各国工人政党中最坚决发挥推动作用的党；由无产阶级夺取政权，消灭私有制。无产者在这个斗争中失去的只是铁锁链，他们获得的是整个世界。

在理论方面，共产党最了解无产阶级运动的条件、进程和结果。

经济系统和人类社会都是复杂的系统，需要维持稳定运行。为了实现经济系统的稳定，我们必须消除或减少影响其稳定性的外部因素。同样地，在人类社会系统中，我们也需要寻找和应对影响其稳定运行的外部因素，以减少其不利影响。

目前社会存在一个不合理的现象，即由广大劳动者生产的物质财富被少数人垄断。这种不公平是导致长期社会动荡的根本原因。要想解决这个问题，必须改变这种不合理的社会制度。马克思提出的理论就是为了解决这一问题，他制定了行动纲领、组织保障和具体实施方案。只有通过改革和推动这些措施，我们才能逐步消除战乱现象，实现社会的稳定和可持续发展。

三、马克思理论的实践

马克思、恩格斯于 19 世纪创立了科学社会主义理论。20 世纪初，在马克思主义理论的指导下，列宁创立了世界上第一个，以广大劳动者为国家主体的社会主义国家苏联。推翻了以私有制为主体的沙俄帝国。第二次世界大战之后，在东欧波兰、捷克斯洛伐克、匈牙利、罗马尼亚、保加利亚、阿尔巴尼亚、德国东部，创立了以苏联为首的社会主义阵营。1945 年第二次世界大战之后，在世界的东方，相继出现了蒙古人民共和国、朝鲜人民共和国、越南人民共和国。1949 年成立了中国共产党领导的中华人民共和国。从此马克思主义理论得到了具体实践、扩大。落实了马克思理论成为人类文明不可或缺的宝贵财富。马克思理论是粉碎旧社会铁锁链的金钥匙。

改变旧世界是改变人类社会发展史的，首次废除私有制的重大历史事件。在强大的私有制体制包围之中，它不可能是一帆风顺地发展。在其发展过程中，必然受到各种旧势力的顽强抵抗，出现反复是自然现象。东欧一些社会主义国家纷纷解体。但是以广大劳动者为主体的科学社会主义，更符合于自然发展规律。必将战胜以私有制为代表的资本社会。最终它将推翻旧世界，构建以广大劳动者为主体、为依托的新世界。

马克思主义理论的最大贡献就在于，在人类历史上，从有等级区分的社会以来，第一次深刻、系统地批判资本社会结构的扭曲性，广大劳动者创造的社会财富为少数资产所有者所有的不合理性；创立了为人类创造物质财富的广大劳动者是社会主人的理论论述。分析论述广大劳动者成为新社会的主人，成为新社会依托力量的重要意义。当今世界资本社会势力是异常强大的。他们为了维护资本社会的发展体制，不遗余力地利用发展经济、发展工具技术和数量、发展科学技术、发展军事技术称霸于世界。尽管前进的道路十分艰难曲折，但是以劳动者为依托的新社会的力量越来越强大，越来越不可阻挡。

四、马克思理论的升华

人类和生态系统的关系，与劳动者和资产所有者的关系类似。人类本是生态系统的一部分。生态系统应该是主体，人类应该是客体，客体应该从属于主体。无论人类社会怎么发展，不可能离开土地和生态系统。然而人类掌握了工具之后，人类反而成了主体，生态系统成了客体。自从人类掌握了工具之后，这种颠倒了的关系，从来没有改变过。特别是工业革命以来，资产所有者为了扩大资本积累，更是不遗余力地破坏生态系统，仅仅 200 余年，竟然将生态系统与人类，都置于濒临灭绝的境地。这是资本社会发展理念必然产生的后果。

马克思的理论对人类社会的发展起到了重要的推动作用。它首次改变了资产阶级主导、广大劳动者被剥削的不合理社会体制。同时，马克思的理论提供了思考如何改变人与生态系统不合理关系的参考。在这种关系中，工具作用下的人类处于主体地位，而生态系统则被视为客体，这种关系是不合理的。马克思的理论为开创生态文明社会奠定了理论基础。

在私有制的社会中，出现了阶级差别，这是由于不同阶级对生产资料的占有不同。然而，在《共产党宣言》中提到："当阶级在发展过程中彻底消失时，所有生产资料都集中在联合个体的手中，公共权力就失去了政治性质。政治权力是一种阶级对另一阶级施加有组织暴力的手段。无产阶级在反对资产阶级斗争中，通过革命联合起来，成为统治阶级，并以统治阶级的身份使用暴力消除旧的生产关系。这样，在消除这种生产关系的同时，也消除了阶级对立的存在条件，从而消除了自身作为一个阶级的统治。"

人类社会只是生态系统的一部分，而生态系统是人类生存所依赖的基础，就像广大劳动者是人类社会生存的基础一样。消除阶级差别后，自然地改变了资产阶级作为主体，劳动者作为客体的问题。同时也消除了人类社会作为主体，生态系统作为客体的问题。这恢复了生态系统作为人类生存基础的主体地位，而人类只是其中的一部分，是客体。与构建以广大劳动者为主体的社会一样，建设以生态系统为主体的生态文明社会是人类社会发展的最终目标和归宿。以生态系统为主体的社会是以劳动者为主体社会的升华，二者具有相似的体系结构。

马克思的理论融入了哲学和科学思想，这一特点使得他的观点保持了主客体不可颠倒的关系。在他的理论中，共产党扮演着重要的角色，永远掌握着科学社会主义国家的社会属性。这意味着共产党在实践中负责维护社会主义国家的发展，并为实现共产主义的目标提供指导和领导。在国家政权结构的建设方面，这第一次具体体现了"道"和"德"的统一，以及唯物主义与唯心主义的辩证统一。

就像金字塔能够存在几千年而不会倒塌一样，它的基础牢固；科学社会主义之所以先进，是因为它以广大劳动者为基础；而生态文明社会之所以是理想的社会，是因为它以生态系统为基础，符合自然发展规律。

第二节　科学社会主义

自人类社会出现私有制以来，便出现了剥削者和被剥削者，出现了压迫者和被压迫者。二者不间断地进行斗争，书写着人类历史，并使人类社会渐变地向前发展。在资本社会基础上出现了，恢复广大劳动者为社会主体的科学社会主义理论和科学社会主义社会，它是社会发展的必然趋势。

一、两种社会制度的主要区别

马克思科学社会主义理论与资本社会发展理念，在意识形态方面存在着显著差别。

科学社会主义的理论基础是马克思主义；领导社会主义的核心力量，是由广大劳动群众中的先进分子所组成的共产党；消灭资产归少数人所有的私有制，改为资产公有制；改变广大劳动者是工具、商品，人格低下的命运。广大劳动者是国家的主人；社会的每一个成员都能完全自由地发挥他们的才能和智慧；国家政权机构是广大劳动人民的代言人，为广大劳动者服务；社会主义社会，废除了资产为少数资产者私人占有的不合理体制；废除了资产者少数人为主体，大多数劳动者为客体的不合理社会结构。科学社会主义社会是以广大劳动者为主体，为社会依托的社会结构，具有天然的合理性。社会稳定性得到显著改善。

马克思理论融入了哲学科学理念。哲学是掌控人类社会能够按自然发展规律发展的科学，它是遵循自然发展规律的科学。科学社会主义之所以先进，在于它是以广大劳动者为依托的社会。生态文明社会的构建中，将哲学思维理念直接融入其中，使其成为科学社会主义社会的重要组成部分。生态文明社会被视为人类社会发展的终极目标，其核心是建立在生态系统基础上的社会结构。在这个结构中，生态系统是主体，而人类社会则是生态系统的一部分，即客体。同样地，生态文明社会的坚实基础是与哲学思维理念相融合的。这使得社会的发展符合自然的发展规律。

恢复广大劳动者作为国家主人翁的地位，其核心是恢复广大劳动者的人格。他们是国家的主人，而不是奴隶，也不是工具。

劳动者珍惜劳动的成果，不会轻易地奢侈、浪费，这是劳动者的品格。随着经济的发展，人们的需求应该保持与生态系统均衡发展的关系，而不是无节制地浪费资源，浪费产品。

千百年来，人类社会的国家构建，从来没有哪一个国家，将哲学的发展理念融入到政权构建之中。特别是资本社会的国家建设，是构筑在资本基础之上的政权结构。资产所有者唯一追求的是扩大资本积累，追求物质极大丰富。或者说，它是单纯"唯物"的社会。为此，他们可以将创造物质财富的广大劳动者视为奴隶，视为工具，任其摆布，使他们失去了基本人格，生活得不到基本保障。

政权结构是两党制，或多党制，轮流坐庄。但是都是为维护资产所有者利益的办事处。缺失"德"的指引，缺失"唯心"掌控。社会发展违背了自然发展规律。导致社会的发展越来越偏颇。造成生态系统遭到严重破坏，生态环境遭到严重破坏。

资本社会是私有制，资产归少数资产所有者私人所有；少数资产所有者是社会主流群体；国家政权机构是资产所有者的代言人，为少数资产者的利益服务。资本社会扩大资本积累的发展理念，违背了维持人们生存、生活的基本需求。这种发展理念不惜浪费资源，破坏生态环境，不顾广大劳动者的利益。社会结构存在固有的不合理性。它导致资本社会发展存在严重不稳定性。

在资本社会中，关注的主要是经济利益和工具的运用，追求经济增长和利润最大化。而在科学社会主义社会中，注重的是人的福祉和平等，追求社会公平和人的全面发展。这反映了两种社会制度的本质差别。

对于生态系统而言，"钱"和"工具"都是外部因素，其过度发展严重破坏了生态系统的稳定性。此外，人口的超常增长也破坏了人类与生态系统之间的平衡发展，对生态系统同样构成了外部影响，破坏了其稳定运行。人口的过度增长导致了生态系统的稳定性受到破坏。

资本社会和科学社会主义社会都是建立在人类文明的框架之下。人类文明是建立在生产力基础上的文明，推动生产力发展的要素包括资本、技术、工具和人力。然而，这些生产要素随着货币虚膨胀而失去了其正常功能，进而导致经济虚膨胀发展。这些都是破坏生态系统稳定发展的外部因素。因此，我们应该在生态文明的范畴内探索人类社会的发展问题，并在人类文明的基础上，思考人类社会问题的局限性。只有通过建设生态文明，才能实现人类与生态系统的可持续协调发展。

二、科学社会主义的实践与发展

在马克思主义理论的指导下，以列宁为领导的苏联共产党，于1917年，在俄罗斯建立了第一个社会主义国家——苏联。它是自奴隶社会以来第一个以劳动者为国家主体的国家。开辟了人类社会的新格局。

1945年第二次世界大战结束之后，社会主义国家进一步扩展为社会主义阵营。其中包括东德、波兰、捷克、匈牙利、罗马尼亚、保加利亚、阿尔巴尼亚等8个东欧国家。1949年中华人民共和国成立，中国、朝鲜、越南北部和蒙古，走上了社会主义道路。还有美洲的古巴。

苏联社会主义。1917年列宁领导的苏联社会主义国家成立，标志着世界上出现了以劳动者为国家主人的国家。1945年第二次世界大战之后，出现了以苏联为首的社会主义阵营。它标志着以劳动者为依托社会的扩充。

以苏联为首的社会主义阵营，执行的是计划经济。经济系统是个系统性问题。系统中各个产业之间，处于相互制约、相互依存的关系，任何一个产业受到外部因素干扰，都会波及其他产业。

计划经济。实际上就是人为设置的外部因素干扰，而不是依靠经济体自身因市场的变化而自行调节的机制。人为设置的计划，对于经济系统说来是外部因素。它干扰了经济系统自行调节的属性，使得经济系统处于混乱的、不协调的不稳定的运行状态。例如国家需要快速发展，就需要大量钢铁。而钢铁只是经济系统中的一个产业，它的发展需要与其相关的产业相应发展。而相应的产业发展，又涉及与其有关的产业相应的发展。钢铁的发展涉及整个产业链的发展变化。人的计划再周密，也不可能计划到万千产品构成的产业链的相应变化。计划到的产业可以发展，计划不到的产业，在公有制的体制下则拖了后腿。经济发展处于严重不协调状态。再有就是强大的资本社会思潮的干扰、封锁，阻碍了苏联社会主义发展。而到20世纪末期，受到西方推行的自由主义发展理念的影响，在苏联内部，自由主义派占了上风，推行自由化，导致苏联社会主义国家解体。进一步导致大部分社会主义国家纷纷解体。教训是极其沉痛的。同时也留下了宝贵的理论财富和经验财富。

苏联社会主义阵营的解体，不能说明是马克思主义理论的过错。它只能说明旧社会势力的强大，以劳动者为主体的社会主义国家建设尚不成熟。改变旧的社会秩序，构建新的社会秩序，需要一个过程。它涉及政治、经济、文化、思想意识、教育等方方面面。

苏联社会主义阵营解体了，但是在东方以中国为首的几个社会主义国家，尽管同样经历了艰难曲折，仍然坚持了社会主义发展道路；坚持以劳动者为主体的社会结构。

三、中国特色社会主义

在马克思科学社会主义理论的指引下，中国共产党从成立到发展壮大，经历了人间难以想象的艰难险阻，能够存在并发展开来，说明他代表着社会发展的先进势力，具有顽强的生命力。这种顽强的生命力来源于，他要颠覆不合理的少数人统治多数人的社会制度。来源于他的行为要颠覆传统的体制，新的世界发展观符合于自然发展规律。中国革命的成功改变了千百年来，少数统治多数的旧中国的社会体制。1949 年成立了以中国共产党为领导核心的，广大劳动者当家作主的中华人民共和国。中华人民共和国的发展历程中，同样执行的是计划经济。同样经历了艰难曲折的过程。但是中国共产党是经历过极端艰难困苦锻炼走过来的党，坚定信仰马克思主义，具有强大的生命力。抵御了重重干扰，历经艰难曲折的发展，将中国从"一盘散沙""四分五裂"、经济落后的旧国家拯救了出来。为中国特色社会主义发展奠定了较坚实的政治、经济基础。

1978 年开始，中国坚定地执行了改革开放政策。所谓改革开放，就是遵循经济系统自身发展规律运行，并加以宏观控制。资金不足，从国外引进；缺乏技术，从国外引入。中国的生产力被计划经济束缚了几十年。在世界市场需求的背景下，中国全面的改革开放，犹如火山喷发，广大人民群众的智慧、激情得到了充分发挥。没有任何条条框框束缚中国的经济发展。以满足市场需求为指导原则，历经 40 年的艰苦奋斗，由市场经济的需求调节。生产过剩的产业受到了制约；落后的产业很快补充了上来。中国经济系统地、全方位地取得了突飞猛进的发展。如今其经济实力已经仅次于美国，成为世界第二大经济体。改变了世界经济大国的格局和全球格局。中国成为重塑世界经济版图的最大内生变量。

中国是个有 14 亿人口的大国，能够如此平稳、快速的发展起来，需要将其发展经验粗略地予以归纳。粗略地分析，总结出以下几点。

改革开放政策。近百年来，中国是个受人欺辱，四分五裂的国家，国民经济一直处于一贫如洗状态。从 1949 年中华人民共和国成立到 1978 年。尽管经济有了较大的发展，但是受计划经济的制约，仍然是一个经济落后的国家，经济发展并不顺畅。1978 年实施改革开放政策之后，引入外资和劳动密集型产业的技术，大力发展劳动密集型产品出口。利用经济发达国家劳动密集型产品成本高，在国际市场上缺乏竞争力的缺口。中国廉价的劳动密集型产品，较长时间地占据了世界市场，为国家积累了大量剩余积累。由此进一步推动了经济系统全面发展和科学技术的发展。形成了相互促进的良性循环运行机制。

市场经济与计划经济不同。计划经济是用人为的外部因素干扰经济运行，使经济系统处于不协调、滞涨的（不稳定）状态下运行。而市场经济则是由市场需求影响经济系统的供给与需求均衡的变化。属于遵循经济系统内部运行规则运行，没有其他外部因素干扰，系统内部相互促进的力量充分发挥了作用。

共产党的领导。中国经济腾飞发展，最根本的经验在于社会主义制度和共产党专权领导。社会主义制度，视广大劳动人民为国家的主人、主体。政权机构是为广大劳动人民服务的，这是中国与资本社会的根本差别。中国经济快速发展，在于充分发挥了广大劳动人民的聪明才智；执行改革开放政策，遵循经济系统自身的发展规律；不设置人为干扰的外部因素影响产生的效果。

中国共产党坚信马克思主义理论，是经历过极端艰难困苦走过来的党；现在中国共产党的党员数量已经超过 9 000 万人，是由人民群众中先进分子所组成的，坚信马克思理论的党。是以广大劳动者为依托的党，他具有强大的精神实力和群众基础；共产党的唯一宗旨就是为人民服务，共产党人没有任何个人私利和私权；中国共产党在构建以广大劳动者为主体的中国政体的运行中，具有绝对的控制权。他的宗旨是，永远心存广大劳动群体，永远尊重广大劳动者的人格。这是中国这样一个一穷二白、一盘散沙、落后、人口众多的国家，能够站起来、富起来、强起来的根本原因。国家富起来是满足广大劳动者的生活、生存需求。与资本社会国家发展经济的最根本的区别在于，中国的经济发展不是为了扩大资本积累，而是改善广大劳动者的生存状况。

经济发展模式。从哲学角度分析。一般专业科学，都是从事其专业的专门研究。唯有哲学是全面了解、认识客观事物的科学。几千年前中国产生的老子哲学《道德经》，是由"道"与"德"两部分组成，是辩证统一的关系。"道"系指认识和改变客观事物需要遵循的准则。"德"则是改造主观世界需要遵循的准则。贞观初年，唐太宗谓侍臣曰："为君之道，必需心存百姓。若损百姓以奉其身，犹割股以啖腹，腹饱而身毙。若安天下，必须先正其身，未有身正而影斜，上治而下乱者。朕每思伤其身者不在外物，皆由嗜欲以成其祸。"贞观二年，唐太宗问魏徵曰："何谓明君暗君？"征曰："君者所以明者，监听也；其所以暗者，偏信也"。这是明君的作用，但是当其治国理念不能延续下去时，社会仍然会出现乱象丛生帝王的智慧能够领导一个朝代，帮助其制定明智的政策和决策，推动国家稳定与繁荣。而体制的明智则扮演着保证朝代长期延续的重要角色。一个明智的体制能够有效地运行和管理，维持政权的稳定，确保国家制度的长久延续。中华文明能够延续5千年至今，表明"天人合一"的发展理念，对中国社会发展的深刻影响。这里体现了哲学指引人类社会发展的重要意义。

犹如一个人，只有建立正确的主观世界和道德准则，才能较好地运用"道"改变客观世界。这与改造社会具有同样的道理。"道"与"德"是不可分割的两个方面。几千年来，《道德经》只是以哲学思想影响着人们的行为。尚没有哪一个政权机构，将其融入到政权机构的建设之中。马克思理论全面融入了哲学理念。社会主义中国将其融入到政权机构之中。中国共产党保证国家体制运行永远以劳动者为主体。表示"德"占统领地位，指引国家的前行方向。中国政府则在"德"的引领下，遵循经济发展规律——"道"，行使政府职能。《道德经》融入到政权结构之中，符合自然发展规律，体现了"遵道而行，以德为先"的哲学理念。这一发展模式产生出了强大能量，它使得中国，从弱到强地稳步发展了起来。这是中国成功发展起来，最宝贵的经验。其他任何政党都存有私利或派别之争，缺失以"德"为先的作用。这是以劳动者为依托的社会与其他社会的根本区别。

两百年前法国推行的民主、自由，其目的是为其向外扩张寻找理由、辩护。它并不具有代表广大劳动者群体的"德"，它并不符合哲学发展理念，体现了单纯唯物观的发展理念。所谓自由，就是不要束缚。而哲学中唯心部分，恰恰表示观察事物需要遵循自然发展规律。实际上，就是对单纯唯物观的一种束缚。从社会发展的实际状况也可以看出，自由发展理念，弊多利少。"自由、民主"有其适用范围。只有世界各国实现平等相待，实现世界各国货币的平等相待。方可以谈"自由、民主"。

现代哲学的主要内容包括唯物论和唯心论。唯物论是直观感性地认识事物。唯心论是理性的深层次的认识事物。二者是辩证统一的关系，缺一不可。例如对于发展工业的认识。唯物论只看到发展工业给人们带来丰富的物质生活。而唯心论则深刻地看到发展工业对生态系统的影响。因此为了维护人与生态系统均衡发展，必须用唯物论、唯心论结合起来予以综合权衡，才能保持符合自然发展规律的发展。由此可以看出，认识客观事物，往往唯心论比唯物论更为重要。犹如"道"与"德"的关系。

解决当代世界的问题，其核心是恢复广大劳动者为社会的主体。为此，需要具有强大能量、无私心、品格高尚、为恢复广大劳动者以国家主人为己任、由广大劳动人民中先进分子所组成的共产党领导。

关于改变人与自然的关系问题。首先需要改变以人类为主体，生态系统为客体的关系。恢复生态系统为主体的地位。为此，同样需要具有强大能量的、代表生态系统利益的"党"领导。它不只是考虑人类的利益，它致力于恢复生态系统作为人与生态系统关系的主导地位。人的行为不可以有损于生态系统的利益，需要控制人为制造的外部因素。不应该由人占主导地位，左右生态系统的运行。马克思主义理论的发展理念，符合以生态系统为主体思维方式，它是马克思理论的升华。沿着人与生态系统均衡发展的模式发展，以生态系统为依托理论的社会，它是以广大劳动者为依托理论的升华。实现以生态系统为依托的社会，需要强大的"生态系统党"领导。可以理解该党是共产党的升华。世界上广大发展中国家和不发达国家，是这个世界的主体。这一点与广大劳动者是社会的主体类似。表明共产党有能力和义务，升华为"生态系统党"联合世界上一切发展中国家和不发达国家，共同为改变当今世界的腐朽现实而奋斗！为建设美好、和谐的地球家园而奋斗！

四、发展经济

马克思主义理论产生于一个经济发展尚未对资源枯竭和环境污染等问题构成严重威胁的时代。在那个时候，货币虚拟化也没有达到泛滥的程度。马克思主义主张通过极大地发展生产力来满足人们的物质需求。在学习政治课时，我们学到在社会主义阶段要实现广大劳动者"各尽所能，各取所值"，而到了共产主义阶段则是"各尽所能，按需分配"。这些发展理念涉及社会结构与哲学思维的融合。

相比之下，资本社会追求无止境地扩大资本积累，以满足少数资产所有者无穷无尽的贪婪心理和奢侈生活。这导致了资源枯竭和生存环境的恶化。资本社会的发展目标是满足需求和无限扩大资本积累，与马克思主义理论指导下的社会主义社会发展存在根本区别。

在资本社会中，经济、工业和科学技术的发展主要是为了扩大资本积累、在世界市场中占据主导地位并进一步推动资本积累的扩张。资本积累是无止境的。特别是在 20 世纪末，金本位制的废除导致虚拟化货币的无止境泛滥。在这种发展理念的驱使下，经济虚膨胀、工业扩张、科学技术的快速发展以及人口的膨胀。这导致了资源的枯竭，生存环境的严重破坏以及经济体的虚膨胀。

现代经济大国基本上采用了相同的发展模式。这并不是马克思主义理论的过错，资本是推动经济发展的重要生产要素。这表明接受资本社会的发展理念是必要的。然而，问题在于资本主义社会发展经济的目的仅仅是为了无限制地扩大资本积累。在广大世界市场对货币的需求下，资本积累几乎可以无限地扩大。与此相反，社会主义社会的目标是满足人们的物质需求。虽然在经济发展模式上存在着实质性的区别，但如果不加以区分，二者之间就没有本质上的区别。然而，现代经济发展已经对生态系统造成了严重破坏。这时候反映出恢复广大劳动者作为国家主人翁地位的重要性，以及生态系统为主导的重要性。人类的命运与生态系统息息相关。为了拯救人类与生态系统的毁灭，必须废除和控制破坏生态系统的外部因素，如货币虚拟化、工具膨胀发展、科学技术的无节制发展以及人口的无限膨胀。经济的发展是必要的，与资本主义社会抗衡同样必要。如果你没有与资本主义社会抗衡的实力，资本主义势力就会消除你。然而，抗衡只是手段，而不是目的。其真正的目的仍然是维护劳动者作为人类社会的主体的发展模式。

在经济发展过程中，我们需要认识资本社会的本质特征，并不可忽视社会主义社会的本质属性。在与资本主义社会抗衡的过程中，应逐步扩大社会主义社会的发展理念。如果不区分并重视资本主义社会的主要问题，实际上就是走上了资本主义社会的老路。这将进一步加速生态系统走向毁灭的道路。例如，能否控制货币虚拟化、工业扩张、科学技术的过度发展、人口的过度增长等外部因素，就是区别资本主义社会发展的试金石。

综上所述，我们可以认识到当今社会发展所面临的问题，并不是马克思主义理论过时了。相反，这些问题恰恰说明了我们需要弘扬和发展马克思主义理论，它仍然是人类社会发展的基础理论。马克思主义理论融入了哲学的思维理念，为我们提供了指导。

第五章

破坏生态系统的外部因素

现代化社会发展到今天，物质生活富裕了，竟然又出现了人类生存危机问题，而且问题越来越突出，其严重性已经引起世人的广泛关注。它说明人类与其他生物的关系是密不可分的。各类生物之间构成一个系统，其中任何一种生物的行为变动，对整个系统都将产生直接影响。现代社会与人们生活有直接关系的，是购买物品的货币。再深入思考，产品是种类繁多的工具。人们往往只注意到工具、科学技术、货币给人类带来了福祉，不去关注货币、工具和科学技术的属性。而实际上，造成人类生存危机的根本原因，恰恰与货币、工具、科学技术有直接关系。人们没有注意到货币虚拟化给经济系统造成严重混乱的后果。更没有注意到，竟然是有害于生态系统的工具和科学技术过度发展将人类引向毁灭之路。人们没有考虑人口泛滥对生态系统的破坏性影响。实际上，这几个问题正是将人类引向毁灭的主要根源。

第一节　货币虚膨胀

在经济系统中，货币是产品交换的媒介，仅此而已。除此之外，它没有其他任何作用。虚拟化货币的产生有其客观环境。国内，有企业对货币的需求，有个人对货币的需求；国家间存在对通用货币的需求，等等。于是出现了金融市场。金融市场，就是进行货币买卖的市场。买卖需要赢利，其赢利的部分，高于银行存款的利息部分，实际就是将货币虚拟化了。根据货币的基本属性，货币虚拟化的部分，它不是经济系统所需，对经济系统说来是外部因素。轻则使物价向上浮动；重则可能会导致经济系统出现混乱，甚至出现金融危机。虚拟化货币是破坏经济系统稳定运行的主要因素。金融业是经济系统的重要组成部分之一。虚拟化货币扰乱了金融业正常运行秩序，也扰乱了经济系统的正常运行秩序。

今天的世界是开放的世界。推行世界经济、贸易自由化、金融自由化。在没有建立世界统一货币体系的情况下，经济大国的货币在世界上通用，用以代替世界统一货币使用。而货币是国家主权的象征。各个国家的货币发行量，都应该与其经济产值（GDP）相匹配。经济大国的货币同样应该遵守这一原则。经济大国为满足其货币在世界上通用，于是产生了以虚拟化货币代替其货币在世界上使用。虚拟化货币，它既不是国家货币，也不是世界货币，它缺失货币的基本属性。对于国家经济系统以及世界经济系统，虚拟化货币都是外部因素。因此虚拟化货币既破坏了国家经济系统运行的稳定性，也破坏了世界经济系统运行的稳定性。这就是国家经济系统、金融系统，以及世界经济系统和金融系统处于混乱状态的根本原因。

经济系统稳定性与外部因素（虚拟化货币）之间的关系，对研究其他系统性问题，都具有重要参考价值。

虚拟化货币问题，反映了系统匹配问题。国家货币与国家经济相匹配。货币的发行量应该与其 GDP 产值相匹配。世界经济与国家经济是两个不同范畴的概念。国家经济具有局部属性，世界经济具有全局属性。用国家货币（局部属性）代替世界货币（全局属性）在世界上使用，则存在错配现象。它表明，若解决世界经济、世界金融的混乱局面，必需构建与世界经济相匹配的世界统一货币体系。它是解决经济系统，金融系统混乱现象的唯一有效的办法。它既清除了利用虚拟化货币进行剥削的行为，又恢复了国家间的平等地位和货币的平等地位。

国家经济系统的稳定性问题，是个典型的系统性问题。它反映了在任何一个系统中，如果存在某个外部因素影响，则破坏了该系统的稳定运行状态，使得这个系统变成不稳定的系统。人类社会是个系统，有许多类似的外部因素影响的现象；生态系统也是个系统，同样存在外部因素影响问题。其影响程度决定于外部因素的强弱。外部因素越强，其影响越严重，系统处于非常态变化状态，显著影响到生态系统的寿命；外部因素较弱，其影响也比较弱，系统处于常态变化状态，生态系统可以存在得更久远。

在经济系统中对货币缺失监管，会造成货币虚拟化。对于经济系统说来，虚拟化货币是外部因素，它直接影响到经济系统和金融系统运行的稳定性。

人与其他生物之间的关系构成生态系统，同样是个系统性问题。人类是有逻辑思维能力的动物，能够制造和使用工具。对于生态系统说来，工具是外部因素。它协助人类破坏了生态系统运行的稳定性。从此，人类成为处于生物链顶端的动物。人类与生物链的关系变为松散耦合关系。人类借助于工具对生物链的破坏，以及对生物生存环境的破坏，随着工具技术发展，已经到了触目惊心的地步。人口数量增多到影响生态系统的均衡状态时，则多出部分的人口，谓之膨胀的人口（外部因素）。人口膨胀，对生物链的影响，犹如货币虚拟化对经济系统的影响。人口膨胀，则破坏了人与生态系统的均衡状态。这些问题是当今世界困扰人类生存的几个核心问题。

第二节　工具膨胀发展

人类社会发展到今天，工具一直与人类的生活、生存息息相关。它影响到人类的命运，它也直接影响到生态系统的生存命运。工具问题已经成为人们关注的最大问题。

工具技术发展到今天，已经成为一个广义词。为了深入了解工具在人类社会中的作用，这里给出工具的定义。

定义：用于制造物质产品的用具，称为工具。科学技术是工具概念的推广。

工具，有硬件工具、软件工具之别。硬件工具：包括一般的劳动用具。包括医疗设备，也包括科学实验用的设备；软件工具，计算机软件以及创造新产品的脑力劳动。所谓工具，它是推动人类发展变化的硬件和软件系统。工具，它不仅仅推动人类发展进化，随着工具技术的发展，有些工具也给人类和生态系统制造了越来越严重的灾难。现实表明，人类需要全面认识工具在人类社会中的作用和工具在生态系统中的作用。

这里给出的工具概念，它包括工业、手工生产的各种工具，也包括各类为改进工具技术的科学技术研究。亦即工具包括硬件系统和软件系统两部分。依据其对人类和生态系统的作用，可以将工具分为几种类型。

对人类有益处，但是有害于生态系统。例如：各类以矿物燃料为动力的交通工具、用氟化物制冷的家电用具、化肥、农药等。这些工具改善了人们的生活条件，但是给生态环境造成破坏性影响。

对人类和生态系统均有益。例如：植树造林、改良沙漠、改良土壤等等。

对人类和生态系统均有害。例如：各类战争武器发展、化学品和污染物、生物技术、人工智能和自动化以及仿真人等等。

本书探讨的问题是工具对生态系统的破坏。因此，这里所涉及的工具，具体指那些对生态系统稳定性有直接影响的部分。亦即这里所指的工具，仅是第一类、第三类工具。另外软件是通过硬件发挥作用，这里所谓的工具不包括软件工具。

一、工具与科学技术的性质

从史前时代的初级石器开始，工具的应用已引导人类逐渐走向更高阶的文明生活，成为人类生存和发展的不可或缺的部分。工具的产生与运用，将人类从单纯依赖身体结构获取生活的生物，转变为利用外部物品扩展个体能力的智慧生物，从而在生物链的顶端建立自身的地位。

工具，无论是简陋或是高级，都反映出人类创新和解决问题的能力，也是人类对周围环境进行控制和改造的手段。然而，工具的使用和发展不仅改变了人类，也改变了生态系统。在某种程度上，工具作为一个外源性因素已削弱了生态系统的稳定性，并加大了人类对其的干预。随着技术的发展，人类对生态系统造成的失衡和破坏愈发严重，人类与生态的关系也进一步疏离。

进入科技化的新时代，工具技术已升级为科学技术。科学技术不仅提高了工具的效率和性能，也使得工具更加智能化和自动化。尽管科学技术极大地推动了社会进步，也带来生活的便捷性，然而，如果不加以控制和适度利用，科学技术同样有可能成为对人类自身以及生态环境产生深远影响甚至破坏的关键因素。

二、工具和科学技术膨胀发展

在人类发展的历史长河中，随着人类的发展，推动工具技术不断发展进步。工具对生态系统的破坏也越来越严重，特别是近代发生工业革命之后。自动化工具的发展，无论是种类、数量，都是呈指数增长。工具的基本属性，已经被扭曲。只注意到工具技术可以提高经济效益，没有顾及工具技术、数量的提高对生态效益的破坏性影响。手工生产工具的历史时期，生产工具的目的是改善人类的物质生活条件。自动化生产工具之后，已经扩展了工具的属性，工具成为扩大资本积累的重要手段。对于生态系统说来，工具是外部因素，对人类社会和生态系统的破坏作用，也随着工具性质的变化，呈指数增长变化。对于人类，随着工具制造技术的发展，人类的生活质量得到显著改观。衣、食、住、行等方方面面，都体现了随着工具技术的提高，得到显著改变。同时也滋生了奢侈、铺张浪费的现象。对于生态系统，则情况完全不同。随着工具技术、数量的增加，生物的生存环境遭到越来越严重破坏。从大气层、空气、土地、水质、地球变暖，无不体现了随着工具的发展，其破坏作用越来越严重。已经达到危及生物生存的地步。

这里反映了一个问题。工具对于人类和生态系统可以起到完全不同的作用。问题在于，人类只是生态系统的一部分。它反映出，人类的行为对生态系统有直接影响。人类不可以只顾人类的利益，还需要照顾到对生态系统的影响。对于生态系统说来，工具是外部因素。随着工具的发展，它给人类制造了福祉，但是对生态系统运行稳定性的影响，也越来越严重。实际上，它与一般的外部因素对系统的影响都类似。外部因素总是对系统有破坏性影响，只是影响有轻重之分。这就说明，为了保持生态系统处于缓慢的常态变化状态，必须控制工具的发展。使得它既提高了人类的生活质量，又不至于对生态系统构成严重破坏影响。事实表明，无限制地发展工具技术，严重破坏了生态系统和生态环境。这种发展模式破坏了生态系统和生存环境的常态变化规律，严重违背自然发展规律。

人们不妨深入思考、分析。当人类与其他生物面临灭亡境地时，孰轻孰重？孰是孰非？真的到了那一天，什么道理都不是道理了。人类需要明白的唯一大道理是，维系人类和其他生物能够均衡地发展，能够延续生存下去，这是如今摆在人类面前的诸多道理中的最大道理。地球上前五次生物灭绝，是因为自然灾害造成。如果第六次生物灭绝是因为人类的行为不当，造成生物灭绝。只能说明人类的聪明才智是扭曲的，这一点很值得人类永远铭记。它不但造成地球上第六次生物灭绝，更严重的是破坏了地球的生存环境，只留下百孔千疮的地球。也许地球上再也不会出现第七代生物了。这都是实实在在的人类所为造成的恶果。

对于这些问题分析得出的看法是，建立在资本积累基础上的思维模式，只专注于追求资本积累而不顾其他，这种单纯唯物的思维是片面的。资本积累是无止境的，形成人的贪婪本性也是无休止地膨胀。然而，资源是有限的；地球适于生物生存的环境是有限的。它说明，抛弃了人与土地、生态系统的基础关系，自从人类能够制造工具以来，形成了建立在生产力基础上的人类文明。随着工具技术的发展，人类文明不断发展。进入到资本社会，随着生产工具目的性的变化。工具由改变生活质量，转变成为扩大资本积累的重要手段。人类文明也发生了严重扭曲。忘记了生物生存环境的有限性，忘记了人为何物，所产生的严重后果。充分说明资本社会发展模式的扭曲性。

人类有了越来越多的技术能力之后，创造出来的是冷漠的机器世界。工具的超常发展，已经完全超出了人们基本需求的底线。对于改善人们的物质生活，多数是不必要的。只是使得人们的生活越来越浮躁、奢侈、浪费。机器可以为人类创造越来越多的财富，使受益者过上舒适的生活，减轻了劳动者的繁重劳动，但是也将劳动者边缘化了。使得两极分化越来越严重。对于生态系统，机器是外部因素。对于人类和生态系统的生

117

存环境造成越来越严重的破坏。超级人工智能是工具技术的进一步发展，可以控制人的行为。它能够控制人的行为，它也能控制生物的行为。在自然环境中，增加了代替自然力的外部因素——超级人工智能。它对生态系统生存环境的破坏，同样将会越来越严重。超级人工智能的外部因素属性，将进一步打乱自然运行的规律。如今自动化工具无休止的发展已经证明了这一点。超级人工智能的介入，对生态系统和人类遭受毁灭，将会加速其进展。战争武器的发展、宏伟工程、钢筋混凝土城市、各种化学制品、机器人代替人等等。以人类为万物之尊的姿态，人定胜天的姿态傲然于世界，全然不顾还有其他生物存在。人类制造工具的行为完全超越了人类生存、生活需求的基础底线，已经造成了对生态系统和生态环境的严重破坏，使得人与生态系统的关系严重失衡。聪明的人类最终将成为为人类自身挖掘坟墓的人。

这里同样需要对科学予以正确理解和认识。纯理论研究的科学与科学加上工具——科学技术，二者对生态环境影响截然不同。纯理论研究的科学，由于没有工具的介入，对生态系统的稳定性没有影响。工具介入科学之后谓之科学技术。由于外部因素（工具）的作用，现实已经证明了，许多这类科学技术，成为称霸世界的工具，成为扩大资本积累的工具，也成为对生态环境破坏的加速剂。每次出现这类新发明，都只是让人类与自然、与生态系统偏离得越来越远，对生态系统的破坏越来越严重。人们只要冷静地回顾当今世界的现实，几乎随处都可以发现。科学技术加速生态系统破坏的作用。

人类制造了工具。工具数量的增多，品种的增多，给人类衣、食、住、行等诸多方面创造了越来越美好、舒适、奢侈的条件。随着工具的发展，科学技术的发展，人类生活水平的提高，工具也促进了人类贪婪的品性。人类的贪婪品性，又进一步促进工具畸形膨胀发展，形成恶性循环。永远满足不了人类贪婪的欲望。

这种膨胀的发展模式，只使少数资产所有者的腰包越来越膨胀，受益最大，全然不顾人类的前途命运，生物的命运。公司老板关心的是，我的产品占据市场，可以获取更多的经济效益。为此，可以投巨资雇用科技工作者、员工为其服务。在单纯唯物发展观的社会环境中，科技工作者关心的是，我作出了发明创造，对社会发展作出了贡献；我有成就感；我得到了高收入，可以扬名等，已经成为人们膜拜的主流思维模式。在人类文明思维模式主导之下，不考虑人类文明、道德对生态环境的破坏，谁都不去关注这类事情。

究其原因，这种思维模式是建筑在资本基础之上、建筑在单纯唯物发展观基础之上、建筑在人类文明基础之上产生的。脱离了土地，脱离了人与生态系统的关系，必然产生的后果。现代社会发展受到资本社会的发展理念，思维模式的影响太深。现代化与资本社会的发展模式，几乎没有任何区别。同样是发展经济、发展金融、发展工业、发展科学技术等，无不效仿资本社会的发展模式。但很少顾及人类作为生态系统的一部分，人类行为对生态系统的破坏性影响。

现代社会，工具的品种、数量都是以指数增长。对于生态系统来说，工具是外部因素，它影响到生态系统运行的稳定性。为了维护人类与生态系统均衡发展，需要控制工具发展。控制那些有害于生态系统的工具发展；控制那些有害于生态系统的科学技术，以及有害于伦理道德的科学技术发展。

例如过去 200 年里，人类制造的运输工具数量达到数十亿台。汽车、火车、飞机、火箭等制造的垃圾，对生态环境的破坏已经达到危及生态系统的地步。以汽车为例，现在世界上汽车拥有量是 20 亿辆。尽管世人强烈呼吁保护生态环境，然而经济发展模式仍然没有改变。这里特别需要强调迷信科学技术的危害。技术在日益更新，满足市场需求、满足人们虚浮的心理。受害的是人类自身。汽车的消费量仍然在继续增长，工业化的经济发展模式在继续。如果再增加 5 亿辆或 10 亿辆，只能使对生态环境的破坏进一步加剧。又如各种制冷设备，改善了人类的生活条件。随着经济发展，这类设备只能越来越普及，不可能减少。各种影响生态环境的设备在不断增加，如何能控制对生存环境的破坏！现在的情况是，这类工具造成的危害，已经危及到生物系统灭绝的境地。而且资本社会的经济发展模式，仍然是人类社会追求的理想发展模式，仍然在继续推广。人口在继续增加，人均土地面积在缩小，人均可用淡水量在减少等等。只考虑有利于人类的发展模式仍然在继续，如何能够改变人类生存危机的命运！

21 世纪以来，一些经济大国看到超级人工智能的巨额经济效益，不惜投巨资争夺超级人工智能市场。从机械手到人工智能具有巨额经济效益。问题的产生，就在于单纯重视经济效益，忽视了生态效益。而且随着机器人的发展，人们看到了它带来的经济效益，同时也看到它破坏了生态系统的副作用。同样，超级人工智能的发展，它同样是工具，也带来类似的问题。

机器人的发展普及，可以代替农业工人、工厂流水线工人及其他各种服务业的服务员。这里一个突出的问题需要人类面对。人类社会的依靠力量，正是这些广大劳动群众——工人、农民。千百年来，是他们为人类生存、生活提供物质保障，他们的行为自觉符合于自然发展规律，是人类社会的依靠力量、基础人群。当机器人普及之后。经济效益显著提高了，使得货币进一步虚拟化，服务行业进一步膨胀发展。导致人的心理进一步浮躁，进一步浪费资源。这已经是现代化社会，看得见的事实，而广大劳动群体被边缘化，成为社会发展的累赘。这是违背自然发展规律的行为的问题之一。机器人是工具，它破坏了生态系统。特别是超级人工智能，它能够控制人类的行为，也能控制其他生物的行为，成为代替自然力控制生态系统。生态系统的形成，是历经亿年大自然的熏陶逐渐形成的。人工智能只是经过几十年的研究发展产生的，用以代替自然的力量，从工具的属性来分析：一个是自然力历经亿万年环境、时间的洗礼，形成的生态系统。另一个是未经过环境、时间洗礼的外部力量创造的结果。两者的根本差别在于，一个是自然力量，一个是外力。外力对系统的副作用，任何时候都不可忘记；一个是经过环境、时间洗礼，一个是未经过环境、时间洗礼。这是需要关注的问题之一。以老虎的毛纹为例。它是历经多少万年大自然的熏陶，形成的保护色。如果老虎没有该保护色，可能早已被淘汰了；人工制造不出这种顺应自然的保护色。需要关注的问题之三是，人工智能是虚拟化货币催生出的产物。发展超级人工智能的目的，仍然是为提高经济效益。为了提高经济效益，工具自动化生产，对资源的浪费，对生态环境的破坏，给人类社会和生态系统制造的灾难，仍然历历在目。人工智能技术是工具技术的进一步发展。前车之鉴不可以忘记。资本社会的典型特征是追求资本积累最大化，追求更新，而不顾及对生态环境的影响。发展超级人工智能技术，同样是为了扩大资本积累，使得少数人生活得更舒适。这种发展方式，已经对生态系统造成了严重破坏，它不是为广大人民群众着想。人工智能技术的发展，仍然体现了资本社会的发展理念。这是涉及人类命运的重大问题，自然令人担忧。不可以盲目跟从，需要谨慎行事。在此情况下，更不可以因为新奇、刺激、震撼，让新闻界介入，不慎重地予以宣扬、宣传。任何时候都不可忘记，人只是动物的一种，人类社会发展对生态系统的破坏，说明了人不是神。这种发展现实，只是说明了少数人思维观念失衡。人的生存离不开生态系统，这是思考问题的最朴素的基本准则。

工具对生态系统的破坏作用，永远不能忘记。任何外部因素对生态系统的作用，不可以忘记。工具的产出数量，需要保持既改善了人类的生活质量，又保持人与生态系统均衡发展，处于常态的变化范围。我们要保持工具作为客体，人类作为主体的关系。在生态系统中，生态系统是主体，人类是客体，这是一项基本原则。超级人工智能与普通机械手不同。普通机械手是客体，由人类控制来为人类服务。而超级人工智能虽然没有改变工具的本质，但它可以控制人类的行为，同样会对生态系统造成严重危害。这种颠倒违背了自然发展的规律。它是外部因素控制人类行为，而不是自然力量控制人类行为。这与资本社会有相似的属性。资本社会将人类视为主体，将生态系统视为客体，造成了灾难性的后果。因此，确立正确的主客体关系是分析问题的基础依据。

至于超级人工智能技术作为一种"外力"（外部因素）来改造人类社

会，我们需要区分它与自然力的不同。自然力是指维持自然环境稳定运行的内在力量，而外力则是指可能破坏自然环境稳定运行的力量。这两者的性质截然不同，绝对不能混淆。

三、工具膨胀的环境

工具膨胀发展，需要有其膨胀发展的环境。

人文环境。工具膨胀的根本原因，在于资本社会追求资本积累最大化，是其发展经济的唯一目的。发明了工具生产自动化，并不是坏事。只要保持工具的发展改善了人类的生活水平，又能够保持不影响人与生态系统均衡发展的关系，永远是需要的。问题出在，资产所有者为了扩大资本积累，无休止地利用工具生产自动化的工具，为其扩大资本积累服务，已经远远超出了改善人们生活所需。它是工具的外部属性对生态系统产生严重破坏作用的根本原因。

资源环境。资源环境是工具膨胀发展的基础，资产所有者为了扩大其资本积累，全然不顾资源的有限性，以今日有酒今日醉的思维理念，使用、浪费自然资源。造成了自然资源迅速枯竭。

市场环境。工具发展与经济发展类似。首先需要有市场需求。资本社会的最大危害之一是，充分利用工具的先进性，充分利用世界广大市场对先进工具的需求；充分利用虚拟化货币推行贷款消费，超前消费，促进经济发展的发展模式，为工具生产扩大化和技术改造创造了条件。最终则是为达到其扩大资本积累的目的。造成了资源极大浪费，产品极大浪费。

金融环境。借贷消费，提前消费的发展理念，是促进经济发展的金融环境之一。通过金融贷款来推动工业生产规模的不断扩大，同样也是促进经济发展的金融环境。因此，金融扩张的发展是经济扩张的推动力，同时也是促使经济体实现扩张的催化剂。资本社会服务行业收入占 GDP 的比重达到或接近 80%，大部分是货币虚拟化的作用，使得经济体虚膨胀。体育比赛成为产业，旅游成为产业，家政服务等均成为产业，金融业成为产业中重中之重的产业。这些都是经济体虚膨胀的典型标志。

人类社会发展进入到资本社会之后，经济发展是面向世界市场的开放式经济。导致工业膨胀发展，货币虚膨胀发展。货币虚膨胀发展，进一步促进工业膨胀发展。形成相互促进的怪圈。货币虚膨胀发展，导致人们的收入膨胀；导致对工业产品需求膨胀；进而导致科学技术、工业系统膨胀发展，形成了相互促进的循环关系链。

现代世界，货币虚拟化的状况，已经达到令人吃惊的地步。在过去30年里，全球货币总量增长了四十多倍，而商品总量只增长了4倍。这些数据都表明，当今世界虚拟货币的存量状况。说明资本社会货币的实际使用量与 GDP 的匹配关系，已经被严重扭曲。由此可以了解到，货币虚拟化对经济系统、对工具发展、科学技术发展，对生态系统稳定性影响的严重程度。

四、工具膨胀的危害

对于生态系统，工具的外部属性，任何时候都不可忽视。工具膨胀发展是资本社会追求资本积累最大化，产生的后果。生产方式，消费理念，随着工业发展都发生了实质的变化。工具膨胀发展的危害是多方面的。资源、生物的生存环境、人们的生活方式、思维方式等，无不体现了工具膨胀发展的危害。但是世人直接关注的是工具发展给人们带来的改善物质生活方面的好处、新鲜感、满足感和刺激性。羡慕高楼大厦、别墅、灯火辉煌、动力交通工具等，给人们创造舒适、丰富的物质享受；宏伟工程、探索宇宙飞往其他星球，则给人以刺激、震撼，显示实力。全然不顾工业生产自动化，带来的一系列副作用：农业工业化；大量砍伐森林扩建工厂、扩建农田；大量抽取地下水灌溉农田，造成水资源严重短缺；大量使用化肥、农药增加农作物产量，造成土地盐碱化，破坏了生态环境；工具膨胀发展产生的废弃物，导致全球变暖、海平面上升、环境污染严重。生物的生存环境遭到严重破坏，野生物种种类、数量在急剧减少，生态环境的恶化随处可见。

将人类边缘化。自从人类能够制造和使用工具之后，随着人类社会的发展，制造工具技术的发展，工具一步一步将人边缘化。首先工具将人类与生态系统的关系，由紧致耦合关系转变为松散耦合关系。对生态系统的破坏，也在一步一步加剧。自动化工具出现之后，机械手的出现将生产线上劳动者边缘化了。经济效益提高了，实现了资本积累最大化。对生态系统稳定性的影响，发展到由常态变为非常态，生态系统面临危机的境地。超级人工智能的发展，竟然发展到工具控制人的地步。彻底颠覆了人与工具的主、客体关系。工具的主体性越来越突出，突出体现了工具破坏自然发展规律的事实，充分体现了工具发展的扭曲性。

对生态系统的破坏。人类能够制造和使用工具之后，对食物的索取具有优势。从此，对其他生物便具有侵害作用，人与其他生物的关系也改变为松散耦合关系。人类能够取火和用火之后，最明显的是对大型哺乳动物的猎杀，甚至达到赶尽杀绝的地步。进入到游牧社会和农耕社会，随着生活改善人口增加，主要体现在对生态环境的破坏上：游牧社会过度放牧，使草场沙漠化；农耕社会过度开垦荒地，直接侵占了其他生物的生存空间；进入到资本社会之后，自动化工具的出现，对生态系统和生存环境产生了全方位的破坏。生物种类和数量呈指数减少。对生存环境的破坏，从陆地、空气、臭氧层、海水、淡水的破坏，都直接威胁到人类和生态系统的生存。

第三节　人口的膨胀发展

人类社会构成一个系统，它是生态系统中的一个子系统。人类的活动对生态系统有直接影响。人口问题是对生态系统产生直接影响的重要因素之一。

一、人口膨胀发展现状

在人类出现、发展的历史长河中，人类与生态系统的关系，也在不断发生变化。在生态系统中，人类是有思维能力的动物。随着人类生活条件不断改善，发展到能够制造和使用工具。人类能够制造和使用工具，是人类历史的重要转折点。人类借助于工具，对食物的索取具有强取的性质。工具的出现使得人类与生态系统的关系，由紧致耦合关系改变为松散耦合关系。人类成为生物链顶端的动物。

人类能够制造和使用工具，直到农耕社会。尽管人类利用工具，对生态系统运行的稳定性有影响，由于手工工具水平的局限，其影响是有限的。生态系统仍然处于常态变化状态。人类的生存受到自然环境的影响，也同样是缓慢的。

进入到农耕社会以后，人们能够自己构筑房屋，有了固定的居所，有了自己耕种的土地和工具、侍养各类牲畜。从此，过上较为安定的，自我满足的小农生活。

生活条件的改善，过着定居的生活，摆脱了四处漂泊的游牧生活的艰辛。生活条件的改善，特别是减轻了妇女的劳动负担。人口繁殖率、婴儿的存活率迅速提高，人口增长率迅速提高。但是农耕社会时期，为了争夺财富、争夺土地，战乱不断。人口增长仍然处于缓慢增长状态。

进入到资本社会之后。近百年来，发生了两次世界大战，对人类社会产生巨大影响。一般说来，一些局部战争对世界的影响有限。进入到现代社会，资本社会的经济发展，对世界的影响是主要的。许多农耕社会国家，受到现代化国家的影响，生活得到了改善。但是医疗条件，生活习俗并没有得到显著改善。人口增长问题与工具膨胀发展，货币膨胀发展问题类似。都是需要政府介入，需要严格监管，而没有监管。导致发展中国家及不发达国家的人口增长率很高。参见表 5-1、表 5-2。

表 5-1　人口增长表

时间	15 万年前	1 万年前	1500	1700	1800	1900	1950	2000	2019	2050	2100
人口/亿	约0.001	0.05	5.0	7.0	9.5	16.0	25.0	61.0	73.0	97.0	109.0

表 5-2　人口分布状况统计表　　　　　　单位：亿人

国家		1990 年		1999 年		
		总人口/亿	年增长率/%	总人口/亿	年增长率/%	平均增长率/%
亚	中国	11.55	1.5	12.67	134	1.1
	孟加拉国	1.09	2.4	1.27	981	1.6
	印度	8.35	2.1	9.87	336	1.8
	印度尼西亚	1.79	1.8	2.09	114	1.7
	伊朗	0.55	3.3	0.63	39	1.6
	马来西亚	0.18	2.8	0.23	69	2.5
	菲律宾	0.61	2.6	0.75	258	2.3
洲	巴基斯坦	1.12	—	1.35	175	—
	泰国	0.56	1.7	0.62	121	1.2
	土耳其	0.56	2.3	0.64	84	1.5
非	阿尔及利亚	0.25	2.1	0.31	13	0.3
	喀麦隆	0.11	2.8	0.15	32	2.7
	科特迪瓦	0.11	3.5	0.15	46	2.6
	埃及	0.52	2.5	0.67	63	1.9
	加纳	0.15	3.3	0.20	83	2.7
	几内亚	0.06	2.5	0.07	29	2.6
	肯尼亚	0.24	3.5	0.30	52	2.7
	摩洛哥	0.24	2.2	0.28	63	1.8
	尼日利亚	0.87	3.0	1.09	136	2.8
	南非	0.34	2.4	0.43	34	2.0
洲	坦桑尼亚	0.25	1.7	0.33	37	1.2
	赞比亚	0.08	3.3	0.10	13	2.7
	津巴布韦	0.09	3.3	0.13	31	2.2

续表

国家		1990 年		1999 年		
		总人口/亿	年增长率/%	总人口/亿	年增长率/%	平均增长率/%
美洲	墨西哥	0.83	2.1	0.97	51	1.8
	阿根廷	0.32	1.5	0.37	13	1.3
	巴西	1.45	2.0	1.64	20	1.4
	智利	0.13	1.6	0.15	20	1.5
	秘鲁	0.21	2.2	0.25	20	1.7
	委内瑞拉	0.20	2.6	0.24	27	2.2

　　地球提供给生物生存的环境是有限的。人口数量的增加导致土地占用面积扩大，直接影响到其他生物的生存环境减少。人口数量与其他生物数量存在着一种相互制约的关系。目前全球人口数量已经超过 70 亿，已经超出了农产品和水产品的可供应量。造成资源枯竭型，生态环境严重破坏。在人口仍然处于迅速膨胀的背景下，实施控制人口增长，自然会出现生育率下降。多年以后，会出现老龄化等社会问题，在此需要权衡各种问题的轻重缓急。这些利弊问题中，重中之重的应该是人类生存问题。因此控制人口增长是解决人类生存危机问题的焦点。只有控制了人口增长，才能解决经济膨胀发展等一系列问题；才能维护人类与生态系统均衡发展。在不影响解决这个核心问题的前提下，优化解决控制人口增长带来的其他问题。例如"超低生育率陷阱"问题等，相对于人类生存危机问题，孰重孰轻便清楚了。

　　近百年来，受到资本社会经济发展影响，世界各地都体现了经济条件的改善，随之人口迅速增长。以非洲为例，经济条件有了改善，导致人口迅速增长，动物的生存空间受到直接侵占，久而久之，天然动物园将逐渐消失。

　　进入农耕社会人口迅速增长，扩大了人类对自然的"强取"能力。农耕社会，人类对生态环境的破坏，突出表现在人口的迅速增长占有农田的增加，直接造成生物生存空间减少，许多物种灭绝，生物数量减少。1950 年世界人口是 25 亿，现在世界上人口是 70 亿，在人口居住的广大地区，野生动物几乎不存在。尽管人们在作秀式地呼吁保护动物，但是人口仍然在迅速增长，动物的生存空间在进一步缩小，动物如何生存！这是最真实的现实。以中国为例，1949 年，人口数量是 4.7 亿，人均可耕地约 4.5 亩/人。现在是 14 亿人口，几乎增长了 2 倍，人均可耕地约 1.4 亩/人。广大平原地区，几乎布满了农耕土地和房舍、工厂。1949 年时，在许多农村尚可以看到山鸡、野兔、野猪、狼、狐狸等野生动物。现在几乎已经绝迹。随着人类社会发展，人口增加、工具制造技术的发展，这些对生态系统稳定性的破坏因素，始终在一步一步增加。它对生态系统的破坏作用，也越来越明显地显现出来。

人口问题不解决，生态系统稳定发展问题不可能得到解决。现在一些保护动物的措施，始终没有触碰到人口迅猛增长这一实质性问题。自然资源是个常数。人口增长这个实质性问题得不到解决，所谓改善生态系统生存环境问题，只能是一句空话。另外，人口增长问题，直接涉及对物资需求的增加。这些都是直接破坏生态系统，破坏生存环境的主要因素。

如今，人口泛滥问题，已经是人类社会发展摆脱不了的沉重包袱，涉及面最广。20 世纪 80 年代，农业、水产资源产出，已经达到峰值。目前，许多资源已经达到或接近枯竭状态。如果不改变经济发展模式；不控制人口增长；不控制破坏生态系统的外部因素，这些现象都充分体现了，人类面临生存危急状态。几十年后，人口增长到 100 亿，人类如何生存下去！而这些破坏生态系统的外部因素，都是人为造成的，只能由人类自身予以控制。如果世界各国政府机构和世界组织，再不实实在在地触碰这些实质性问题，人类生存危机问题，是绝对避免不了的现实。

中国为了控制人口过快增长，从 20 世纪 60 年代起，执行计划生育政策几十年，收到显著效果。说明执行计划生育政策是可行的。人们普遍的心理状态，都是不愿意承担过多生育子女的负担。只要政府予以关注，予以政策支持，人们是普遍接受计划生育政策的。它是从源头解决人口增长问题的重要决策。只有控制人口增长，才是有效减少对生态系统破坏的有效措施，见表5-3。

表5-3　中国人口增长表

时间	1970年	1980年	1990年	2000年	2010年	2017年
人口/亿	8.3	9.9	11.4	12.6	13.4	13.9
增长/%	—	1.6	1.5	1.2	0.8	0.5

如果能够实现控制人口增长。将世界上人口数量控制在 70 亿的水平。再不切实际地说，将世界人口控制在 60 亿或 50 亿的水平。它才是真实地体现了作为生物链顶端的人类的聪明才智，体现了人类的崇高品格。也只有实现控制人口增长，才能够实现延续人类和生态系统的生存时间。

千百年来，在工具膨胀发展，货币虚拟化的作用下，物欲狂群体的思维模式，一直占据着统治地位。没有任何机制制约这一群体的行为，造成了人类社会不易挽回的灾难。控制外部因素是必然的措施。另外，北欧国家的高税收政策，也许是控制人们物欲狂思维的有效措施之一。总之，推行哲学发展理念，任何时候都是需要的。

从这些数据可以看出，实施计划生育的有效性。也说明生活富裕之后，人们并不愿意承担生育过多儿女的拖累。这与西方国家生育率普遍较低的现象相符合。它也表明，人口迅速增长是可以控制的。重要的是，需要政府部门认识到，这是各级政府部门应该承担的重要职能之一，予以政策支持。需要人们认识到人口膨胀发展对人类生存的影响，对生物生存的影响。控制人口增长是解决生态平衡的必由之路。现在生态系统面临毁灭的现实，也表明人类必需迅速采取控制人口迅速增长的决策，是挽救人类面临危亡的最迫切的决策。近些年，因为人类老龄化问题，废除了人口计划生育政策。应该说这是个见树不见林的决策。忽略了中国人口过剩，带来的一系列问题。现在人均可耕地面积约 1.4 亩/人。尽管实施了改良农作物品种的有效措施，实施机械化、化肥化等现代农业技术的支持，但是，人口在不断增加，人均可耕地进一步减少。为了弥补这个缺口，只能依靠大量进口农产品。这个缺口只能有增无减。农业满足不了人们的基本生活需求，这个缺口不解决，大量人口涌入城市谋生，它永远是中国社会不稳定的主要因素之一。人口增长问题，应该是中国人及世界永远关注的主要课题之一。它也是为子孙后代着想的主要问题之一。资本社会发展模式的唯一目的是扩大资本积累，造成的最大失误在于，只顾眼前利益，而不重视长远利益。

人类社会发展进入到资本社会之后，资本社会国家经济得到进一步发展，人们过上了富裕、舒适的生活。随着工具技术的发展，人们普遍解除了繁重的体力劳动负担。一般家庭不再为需要重劳力分忧，也不愿意承担更多子女的操劳，于是生育率普遍降低，人口增长率普遍下降（表 5-4）。这也说明，只要政府介入控制人口增长问题，人们普遍是接受的。

表 5-4　低生育率的国家　　　　　单位：万人

国家	2000 年总人口	2017 年总人口	增长率%
白俄罗斯	998.0	950.8	0.1
波黑	367.7	350.7	− 0.3
保加利亚	817.0	707.6	− 0.7
克罗地亚	442.6	412.6	− 1.2
古巴	1 115.1	1 148.5	0.1
捷克	1 025.5	1 059.1	0.2
希腊	1 086.6	1 076.0	− 0.1
匈牙利	1 021.1	978.1	− 0.3
意大利	5 694.2	6 055.1	− 0.1
日本	12 684.3	12 678.6	− 0.2
立陶宛	350.0	282.8	− 1.4

国家	2000 年总人口	2017 年总人口	增长率%
波兰	3 825.9	3 797.6	− 0.3
葡萄牙	1 029.0	1 029.4	− 2.1
罗马尼亚	2 244.3	1 958.7	− 0.6
俄罗斯	14 659.7	14 449.5	0.1
斯洛伐克	538.9	644.0	0.2
西班牙	4 056.8	4 657.2	0.2
乌克兰	4 917.6	4 483.1	− 0.4

人类社会发展进入到 19 世纪之后，制造工具的能力，取得突破性发展，研制出了自动化工具。自动化工具的出现，显著提高了经济效益，使得人类的生活得到进一步改善。它也使得人类与生态系统的关系进一步疏远。资本社会制造工具技术的改善，提高了世界广大地区农业生产技术的改善，农业生产水平普遍提高，人们生活水平普遍提高。导致世界广大地区人口数量呈显著指数增长。

二、人口膨胀的危害

据世界银行 WDI 数据库公布的数据，2017 年世界人口是 73.3 亿人。据预测，到本世纪末，世界人口将达到 100 亿人。这是个惊人的数字。它将带来一系列严重问题。人口问题、工具膨胀发展及货币虚膨胀发展问题，是当今困扰人类社会的三大难题。

人口膨胀，导致占用土地面积扩大。无数事实表明，物种急速减少与人类占用土地面积增加有直接关系。人口增加直接侵占了其他生物的生存空间。

人口增加直接涉及对资源需求的增加。预测农产品产出量，于 20 世纪 80 年代中期已经达到了峰值。对海洋鱼类的捕捞研究超过了鱼类的繁殖量。据预测 20 世纪世界人口增长了 3 倍，而用水增长了 6 倍。粮食种植消耗了大量的水。据世界水资源协会估计，农业用水约占全球用水量 2/3～3/4。全球大约 2.5 亿公顷土地有灌溉系统，接近 20 世纪初叶用水量的 5 倍。在没有水源的地区，灌溉农田主要靠抽取地下水，造成地下水位严重下降。许多河流干枯。严重破坏了生态环境。

人口增加造成地球上大量物种减少，生物数量大量减少。现在世界人口是 70 亿。到 21 世纪末，世界人口将达到 100 亿。其他生物的生存空间将进一步缩小。人类的生存环境也将因为各种资源短缺，而进一步恶化。

人口增加，人类都市化不断扩大；不断大兴土木，扩建厂房、扩建农田，使得动物的生存环境大量丧失。据"千年生态系统评估委员会"介绍，目前，生物多样性的丧失仍然在不断扩大。

联合国环境规划署（简称 UNEP）。2007 年发布的《全球环境展望报告 4》（简称 GEO-4）明确提出警告，按照平均水平，21.9 公顷土地能供给一个人的生存所需，但现在的情况是，每人可用的土地面积仅有 15.7公顷。人口增至 100 亿时，人均生存所需的土地面积是 11 公顷。人类的生存环境进一步恶化。人口超载就意味着其他生物的生存空间在缩小。人口增加，加之对物资的需求增加，都直接影响到其他生物的生存环境。

三、人口膨胀发展的原因及治理

人口膨胀发展的原因确实是多方面的，包括经济发展、医疗条件改善、生活水平提高以及文化观念等因素的影响。随着经济的发展，人们的生活水平提高，生活需求也不断增加，这促使了人口的增长。在许多发展中国家，经济的快速增长带来了就业机会的增加，使得更多的人能够承担起养育孩子的责任，进而推动了人口的膨胀。同时，医疗条件的改善也发挥了重要作用。举个例子，过去由于医疗技术和卫生条件的限制，婴儿的存活率相对较低。然而，随着医疗技术的进步和医疗资源的提升，许多婴儿死亡的可预防疾病得到了有效的治疗和预防。这导致了婴儿死亡率的下降，使得更多的婴儿得以存活，促进了人口的自然增长。

在自然资源方面，人口膨胀对可耕地面积的限制确实会产生重大影响，尤其在像中国这样的人口众多的国家。中国作为世界人口大国之一，面临着耕地资源有限的挑战。随着人口的增加，对粮食和农产品的需求也日益增长。然而，可供耕种的土地面积并没有同步增加，这导致中国不得不寻求大量的农产品进口来满足国内的粮食需求。类似的情况也在其他发展中国家存在。随着人口膨胀，需求量增加，但可耕地面积有限。这对粮食和农产品的稳定供应带来了一定的制约。因此，这些国家也面临着需要依赖进口来满足国内需求的情况。人口膨胀所带来的农产品供需失衡问题对于经济稳定性产生了重要影响。依赖大量的农产品进口可能会引起粮食价格的波动，进而影响到家庭的经济状况和国家的贸易平衡。此外，对农产品供应的不稳定性也可能引发食品安全和社会稳定方面的问题。

为了应对这一挑战，政府可以采取措施来改善农业生产效率，逐步推进农业现代化，并鼓励科技创新和可持续农业发展。此外，政府还可以制定相关政策，加强农产品储备，提高农产品供给的抗风险能力。同时，加强国际合作和贸易关系，促进农产品的国际贸易，也是解决人口膨胀与农产品供需失衡问题的重要方向。人口膨胀带来的对可耕地面积的限制对农产品供应和经济的稳定性产生了重大影响。需要采取综合措施来提高农业生产效率，加强农产品供应的抗风险能力，并促进国际合作，以实现农产品供需的平衡和可持续发展。

在人口增长的治理方面，政府承担着重要的责任。政府可以通过制定相关的人口政策、推行计划生育措施以及提供全面的家庭规划服务来合理调控人口增长。此外，教育的改善也是实现人口控制和实现平衡发展的重要途径，特别是女性教育。通过提供良好的教育机会和性别平等的教育环境，可以帮助提高女性的地位和权益，进而影响到人口增长的趋势。

然而，人口问题是一个复杂而敏感的议题，需要在国家层面和全球层面进行综合考虑和合作。政府和国际社会需要根据各个国家的具体情况，综合考虑经济、社会、文化和环境等方面的因素，制定相应的政策和措施。只有通过共同努力，才能找到可持续的人口发展解决方案，实现人口的合理增长和可持续发展。

第四节 工具的作用

随着研究、制造工具技术的发展，工具对生态系统的破坏越来越严重，超越了自然提供的资源供给能力，破坏了自然发展规律，逐渐发展成为灾难性问题。近年来，人们逐渐认识到人类的行为对生态环境破坏的严重状况，开始出现利用工具对生态环境予以修复。例如沙漠化治理；保护生物生存环境的治理，等等。表明人类对生态环境认知的进步。

一、工具改变了人类

人类社会最早制造的工具是为了提高索取食物的能力，然而这些工具也带来了对生态系统的破坏。随着工具制造技术的不断进步，人类的生活条件得到了明显的改善，但也加剧了对生态系统的破坏。例如，古代人类为了狩猎，制造石斧和弓箭，导致了一些物种的过度捕猎，破坏了生态平衡。

工具的作用改善了人类的生活条件，同时也促使了人类贪婪的品性，导致对物质生活的无休止追求，而忽视了人与生态系统之间相互依存的关系。例如，工业革命以后，人类对资源的掠夺性开采和大规模排放的行为，引发了全球气候变化和生物多样性丧失的问题。

然而，随着人类社会的发展，人们开始意识到工具对生态系统的破坏以及与人类生存的密切关联。人们开始关注修复和改善生态系统的环境问题，并采取了一系列利用工具的措施。例如，利用工具进行绿化和植树造林，改善沙漠地区的生态环境；净化水质和减少二氧化碳排放等。这些措施旨在利用工具来改善生态系统的环境，并为生态系统的恢复提供支持。

比如我国的"绿色长城"工程，借助大规模植树造林、沙漠治理等工具和技术手段，有效改善了北方干旱地区的生态环境，还增加了植被覆盖，提升了土壤质量，为当地人民提供了更好的生活条件。

许多国际组织、国家以及关注环境问题的仁人志士都开始重视改善生态环境的重要性。然而需要注意的是，随着人类社会的发展，对工具的需求不减反增。工具对生态系统的破坏问题依然严重。目前针对生态系统的治理措施大多是治标而非治本。这些措施不能从根本上解决工具对生态系统的破坏问题。

为了更好地治理人类对生态系统的破坏，一些国家和地区开始尝试控制工具发展的本源问题。例如，推动绿色产业的发展和应用，鼓励生态友好型的科技创新，限制对环境破坏更大的工具的使用和生产。

只有在以改善生态系统环境为中心的思维模式下，人类社会才能意识到工具对生态系统的破坏，并采取有力的措施来控制工具的发展。这意味着需要将生态环境保护放在人类社会发展的核心位置，以避免工具的过度使用和滥用。只有这样，才能实现人类社会与生态系统的和谐共存，为后代留下一个可持续的生存环境。

二、工具改变了人类社会结构

在前两章中，我们介绍了人类社会的演变，并指出工具是推动人类社会演变的原动力。人类通过制造和使用工具，改变了与生态系统的相互关系，从相互制约、相互依存转变为不平等的松散耦合关系。工具改变了人类与工具之间的关系，资产所有者将工具视为主体，劳动者视为客体，从而改变了人类与其他动物的平等关系，使其变为不平等关系。工具也改变了人类与生态系统的主客体关系，在生物生存的自然环境中，人类成为主体而生态系统成为客体。这种关系违背了生态系统应该是主体，人类是客体的正常关系，充分体现了人类破坏了人与生态系统的均衡发展关系，破坏了自然发展规律。

在金融、货币和经济系统中，存在着松散耦合关系，需要政府进行严格监管。然而，对于人类行为的变化，目前还缺乏严格监管机制。随着工具技术的发展，人类对生态系统的破坏日益严重，人类与生态系统的关系也越来越疏远。逐渐从根植于土地的人类社会变为根植于资本之上的社会。金融和货币本应受到严格监管，但是人类能够制造和使用工具后，缺乏制约人类行为的机制，导致人类的行为越来越扭曲。特别是在资本社会中，这种建立在资本基础上、追求资本积累最大化的不合理社会结构，给世界带来了许多不符合自然发展规律的混乱现象，并对生态系统造成了无法挽回的破坏。社会结构的畸形发展直接影响经济、政治、文化以及人们的思维方式的发展，使人与人之间的关系越来越脱节。劳动者本应是创造财富的社会主体，然而在现实中却成为了被剥削的客体，而剥削者则成为了主体。人类与生态系统的关系也从平等转变为人类是主体，生态系统是客体。这些现象都不符合自然发展规律。

三、工具改变了人类的生存环境

在生态系统中，工具是外部因素，它对生态系统的生存环境造成了破坏。随着工具技术的发展，其破坏作用变得越来越突出。工具不仅改变了自然环境，也直接影响着人类自身。人类在长期的进化过程中，不断制造、使用和改进工具，关注如何提高工具的效能和扩大工具的使用范围等。同时，人类也应该关注人与人之间的关系以及人与生态环境之间的关系。特别是在近代社会，脑力劳动被认为是高尚的劳动形式，这直接影响到人类大脑的发育，并推动了工具制造技术的进一步发展。

人类贪婪的品性的形成与工具有直接关系。其他物种几乎没有贪婪的品性。例如，羊只吃草，吃饱了就不继续追求。秋季，松鼠积攒松果也只是为了过冬而存储。它们没有贪得无厌的行为。而狮子、老虎等动物是逐渐形成自我的优胜劣汰机制的结果。鼠类没有竞争能力，但它们繁殖得非常迅速。各种动物都根据自然环境进行生存，逐渐形成了相互制约、相互依存的生物链。

　　人类通过工具能够获得更多和更好的食物，也能够获得更多种类的食物，这助长了人类形成永不满足的贪婪心理。随着经济条件的变化，这种贪婪心理不断膨胀发展。从衣食住行等各个方面，都体现出人类贪得无厌的心理特征。人们过于追求经济效益，过于追求扩大资本积累的发展模式，过于强调以消费促进增长的发展理念。对于衣物的需求没有止境，人们随意更新、追求新奇和新潮，造成了极大的浪费。对于食物的需求同样超出了正常生活所需，追求美食和美酒已经达到了奢侈浪费的程度。对于住房的需求也没有止境，已经不仅仅是为了满足生活所需，而是追求广厦和别墅，甚至追求拥有多处房产作为扩大资本积累的手段。对于出行的需求更为典型，人们通过各种交通工具几乎可以到达任何地方，甚至有人研究出行到外星球旅游和居住。然而，这些行为背离了人类与生态系统相互制约的关系，属于扩大外部因素影响的行为。这类行为就像"流星"一样，无论到达何处，都是外部因素的影响，尽管其能量作用微乎其微，但其破坏性的属性是无法改变的。

　　贪得无厌的特性体现了人们只追求物质满足而忽视心灵平衡的倾向。我们可能都有体会，无论是个人、家庭还是国家，如果缺乏精神文明的建设，就会缺乏温馨和谐。一个国家缺乏温馨和谐，也就缺乏了安宁和幸福感。人们向往像陶渊明的《桃花源记》中所描绘的田园生活，即使实际上，《桃花源记》中的田园生活并不富足，它弥漫着精神文明的氛围。人们也向往北欧一些国家的生活方式，并非仅仅因为物质丰裕，更因为这些国家在精神文明的建设方面更加注重淳朴、节俭和亲近自然的生活方式。这些事实都表明，精神文明的建设往往比物质文明的建设更为重要。

　　然而，现代社会主要问题之一就是只重视物质文明的建设，而忽视了精神文明的建设，导致现实变得严重扭曲。这破坏了生态环境、生态系统和人类自身的发展。物质需求并不是不需要，而是需要有所限度。这个限度就是让人们达到物质上的富裕和充实，同时保持内在约束力，以维持人类与生态系统的平衡发展。事实证明，违背这一基本准则不仅破坏生态系统，也危害了人类自身。这是一个系统性的问题，内在约束力是无法违背的。

第五节　科学技术

科学研究是一项需付出艰辛和专注的脑力劳动，它探索着未知的世界。特别是近代，科学研究因其艰苦性以及对人类认知自然的突出贡献而受到人们的尊崇和敬重。现代社会的一个典型特征是科学技术的快速发展，给人类社会带来了繁荣，人们对科学技术充满崇拜。加上舆论宣传的影响，使人们对科学技术达到了一种迷信的程度。人们看到了科学技术给人类带来的许多好处，所以他们只是盲目地相信科学，而不去考虑科学技术所带来的危害。

英国和法国的崛起主要得益于机械工业自动化技术。从 19 世纪开始，美国发明了电子技术、计算机技术和核能技术的应用，这些重大的科学技术创新对人类产生了重大影响，充分彰显了重视科学技术的作用。进入 20 世纪后，美国逐渐取代了英国、法国等国家，成为世界上第一经济和科技强国。然而，即使在这些国家的工业和科学技术发展仅仅持续了一两个世纪的时间，如今人类与生态系统面临着生存的危机。第五代生态系统存在了数千万年，人类也存在了约 1 200 万年。农耕社会从出现到成型，已经存在了十多万年，而资本社会仅仅存在了几百年。为什么工具技术和科学技术的发展，会如此迅速带来严重的灾难性变化？人们开始觉醒并寻找这种变化的原因。这种变化与工具技术的飞速发展有直接关系，与科学技术的迅速发展和单纯追求提高经济效益、与虚拟化货币直接相关，与追求资本积累的发展模式有直接关系。许多国际组织、研究机构和仁人志士都在关注这些问题。本书主要采用系统分析方法来探讨这些问题。

一、科学与科学技术的区别

科学和科学技术是两个不同的概念。科学指的是对自然界进行理论研究和探索。科学研究需要金钱来支持。科学的发展对生存环境和生态系统没有直接的破坏性影响。而科学技术是介入了工具（实验设备）的科学研究活动，也被称为实验科学研究。科学技术推动了工具的进一步发展，并具有经济效益产出的潜力。二者的区别在于，科学研究需要投入金钱进行培育，而科学技术能够创造经济价值。一个需要外部因素的介入，另一个则不需要外部因素介入。在没有外部因素介入的科学研究活动中，对生态系统的稳定性没有直接影响。而那些有外部因素介入的科学研究活动，由于涉及工具和虚拟化货币的介入，对生态系统的稳定性产生了破坏性影响。例如与工具技术相关的科学技术研究，以及与金融有关的科学技术研究。这类科学研究同样对生态系统的稳定性具有破坏性影响，明确这一区别非常重要。由此可以清楚地看到，工具对生态系统具有破坏性影响，虚拟化货币对经济系统的稳定性产生影响。一般而言，这类科学技术同样对生态系统和经济系统的稳定性有破坏性影响。

二、科学技术的发展

科学技术与工具技术的发展具有相似的属性。在资本主义社会中，人们认识到发展工具技术可以提高经济效益，并意识到工具技术是扩大资本积累的有效手段。发展科学技术可以进一步推动工具技术发展，并显著提高经济效益。两者相互促进发展。并随着工具制造技术和科学技术不断发展，对生态系统的破坏作用变得越来越严重。科学技术与工具技术可以被看作是一对孪生兄弟。资本主义社会认识到工具和科学技术对于扩大资本积累、领先于其他国家具有重要作用，进而投入了大量资金来发展工具技术和科学技术，进一步加速了对生态系统的破坏。此外，随着人们对科学技术的崇拜、重视和迷信，科学技术的破坏作用显得尤为突出。

需要明确的是，发展科学技术和高技术是必要的。人类是生态系统的一部分，需要权衡人类与生态系统之间的关系，控制其发展。使之既提升了人类的生活水平又促进人与生态系统的均衡发展。偏离这个基本原则将会产生严重的副作用。现代社会的发展导致生态系统处于濒临灭绝的境地，充分说明了工具和科学技术发展的扭曲性以及造成的严重后果。

三、科学技术对生态系统的破坏作用

科学技术对生态系统的破坏作用主要体现在工具所具有的属性。例如臭氧层的破坏、动力交通工具排放的二氧化碳导致地球变暖、海水酸化、化学制品对环境的污染以及对土壤结构的破坏等等。这些都是科学技术中重要组成部分所带来的结果，我们不应忽视其工具属性。有人认为，科学技术是加速生态系统毁灭的催化剂，这种评价并不为过。

在这里，我们需要重视的是，人类社会并不是不需要科学技术。相反，我们应像对待工具一样，关注它们对生态系统的破坏性。为了保持人类与生态系统的平衡发展，需要对工具发展和科学技术发展予以适度控制，既满足人类的需求又不对生态系统造成严重破坏。我们不应盲目追求资本主义社会的发展理念，无视其他因素而纯粹追求扩大资本积累或争夺霸权。不能只迷信科学技术创新的一面，忽视科学技术可能带来的危害，甚至不考虑伪科学研究的存在。换句话说，我们不能只考虑经济效益和人类利益，也需要关注生态效益。

以汽车生产为例。汽车生产需要建立汽车工厂，使用生产流水线和机械手等工具。这些都融合了大量科学技术成分。流水线生产出汽车，人们购买和使用汽车，消耗能源，排放出二氧化碳污染空气。这个例子展示了工具和科学技术对生态环境的破坏。随着汽车生产量和消费量的增加，对生态环境的破坏也在增加。为了保护生态环境和人类与生态系统的平衡发展，我们必须控制汽车生产，控制工具和科学技术的发展。

根本问题在于资本主义社会追求无限扩大资本积累的经济目标，而不是满足人们的生存和生活基本需求。这两种不同的发展理念会产生截然不同的后果。

第六节　货币、工具、科技、人口之间的关系

一、货币、工具、科学技术之间的关系

世界市场对货币的需求掀起了一股货币虚拟化的浪潮，这对经济大国来说既是机遇的源泉，也是一场错综复杂的挑战。为了在竞争激烈的全球市场中脱颖而出，这些经济大国纷纷借助虚拟化货币的魅力，推动科学技术和工具技术的腾飞发展。这股推动力量让财富得以进一步涌流，形成了一个令人既向往又艰巨的循环轮回。与此同时，我们不能忽视人口迅速增长对工具和经济发展的深远影响。

货币、工具和科学技术之间纠缠不清，密不可分。货币虚拟化和工具技术日新月异的发展相辅相成，正是通过引入虚拟化货币，为工具技术的创新和改良提供金融支持。同时，科学技术与工具技术紧密交织，共同展开技术科学的探索，其所摸索出的成果直接或间接地影响着生态系统的平衡。

在这个现代化的社会里，科学技术、虚拟化货币和工具三者交相辉映，共同织就经济发展的华章。虚拟化货币的推动，助推着科学技术和工具技术的不断飞跃，进而推动着经济的蓬勃增长和资本的积累。然而，这种模式也产生了一系列问题，其中包括经济体系的异象发展以及对生态环境的破坏。

虚拟化货币对生态系统的均衡性产生了隐忧。当虚拟货币登场，某些科学技术便纷纷扩大应用，譬如核能技术的广泛采用，无疑对生态系统的平衡性构成了直接的威胁。

由此说明，货币、工具和科学技术这三者之间展开着紧密的相互依

存，相互交织。是的，货币虚拟化推动着科学技术和工具技术的进化，但同时也带来了一系列问题，尤其是对生态系统平衡性的风险。我们必须深入剖析和深思现代化发展模式中的问题，以图寻找可持续发展的路径与解决方案。

二、货币、工具、科学技术、人口膨胀的危害

世界是一个复杂的系统，它的发展变化始终受到外部因素的干扰。当外部影响逐渐缓和，系统便呈现出缓慢的变化过程，这就是常态变化。这种状态可持续很久，维系时间最长。反之，若系统受到强大外力的冲击，便会经历剧烈的变化，即非常态变化。这类系统往往迅速走向崩溃，甚至彻底崩塌。

对于生态系统而言，诸如货币虚拟化、人口膨胀、工具膨胀和科学技术的迅猛发展，都是外部因素，直接影响到生态系统的稳定运行。只有能够维持货币、人口、工具和科学技术的渐进发展变化，我们才能延缓生态系统的变化进程，延续其存在的时间。然而，现实却告诉我们，货币的虚膨胀导致人口、工具和科学技术的指数级扩张，对生态系统及其环境的破坏也以同样的指数速度加剧。这才是资本社会发展模式的困境所在，也是导致生态系统迅速崩溃的根本原因。

无论我们多么渴望延续生态系统的健康发展，我们必须正视现实。货币虚膨胀所引发的连锁反应不仅影响到人口、工具和科学技术的膨胀，也加剧了对生态系统及其环境的破坏。这种资本社会的发展模式注定让生态系统走向迅速毁灭的命运。我们必须借此警醒，寻找解决之道，才能走向可持续的未来。

货币虚膨胀。货币虚膨胀的产生源于国家货币取代了世界货币的使用，这是一个局部属性代替全局属性的结果。世界市场对通用货币的需求似乎无休无止，导致经济大国的货币不断地虚拟化。这种外部因素是一种无血无泪的剥削，它不仅影响国内经济和金融的不稳定性，也对世界经济和金融产生不稳定性的影响。

在现代社会中，货币虚膨胀成为了灾难的根源。货币虚膨胀的发展带来的是货币的回报，推动着科学技术、工具制造、经济系统和城市的膨胀发展。世界经济的自由化间接影响着其他国家人口的迅速增长。

经济大国投入巨资发展科学技术和工具制造。然而，科学技术和工具技术的发展已经不完全是为了提高生活质量，而主要是为了争夺世界市场，扩大资本积累，这已经彻底扭曲了发展科学技术和工具的初衷。对于生态系统而言，科学技术和工具主要是外部因素，成为破坏其稳定性的主要因素。货币虚膨胀的发展直接导致科学技术和工具的膨胀，不仅影响着经济系统的稳定性，使其虚膨胀发展，也严重破坏了生态系统的平衡。这导致了生态环境的严重破坏，生物物种种类和数量急剧减少。

人口膨胀。人口膨胀与工业发展密不可分，二者紧密相联。人口膨胀对生态系统的均衡发展造成了严重破坏。人口的膨胀离不开工具的助推，工具让人类成为了强者，改善了生活条件，从而促进了人口的膨胀和泛滥。因此，人口膨胀的主要原因仍然是源于工具和科技的膨胀导致的结果。

自公元 1700 年开始计算，随着工具的加速发展和生活条件的改善，人口增长也在不断加速。1850 年之后，工具发展进入了指数级增长，而人口的增长也呈指数级增长。这反映出了人口增长与工具增长之间的密切关系。

综上所述，现代社会中，货币的虚膨胀发展已成为破坏生态系统稳定性的根源。货币虚膨胀进一步推动了工具和科技的膨胀发展，从而加剧了对生态环境的破坏，打破了生态系统正常的运行秩序。

在自然界中，其他生物经过亿万年的进化过程，形成了相互制约、相互依存的关系。无论是狮子、老虎这类处于食物链顶端的动物，还是野兔等种群，它们的繁衍生息都受到自我约束。即便是强者处于食物链顶端，也不会影响其他生物的繁衍生息。这是长期进化的结果，形成了完美的相互制约、相互依存的生物链。在物种之间以及物种内部，都存在着优胜劣汰的关系，只有强者才能生存，而弱者则被淘汰。在非洲的马尔马拉大草原上，各类生物之间的相互制约和相互依存是最好的例证。

　　然而，人类一旦掌握了制造和使用工具的能力，对于生态系统而言，工具成为了一种"外部因素"。人类借助工具对自然界进行索取，属于"强取"的行为，而缺乏相应的制约机制。从此，人类对生态系统的破坏不断加剧。随着人类社会的发展，工具制造技术的提高，对自然环境的破坏也变得越来越严重。特别是进入资本社会后，在货币虚膨胀的推动下，人类利用工具和科技对生态系统和环境的破坏达到了前所未有的程度。仅仅几百年的时间，就将生态系统和人类自身推向了濒临灭绝的边缘。这是人类自身创造出来的最令人伤感的悲剧。然而，至今，人类社会的主导集体仍未意识到人类行为的扭曲性和造成的严重后果。他们仍然固执地追求资本积累的扩大，追求货币虚拟化的扩张，追求工具发展的现代化，迷信科技的进步。

　　工具、科学技术与人的行为。在自然界中，唯有人类具备创造工具的能力。借助工具对自然进行索取，人类获得了"强取"的优势，使其成为了最优胜的物种。然而，这也导致了人类表现出贪婪的本性。尤其是进入资本社会后，人类的贪欲进一步膨胀，这是工具和科技膨胀的必然结果。人们的行为变得浮躁、傲慢，几乎忘记了人与生态系统之间的关系，几乎遗忘了人类本身也是动物的一种。令人惋惜的是，竟然是人类自己将自己和整个生态系统推向了灭绝的边缘。这是对人类行为最直观的评价。

　　工具、科学技术和国家。工具制造技术的先进、金融技术的先进、科学技术的先进，让某些国家超越了其他国家。工具、科学技术和金融的发展成为了国家强盛的象征。人类的历史中，无一不显露着这种"强取"的行径。进入现代社会后，人们进一步利用工具、科学技术和金融手段，掠夺其他国家的财富，欺凌和奴役其他国家。这种行为将国家划分成了层级和差异。

　　工具、科学技术与战争。战争的对抗主要是工具技术和科学技术之间的较量。无论是古代还是现代，不论是国内还是国际，各种战争都离不开对工具技术和科学技术的竞争。然而，人们往往完全忽视了这种比拼对生态系统的影响。

在战争中，各方为了获得优势，会不断推动工具和科学技术的发展，以便在战场上取得胜利。然而，这种追求胜利的竞争往往在考虑利益时忽略了生态系统的承受能力和可持续性。过度开发资源和利用环境会对生物多样性、生态平衡和自然景观产生严重的破坏。

而且，战争还会带来大规模的工业生产和战争废弃物的排放，对大气、水源和土壤造成污染。这对生态系统和人类的健康都带来巨大的危害。战争还可能导致大规模的生物种群灭绝，破坏生态系统的稳定性。

因此，尽管工具技术和科学技术在战争中扮演着重要的角色，但我们不能忽视对生态系统的责任和保护的重要性。在追求胜利和发展的同时，必须考虑到生态系统的可持续性和环境的保护，以确保我们的行动不会给地球造成不可逆转的损害。只有平衡战争发展与生态平衡，才能实现真正的持久和平与可持续的发展。

工具、科学技术与金融。工具技术与科学技术穿梭在一起，如同连理的双生花。货币自身变幻莫测，虚拟化操纵了科学技术的蓬勃发展；而科学技术的鼓荡又进一步推动着工具技术的迸发。当今世界，科学、工具、金融三者交织成一体，如同紧紧缠绕的同胞兄弟，意图称霸天下，却残酷地扭曲着人类的本性。它们残害生态环境，致使生物群落急剧减少，摇摇欲坠于灭绝的边缘。

这一切，在现代社会中呈现出明显的迹象。虚拟化货币的崛起，追求财富和权势的狂欢，进一步加剧了科学技术的扩张，群起而攻的工具技术的狂妄骄纵。人类把对自然的剥削推向极端，令生态系统在磨难中崩溃，生物种类数量锐减，濒临消失的边缘。

这是一幅令人悲伤的景象，我们无法忽视其中的恶果。在疯狂追逐科技与财富的过程中，我们已经远离了与自然和谐相处的道路。失去了对世界的敬畏，我们心中只有无尽的渴望，却抛弃了与自然共生的智慧。

唯有从根本上审视自己的行为，回归到人与大自然之间的和谐关系，才能让这个世界重新焕发生机和美丽。只有当科学、工具、金融放下傲慢与贪婪，与生态环境相互呼应，我们才能摆脱濒临灭绝的危机，寻得共存的之路。

第七节　工具膨胀发展的治理

工具的发展呈现出惊人的膨胀势头，这一历程仅累计数百年。在数百年前，工具的进化仿佛行云流水，缓慢且渐进。同样地，对生态系统的冲击也呈现出缓缓而行的特征。然而，自进入资本社会以来，工业革命迅速兴起，成为资产所有者扩大财富积累的重要手段。自此，工具对生态系统带来的破坏发生了翻天覆地的急剧变化。人们逐渐开始认识到，人类社会发展所面临的问题。我们迫切需要重视生态环境的治理，迫切需要找出破坏生态环境的因素。资本社会的资本积累模式、工业化进程、科学技术的推动，都是导致生态环境破坏的主要外部因素之一。然而，资本社会所积累的财富却是建立在生态系统遭受急剧破坏的代价之上。

工具膨胀问题的产生。工具的膨胀与资本社会的特征密不可分，也与货币虚拟化问题和资本社会对哲学发展缺乏指引关系密切。

资本社会追求扩大资本积累的特征使资产所有者的贪婪属性无止境地膨胀。资本积累似乎没有止境。在其中，利用世界市场对工具的需求成为实现资本积累的重要手段，不断发展先进的工具生产技术和科学技术。工具生产技术的发展需要科学技术和资本的支持，而货币虚拟化则是工具膨胀发展的有力支撑手段。同时，科学技术的进步又推动了工具的创新和改良，使新产品在市场上占有优势。这三者相互关联、相互影响，形成了工具、科学技术和货币的膨胀发展怪圈。

资本社会的发展模式过于关注物质，对精神层面的关注不足，缺乏对人类社会发展的全面、综合认识的能力。这使得资产所有者的贪婪本性可以无拘无束地膨胀。因此，控制工具和科学技术膨胀发展的一项重要手段是建立统一的世界货币体系。这不仅可以控制货币虚拟化，也间接地控制了工具和科学技术的膨胀发展。最为重要的是，我们必须恢复哲学在人类生活中的地位。

哲学是一门科学，可以引导人们对世界进行正确认识。只有恢复哲学在人类生活中的地位，才能指引人们不仅追求物质生活，还要注重心灵修养的培养。恢复哲学在人类生活中的地位，是控制人类行为的重要手段。它可以帮助人类摆脱许多不符合自然发展规律的陋习。只有恢复哲学在人类生活中的地位，人类才能真正成为生物链顶端的物种，才能在温暖、幸福的环境中生活，与其他生物和谐相处。只有恢复哲学在人类生活中的地位，才能阻止工具和科学技术的膨胀发展，确保人类与生态系统的共存。

哲学是人类社会对自然界整体认识的科学。实际上，哲学反映了自然界普遍存在的运行规律。以候鸟为例，它们每年春季飞向北方繁衍生息，到秋季再飞回南方避寒，遵循着"德"或"唯心"的规律。它们只食用简单的青草或鱼虾，满足基本需要，符合"道"或"唯物"的规律。千百年来，它们始终按照规律生活、生存。如果人类能适度遵循和尊重这些生物的生活方式，就不会将自身和生态系统推向毁灭的深渊。

标本兼治。要解决工具和科学技术膨胀问题，必须深入探究其根源。仅仅采取表面的治标手段是不够的。政府机构采取的措施对公众来说是可见的，但如果只是形式上的治标，而没有解决问题的根本原因，社会问题将持续积累，难以逆转。因此，仅仅依靠治标手段无法解决工具、科技和货币虚膨胀等问题。治本才是根本措施，治标只起辅助作用。采取标本兼治的方式，有效应对工具、科技和货币虚膨胀问题。然而，治本面临挑战，涉及资产所有者利益和现代社会发展模式底线，是难点。

2008年的金融危机震惊了全球，至今仍历历在目。这场危机是由货币虚膨胀导致的严重后果。实际上，人口膨胀发展、工具和科学技术膨胀发展与货币虚膨胀之间存在相似性，它们之间相互促进发展。对于经济系统和生态系统而言，它们都是外部因素，并对系统的稳定运行产生影响。对于这类问题，仅仅采取治标的方式是无法解决根本性问题的。

我们需要认识到这些问题的根源，并认识到它们外部因素的属性。只有减少或消除这些外部因素，才能恢复系统的稳定运行。考虑采取标本兼治的方法，才能获得良好的效果。

　　货币的基本属性是作为商品交换的媒介。它与经济系统的关系属于一种松散耦合关系。而虚拟化的货币相对于经济系统而言则是一种外部因素，并且具有累积效应。虚拟化货币通过满足广大世界市场对货币的需求，几乎可以无限地膨胀。对于货币虚膨胀问题，政府机构需要进行严格监管。然而，资本社会往往违背经济系统的基本法则，仅在形式上对货币进行监管。实际上，发达国家已经通过金融创新手段，如发行债券等，取代货币使用，形成了完善的金融科学体系。放任货币虚膨胀以追求经济效益是不可取的。解决货币虚膨胀问题，唯有恢复政府机构对货币的严格监管职能，并确保货币保持其基本属性才能解决这个问题。建立世界统一货币体系是解决货币虚膨胀问题的根本战略措施，需要世界各国和联合国等机构共同努力。如果不解决世界统一货币问题，世界金融、经济的混乱以及工具膨胀、科学技术膨胀等问题将无法根本解决。现代社会中，货币虚拟化问题是最根本且最重要的挑战。资本社会从中获得巨大的经济利益。因此，要解决工具膨胀和科学技术膨胀问题的根本方法是构建世界统一货币体系。这样的体系有助于抵制资本社会无限扩张资本积累的发展理念，消除利用货币虚拟化剥削其他国家财富的现象，恢复国与国之间的平等地位和货币的平等地位，切断工具膨胀和科学技术膨胀的主要资金来源。建立这样的体系，可以控制工具和科学技术的膨胀问题，消除许多社会上的扭曲现象。

　　人口问题与货币问题有类似之处。人口数量超出生态系统均衡发展所能承受的部分，对于生态系统而言，是一种外部因素。它直接影响到生态系统的稳定运行。人类与生态系统的关系属于一种松散耦合关系，生态系统并不能约束人口膨胀。历史上很少有政府机构介入这个领域，这也是人口泛滥的重要原因之一，同时也是政府失职的重要问题之一。人口泛滥问题是严重且全球性的问题，已经对人类自身的生存构成威胁。

国家和国际组织有责任和义务介入解决这些问题。事实上，人们普遍认识到过多的生育会产生负面影响，但由于经济、技术和社会舆论等原因，存在一些社会的不良现象。只有政府和国际组织充分重视并形成共识，在政策上支持，树立良好的社会风气，才能控制人口问题。

综上所述，对于生态系统而言，货币虚拟化、人口膨胀发展、工具和科学技术膨胀发展，都具有具有外部因素属性。并具有累积效应，是破坏系统稳定性的主要因素。需要相应的政府机构和国际组织进行严格监管，这是政府机构和国际组织应承担的主要责任之一。它应成为政府机构履行的主要职能。

第六章

生态文明

数千年以来，人类社会经历了漫长的发展和进化。尤其近两三百年，资本社会的迅速崛起使得人类与生态系统陷入了危机之中。在农耕社会及早期社会之前，社会的变化是渐进的，我们需要更具体地分析资本社会文明是一种进步还是倒退？这需要人类冷静思考和深入分析。人类曾经朴素的社会关系逐渐淡化并变得复杂。我们的思维反应变得越来越复杂，而适应环境的能力却逐渐衰退。如今，大多数人只能依赖极少数人来决定他们的生存命运。这种现象是正常的吗？还是不正常的。目前摆在全人类面前的严峻问题是，我们是否能够控制我们所创造的一切，管理我们自身的行为，以避免自我毁灭。我们还能否延续人类社会的长久存在，需要我们对各种问题进行探讨和分析。首先，让我们先来探讨文明的课题。

第一节　文　明

文明是一个近代才产生的概念。直到 18 世纪才在欧洲流行起来，它是西方历史发展进程中逐渐产生的概念，是西方历史特殊性产生的概念。西方社会试图通过这样的概念来表达他们自身的特点，以及他们引以为自豪的技术水平、礼仪规范、科学知识和世界观的发展等。他们以文明来为自己的殖民扩张和殖民统治予以辩护。西方文明概念逐渐发展成为具有进步意义，乐观主义的和未来取向的概念，具有普遍意义的词汇。

文明，是人们有意识地对自己的感情、行为、本能和情绪，以种种有目的的方式加以控制，体现温馨、和谐、美好的内核。并予以认识的升华，谓之文明。文明是生产力的表象，随着经济发展水平变化而变化。一般泛指人类达到的种种成就，包括精神和物质两个方面。每个人都有自己的文明修养问题。人生不但需要物质追求、更需要重视心灵的修养。物质文明、精神文明缺一不可。对于一个家庭是这样，需要物质追求，更需要构建良好的家风，这样的家庭才能温馨、和谐地生活。可称其为风气正的家庭。一个民族、一个国家同样有文明修养问题。繁荣昌盛、温馨、和谐是其具体体现。西方文明出现之后，出现了代表古老的东方文明与现代的西方文明之分。人类社会有人类社会的文明问题；人与生态系统之间，同样存在文明问题。人类文明是人类社会开化状况与进步状况的标志。它随着人类的产生而产生，随着人类社会发展、进步而进步。大自然是人类伟大的母亲。人类对于地球母亲的行为，集中体现了人类文明的状况。

文明的产生与自我控制有关。当人们失去自我控制时，文明也就渐渐衰落。自从人类能够制造和使用工具之后，人类借助于工具对自然的索取，比之其他动物具有优势，具有"强取"的性质。这种强取能力即所谓生产力。生产力的发展，逐渐积累了物质财富和精神财富。这些财富的表象被称为"文明"，被称为人类文明。人类文明是生产力的表象。随着财富的增加，文明的概念，也随之不断发展变化。农耕社会形成农耕社会的文明。发展到工业社会，形成工业社会的文明和社会主义文明。并且随着人们的行为失去自我控制，其文明也随之衰落。特别是现代社会文明的衰落变化，人们都有深刻体会。

相对于生态系统来说，有生态文明。人类毕竟是生态系统中的一员，没有生态系统也就没有人类。它表明需要将人类文明融入到生态文明之中。人类社会发展，不应该严重影响生态系统的发展。生态文明应该是控制人类行为的最基本的准则。认识到人只是生态系统中的一员。也就是说，人类社会发展到不同阶段，产生不同的文明。经济基础不同，人类文明的内涵也不同。总的说来，文明是控制和制约人的行为，或者说它是人自身修养程度的衡量标准。不同的经济基础，人的文明程度可以有显著差别。

第二节　人类文明

人类文明是建立在生产力基础上的文明。人类的出现和生产能力的发展共同构成了人类文明。人类文明由物质文明和精神文明两个方面组成，它们相互补充。人类文明是评估社会生产力的表现形式。人类开始制造和使用工具，这标志着人类文明的产生。不同的经济基础和工具技术水平导致不同的文明表征。随着人类社会对工具的制造和使用的不断发展，人与自然的关系也在不断演变。由敬畏自然，了解自然到利用自然；从利用自然发展到改造自然；又从改造自然发展到征服自然的变化。现在又回过头来探讨呵护自然、关爱自然。然而进一步追求生产力发展的发展模式没有变，如何呵护自然、关爱自然。生产力的发展过程，反映了人类文明的几个不同阶段：原始社会文明、农耕社会文明、资本社会文明（西方文明）、社会主义社会文明和生态文明。不同的经济基础，形成的人类文明有明显差异。总的说来，都是人类社会文明的重要组成部分。

人类文明包括物质文明和精神文明，二者缺一不可，它们是人类生存和生活不可或缺的重要内容。文明涉及人类社会内部行为和与其他生物之间行为的道德准则。人类文明是随着社会经济发展逐渐形成的行为准则。在个人层面，精神文明的建设常常比物质文明更为重要。准则和道德行为是人与人、组织与组织、国家与国家之间交往的基础。物质文明建设同样重要，但精神文明建设更为关键。

人类是生态系统的一部分，人与其他生物之间也需要道德准则的约束。然而，如今的人类社会由于过于重视唯物发展观，许多方面缺乏道德准则的约束。特别是对人与生物之间的道德约束的缺失。农耕社会强调"天人合一"的人类文明，而当今社会主流思维模式强调物质主义、唯我独尊、狂妄自大。这些态度反映了人类社会主流群体行为的特点，忽视了人类自身的本质。事实上，人类只是动物中的一种，这应成为对人类行为最基本、最朴素的道德准则。其他生物之间都存在相互约束、相互依存的紧密耦合关系，只有人类受到工具的影响，与生物链的关系变得松散。这种情况类似于货币与经济系统的关系，需要对人类行为进行严格监管和控制。人类文明中，应建立监管人类行为的道德准则，特别是人与动物之间的准则。然而，当今世界却缺乏对人类行为进行严格监管的规则和行动。

特别是工业革命后，资本社会的发展主导思维模式注重的是资产所有者的经济利益和扩大资本积累，而不是大多数人的人格和基本生活问题，更不关注人与自然的关系。在金钱的驱使下，人们可以改造和征服自然，丧失了对自然的敬畏。人类文明的缺陷日益显现，直接反映在生态系统和人类生存环境的严重破坏上。这些问题都是资本社会发展模式的必然结果。相对于生态系统而言，虚拟化的货币和工具是外部因素。它们进一步表明，在这些因素的影响下，人类的思维方式已经外化，我们失去了对人类和生态系统的情感关系。这些都表明了人类社会发展的扭曲性，并凸显了控制外部因素对人类和生态系统影响的重要性。

一、原始社会文明

在人类不能制造和使用工具之前，人类与生态系统处于相互制约相互依存的平等关系。这一时期的人类文明称为原始文明。自从人类能够制造和使用工具之后，人类借助于工具对食物的索取具有强取的属性。从此人类成为生物链顶端的生物。工具改变了人类与生态系统的关系，由紧致耦合关系转变为松散耦合关系。人类文明也从没有工具影响的原始文明，改变为有工具影响的人类文明。

狩猎式族群。人类能够制造和使用工具之后，发展到以狩猎生活为主的族群。利用手中的工具，过着集体四处游猎式的生活。集体狩猎，大型哺乳动物目标最明显，收获的成果最大。从此，他们利用手中的工具，游猎于世界各地。几乎灭绝了陆地上的所有大型哺乳动物。体现了狩猎式文明的特点。在奴隶社会，他们对生态系统的破坏最为明显。初步表明，随着人类文明的发展，能够制造和使用工具之后，一味地放纵物质的追求，对生态系统的破坏作用也在一步一步加剧。至今这类以狩猎为主的群体，在偏远的森林地区，仍然存在。已经明显地显现出人类文明的局限性。

游牧式族群。随着人类生存能力和工具制造技术的提高，有一部分人逐渐转向依赖饲养牲畜的方式生活。通过利用人与动物之间情感的相通性，将捕获到的野生动物进行人工饲养。这样逐渐将许多野生动物驯养为人类饲养的动物。这种方式逐渐发展成为游牧式生活方式。随着人口的增加和饲养动物规模的扩大，对植被的破坏也不断加剧，导致这些地区的沙漠化扩大。这个过程具体体现了游牧族群人类文明的特点。

二、农耕社会文明

随着工具制造技术的不断发展，人类逐渐采用以家庭为单位的独立农耕生活方式。这种生活方式通过培育适合人类需求的粮食作物、牲畜和蔬菜等，为人们提供了稳定的居所、自己耕种的土地和自己养育的牲畜。相比四处游牧的劳苦生活，这种方式的最大优点在于生活更加安定。

农耕社会是依赖土地发展的社会形态，其经济发展直接受制于自然环境和工具发展水平的限制。这种社会以土地为基础，是一种封闭的小农经济，主要满足自给自足的需求。农民在耕种土地时注重真实和实际，养成了朴素务实的品格。农耕经济直接受自然环境的影响，农耕社会文明具有天人合一的特征，尊重和敬畏自然。在世界各地，至今仍保留着许多象征敬畏自然的古建筑，充分展现了农耕社会人们的思维方式。随着人们生活受制于自然环境的因素，以及认知水平的提升，重要的哲学理论逐渐诞生。例如，老子的《道德经》和儒家学说中的《中庸》等。哲学理论对于正确理解人与自然关系起到了重要引导作用。直至 20 世纪末，以中国为代表的东方文明仍深受儒家、道家和佛教的深刻影响。然而，随着改革开放的推进，中国几乎完全接受了西方的发展模式，追求与国际接轨。经济、社会生活和文化等方面全面商品化和市场化，忽视了中国传统文明和其所拥有的优点。中华文明之所以能够成为唯一延续至今的文明，其原因需要深入思考和探讨。数千年来，以儒家、道家和佛教为代表的天人合一的哲学思维，塑造了中华民族的灵魂，成为中国发展的主要血脉和根基。尽管会经历波动，但主脉依然不变。未来也将如此。尽管遇到波折，中华文明仍然是引领中国社会发展的主脉，将引领中国社会取得成功的彼岸。同时，它也将引领世界走向生态文明社会的彼岸。然而，如今人们对物欲的追求使得发展理念陷入了困境。到了今天，金钱成为衡量人们行为和社会变革的标准。人们的精神生活变得越来越贫乏。回顾中国的改革开放，忽视了中国天人合一的发展理念和中华文明（东方文明），造成了重大损失。东方文明以天人合一的发展理念符合生态文明的要求，最终将引领人类社会走向生态文明社会。

另外，几乎在同一时期，在西方同样产生了各种不同的哲学理论。在东、西方产生了不同的宗教信仰，尽管宗教信仰不同，但它们的核心都是主张敬畏自然，敦促信徒保持虔诚和敬畏自然的心态。宗教信仰在制约人们对自然的敬畏和尊崇行为方面起到了重要的作用。

三、西方文明

西方文明系指资本社会文明。工业化社会萌芽之后，因经济实力的发展，逐渐形成了西方特有的文明——以实力为基础的文明，或者说是单纯唯物观主导的文明。它与农耕社会文明具有显著差异。

在15世纪，葡萄牙和西班牙成功利用先进的船舶和火炮技术，打开了世界市场，并通过开放的经济体制积累了大量财富。他们利用这一优势，侵占了许多国家，建立起自己的殖民地，称霸了世界。随后，英国和法国借助先进的工业技术和自由主义思想，取代了葡萄牙和西班牙的地位，进一步扩张势力，统治世界，积累了巨大的财富，其殖民地遍布全球。随着工具技术的不断发展和财富的增加，各国形成了与农耕社会国家不同的社会结构，逐渐形成了资本社会特有的西方文明。西方文明进一步体现了科学技术和经济基础对人类社会的影响。美国是后起之秀的资本社会国家。20世纪初，美国在电力应用、计算机和原子能方面取得了重大发明。自那时起，美国的经济和科技实力迅速发展，取代了英国、法国等国家，成为世界上第一大经济和科技强国。美国通过在世界各地建立军事基地的方式代替了殖民统治，实现了其在国际舞台上的主导地位。西方文明同样随着经济发展而变化。在资本社会兴起的阶段，西方文明的显著特征是其工具技术明显领先于其他国家。西方国家以"文明"为借口征服世界、掠夺财富，并试图改造和控制世界，自诩为"西方文明"。与此同时，被征服的民族也因为所谓的"文明"而屈服。然而，渐渐地，人们也开始思考，这种以武力征服的所谓"文明"是否真的是人类的福祉。人们越来越清晰地认识到构建"西方文明"的基础，体现西方文明的核心是技术实力、经济实力占有优势。扩大资本积累是其唯一追求。为达到此目的，可以不计任何手段。由此也深入了解到西方文明的诸多弊端。以美国为代表的西方文明的特征更为典型：拥有和控制着国际金融系统，控制着所有的硬通货，主宰着国际资本市场；是世界上主要的消费品主体；提供了世界上绝大部分制成品；利用先进科学技术，不计任何手段扩大资本积累。构建强大的军事体系。以武力和技术的手段，控制着世界市场，控制着世界，以资本社会单边的发展模式对整个世界予以控制。有能力进行大规模的军事干预；控制着海上航线；掌握和控制着最先进技术的研究、开发；控制着尖端技术教育；控制着宇航技术；控制着航天工业；控制着国际通信技术系统；控制着高科技武器工业。该发展模式充分体现了在金钱的作用下，唯物思维走向了极端。忽略了人与生态系统的关系，不顾及对生态环境的破坏。单纯唯物思维的发展理念，违背了哲学思维理念，抛弃了唯心思维对人类社会发展的掌控，违背了自然发展规律。它是引入人类社会走向毁灭的根本原因。

西方文明的显著特征是在进行殖民扩张和殖民统治的基础上积累财富，以物质为基础构建文明。它注重开发资源、奖励生产、改进制造、扩展商业等方面。通过拥有丰富的经济基础，西方文明进一步重视交通、城市、艺术、教育和社会福利等方面的建设，形成了建立在资本基础上的唯物主义文明。随着资本社会的扩张，西方文明的概念进一步扩展和充实，逐渐成为主导人类的文明。然而，西方文明也带来了资源的巨大浪费和对生态环境的破坏，充分展示了西方社会发展的扭曲性。它完全忽视了人类持续生存的问题，更不关心人类与生态系统平衡发展的关系。

自美国和日本崛起后取代欧洲的殖民统治，欧洲社会已经积累了丰富的物质财富，进入了新的发展阶段。这个阶段的特征是享受富裕、温馨、舒适和唯美的物质、精神和文化生活。这也是人们迷恋西方文明的主要原因。特别是北欧国家，它们富有但不奢侈，注重节俭，亲近自然的生活方式，并重视精神文明建设。北欧的生活方式可以说已经进入了符合自然发展规律的生活模式，是值得人类借鉴的发展模式。这也说明构建生态文明社会并非遥不可及的目标。

西方文明与农耕社会文明的主要区别在于。西方文明是根植于资本基础上的文明重视唯心发展观的制约作用。追求单纯唯物思维的发展理念，违背自然发展规律的发展模式；农耕社会文明是根植于土地的文明，遵循"天人合一"的哲学发展理念，符合于自然发展规律的发展模式。

工业化。资本社会发展着自动化工业，推进着科学技术的蓬勃发展。巧妙运用着工具技术的优势和科学技术的魅力，经济效益得到了空前提升，资本的积蓄得以持续扩张。然而，为了进一步扩充资本财富，不顾工具对生态系统的外在因素，逐渐形成了征服自然的心态。人类满怀信心，能够演绎着改造世界的奇迹，征服大自然的艰难，乃至称霸宇宙的壮举。貌似无所不能，目光矢志扩张，与地球的忧虑毫不相干。因为，照料地球的琐碎事务通常需要耗费金钱，但却不是经济增长的典范。这一切无不映射出西方文明的典型气质。然而，面对现实中生存的潜在危机，资本家的傲慢蔓延尤为危险，资本社会文明也因此曲解扭曲。

掠夺性。资本社会文明的另一个典型特征在于其掠夺性。早期的资本社会以暴力与技术相结合，残忍地征服世界，并不择手段地掠夺财富。随着工具技术和科学技术的进步，这种掠夺方式逐渐转变为对先进技术和资本的需求，以世界市场为平台进行操作。金融创新诸如债券等衍生工具取代实物货币，甚至出现了虚拟货币的概念。通过先进技术和虚拟货币，他们在不流血的方式下实现了对财富的掠夺，并大大丰富了资本家的财富宝库。这种方式既达到了掠夺财富的效果，又避免了暴力冲突，使资本家的利益得到最大化。

视劳动者为工具。 广大劳动者是人类社会的基石，通过辛勤努力为人类创造衣食住行等丰富的物质财富。然而，在资本社会中，劳动者往往被视为工具和商品，任由资本家摆布。他们只是在被需要时被利用，而在不需要时被抛弃，这使得他们无法获得基本的生活保障。劳动者的社会地位低下，人格受到贬低，充分展现了资本社会文明的不公平性。西方文明将工业发展、科学技术进步、个人自由理念，以及资本积累和追求富裕舒适的生活视为人类物质文明的重要组成部分。这种发展理念至今仍受到广泛推崇。现代化已然成为世界各国追求的普遍目标，代表了人类社会主流的发展模式。

误导性。 在西方社会物质极度丰富、财富积累巨大的环境下，人们拥有追求舒适生活的条件。通过资金周转等手段，各种社会福利待遇得到扩大，人们的生活变得更加奢侈和浪费。西方文明对人类社会产生了极大的引导和误导。人们往往只看到西方文明美好的一面，盲目地追求和崇拜。他们很少去分析西方文明产生的基础条件，更不考虑西方文明对生态环境的破坏性影响。一旦拥有财富，人们便可以奢侈浪费地享受衣食住行。他们可以任意地环游世界，甚至太空旅行，认为这是人们应该追求的生活方式。然而，这种追求往往忽视了自然资源的有限性以及市场环境的有限性。

四、科学社会主义文明

19世纪末期，马克思和恩格斯创立了科学社会主义理论，这一理论在20世纪初发挥了重要作用，推动了苏联等社会主义国家的建立。在马克思主义理论的指导下，苏联成为了第一个成功建立起社会主义制度的国家。随着第二次世界大战结束，苏联等国领导的社会主义阵营逐渐崛起，其中包括中国在内。这些国家在经济、政治和社会方面采取了社会主义的发展道路，旨在实现生产资料公有制和财富的公平分配，以实现人民的解放和社会的进步。

社会主义文明的主要特征，在于社会性质为社会主义。在这样的社会里，实行公有制，将资产归公有，废除了资产私人所有的制度。政权的宗旨是为广大劳动人民服务，广大劳动者成为国家的主人，是主流群体。这是千百年来，广大劳动者首次成为社会的主体。科学社会主义理论体现了人类文明的重大突破。它恢复了创造人类社会财富的广大劳动者的主人翁地位，使他们成为社会的中心。社会主义社会同样追求工业化，追求物质极大丰富。然而，社会主义社会发展经济的目的是提高广大人民的生活水平。马克思创立科学社会主义理论的时代，以及列宁建立社会主义国家的时期，尚未对生态系统和生物的生存环境造成显著破坏。社会主义提出了分配原则："各尽所能，各取所值"。共产主义的分配原则是"各尽所能，各取所需"，这极大地满足了人们的物质生活需求。而资本社会发展经济的目的是无限制地扩大私人资本积累，满足个人的欲望。在世界市场对资本的需求的背景下，资本积累几乎没有止境。这两种社会制度追求资本积累的目的根本不同，其经济发展所带来的后果也完全不同。我们应该重视资本社会和社会主义社会在经济目标上的根本区别，特别是在当今资源枯竭的环境下，更需要重视这些根本差异，有效利用资源的重要意义。我们应该重视保护人类与生态系统的平衡发展，这是人类社会发展的基本宗旨。

社会主义文明确立了广大劳动者的主人翁地位，并改变了劳动成果分配的不合理性，这使得社会主义社会相对于资本社会具有天然的稳定性。社会主义社会以广大劳动者为国家的主体和依托。而生态文明社会以生态系统为主体和依托。两种社会具有相似的基础。因此，我们可以说生态文明社会是社会主义社会的升华。这两者都以广大劳动者或生态系统为依托，构筑在牢固的基础之上，符合自然发展规律。二者都颠倒了"少数"和"多数"的关系。生态文明社会确实是社会主义社会的升华，它体现了符合自然发展规律的理念。

五、人类文明的局限性

人类文明是生产力水平的表现，它是人类社会不同历史阶段形成的社会文明的总称。然而，随着人类能够制造和使用工具、重视科学技术发展以及货币虚拟化等因素的作用，人类社会变得越来越复杂、扭曲，与生态系统的关系逐渐脱离。这导致对生态环境的破坏日益严重。从生态系统的角度来看，人类文明存在明显的局限性。《增长的极限》一书通过大量数据指出，人类社会的经济发展应受到增长极限的限制。然而，现代化经济发展模式往往无视自然资源枯竭、对生态环境的破坏以及人类面临生存危机的威胁。这种发展模式还继续推动着无止境的增长、消费和经济扩张，导致资源极大浪费和生态环境严重破坏。这种现象充分反映了现代化社会对自然认识的局限性和人类文明发展的扭曲性。它只关注少数人或少数国家的私利，而忽视全人类和其他生物的生存。以现代化经济发展为例。现在世界各国都重视发展现代化经济。仍然遵循现代化经济的一般规律，经济发展模式并没有改变。至今经济发展模式，仍然忽视了人与生态系统的关系。实行工业化、资本化、推崇唯物发展观。工业化是破坏生态系统稳定性的主要因素；资本化，实际上，都是利用广大世界市场对货币的需求，实行货币虚拟化。对于经济系统说来，虚拟化货币是外部因素。它是破坏国家经济稳定性和世界经济稳定性的主要因素；全球化，具体体现了为资产所有者向外扩张，提供了理论依据。只是重视经济扩张，重视发挥工具的作用，仍然没有顾及到过度地利用工具，对生态系统的破坏性影响。体现了人类文明的局限性。

人类社会发展，最基本的主旋律应该是：人只是生态系统的一部分，人类社会发展，需要保持与生态系统均衡发展。以此为基本依据，可以发现现代化社会存在的诸多问题，可以找出挽救和延续人类与其他生物生存濒临毁灭境地的办法。

六、科学技术与自动化工具

当我们谈论人类文明时，不可避免地会涉及现代科学技术的角色和影响。科学研究最初是一种追求纯粹和理性的脑力劳动，以探索和认识自然为目的。然而，随着工具的介入，科学技术的发展已经超出了单纯的知识探索，而更多地涉及应用和对社会的影响。在这个过程中，我们应该始终遵循一个基本准则：人类是生态系统的一部分。因此，人类社会的发展应该与生态系统的发展保持平衡。这个准则成为衡量人类行为正确与否的唯一标准。任何违背这个基本准则的行为，都可能被认为不符合有利于人类发展的科学技术。因此，在科学技术的推动下，我们需要意识到人类社会与自然之间的相互依存关系。我们应当积极寻求科技创新和发展，同时也要谨慎评估其对生态系统的影响，以确保生态平衡和可持续发展。我们需要推动科学技术发展与环境保护的有机结合，从而推动人类文明朝着更加可持续和谐的方向发展。

探索自然的奥秘是需要的。但是探索自然的奥秘，需要注意工具的介入对自然环境的破坏。如今摆在人类面前需要急迫抉择的两大课题是：一是人类生存危机问题；二是科学技术飞速发展的探索问题，孰重孰轻！需要人类予以迅速抉择。从科学技术的发展过程，不难发现科学技术迅速发展与资本社会发展理念有直接关系。很显然，科学技术具有创新性，具有震撼力，具有神秘感；又可以成为扩大资本积累的重要手段；可以成为称霸世界的重要条件。

现代化社会，科学研究被金钱控制，被政治控制。政府出巨资，投入大量人力、物力从事科学研究；培养高、精、尖人才；赋予金钱的诱惑；人们追求探索未知的欲望等，导致科学技术迅速发展。许多科学技术研究，有违于科学技术探索的宗旨。有违于人类文明，有违于生态文明。资本社会是构筑于资本基础上的社会。将科学技术视为其增加资本积累的手段；争霸世界市场的手段；争霸世界的手段。直接影响到科学研究的本质特征。生态风险是人为造成的，它较完整地展现了科学技术发展的扭曲性。特别是与工具制造技术有关的科学，直接破坏了生态系统和生物的生存环境；与货币虚拟化有关的金融科学，则以科学的手段严重助长了货币虚拟化。这类科学技术研究，已经严重违背了经济系统，生态系统的发展规律。成为资本社会称霸世界的重要手段，造成的危害至深，误导性至深。已经成为助推资本社会进一步掠取的工具。它助推了工具泛滥发展；助推了货币虚拟化发展。今天人类和生态系统的生存环境被毁坏了，这是最有力的证明。然而资本政治，为了争夺世界市场，为了扩大资本积累，仍然在利用政治控制手段、利用金钱、物质的利诱手段；利用舆论手段；在单纯唯物思维误导的环境中，仍然在有增无减地发展工具，发展科学技术。在这样的背景下，最广大的人民群众缺失深层次思考、缺失独立思考的客观环境，同样崇拜科学，迷信科学。导致人们的劳动，多数是违背人类的良知任其摆布。人们迷信科学，然而这正是现代社会，在政治的驱使下、在金钱的诱惑下，导致人类社会畸形发展，导致对生态环境的进一步破坏。它反映了对人类文明、生态文明的扭曲。

以动力交通工具为例，人们都知道，这类工具的发展，是造成资源枯竭；能源枯竭；造成对生态系统的破坏；对生物生存环境的破坏，起到了重要作用。但是现代化社会各国，仍然不遗余力地投入大量人力、物力、财力予以发展。为了提高人们生活水平；为了增强经济实力；为了争霸世界市场。然而正是这种发展模式，导致人类生存处于濒临灭绝的境地。而现代化社会发展，对这些问题好像视而不见，仍然执迷不悟地，沿着这种发展模式继续发展。不计这种发展模式的灾难性后果。

农耕时代，知识受到自然条件的制约，受到信仰天命的制约。人类社会发展是缓慢的，适合于生态系统缓慢变化状态。它体现了生态文明的内涵。

进入现代社会，直接受到唯物、务实发展理念的影响。看到了金钱是万能的，可以创造一切；看到了工具的万能性，可以创造财富；看到了知识的万能性，可以获得财富，使人惊喜；可以探索自然的奥秘，探索宇宙的奥秘；又可以提高个人的地位。制约知识的信仰被消除了，人们只是单纯的相信专业知识、迷信专业科学技术。全然忘却了人类全面认知自然的哲学科学。忘记了智慧在人类社会中的作用。单纯推崇人能胜天，人能创造自然、改造自然的思维模式，推崇人类独特的思维模式。一切传统的道德，天人合一的理念，被视为落后，被打破、被丢弃。只有资本、工具、科学技术在狂欢，在支配一切。为了资本所有者的利益，为了国家民族的利益，忽略了人只是生态系统中的一员，全然不顾生态系统的命运。仅仅数百年资本社会的发展历史，给人类和生态系统造成了近乎崩溃的灾难。真实体现了现代化社会发展，对生态文明的扭曲，形成怪异的发展理念。在这个血的教训面前，持现代化发展理念的群体，仍然恪守其发展理念。事实教育了人们，充分说明人类文明的局限性，现代化社会发展的扭曲性。

现实表明，人不是大自然的主宰，人主宰不了大自然。人工智能也是工具，代替不了自然力。大自然历经亿万年的熏陶，形成的缤纷世界，人类想用几十年研制的人工智能代替自然力，这里再次说明人类认识自然的局限性、狂妄性和扭曲性。人类只是大自然环境中的一种生物。人类的命运与其他生物息息相关，休戚与共。从自然本性角度看，人类与其他动物无异，但人类的自然生存能力并不如某些动物。其爪牙不足以自守、自卫；肌肤不足以御寒暑；筋骨不足以趋利避害；勇敢不足以却猛劲悍。人能成为万物之首，在于人类发明制造了工具和使用工具以及人的群居生活。正是人类无止境地发展工具技术，发明了货币虚拟化技术，又发明了深奥的科学技术。单纯利用这些先进技术改造自然，而不知道利用这些先进技术维护人类与生态系统的关系，改造人类自身。具体体现了现代化发展的扭曲性。最终将人类和生态系统推入到毁灭的境地。

为了挽救人类即将毁灭的命运，人类需要尽快认识到工具、科学技术、货币虚拟化迅速发展对生态系统的破坏作用。认识到人与生态系统密不可分的关系。尽快恢复和确立生态文明发展模式，它是改变人类命运的唯一出路。

著名学者泰戈尔认为"巨大的物品出产，巨大的工商业组织，巨大的帝国政治，阻碍着生活大道"。泰戈尔指出，他不反对物质文明，但他关心人生的意义和目的。人生并不只限于智力、体力劳动，人还有精神。

泰戈尔把它称为"更悠久、更真切、更深奥的生命"。

现代文明以种种美好的假象，使人们心安理得地毁灭自己存在的基础。无论人们怎样评估现代性的种种制度给人类带来的好处或创新，今天人类和生态系统正处于前所未有的危机，却是一个不争的事实。那些以实利主义和物质主义为底色的制度，在改变人们生活的同时，也改变了人的心智和情感，瓦解了人对精神的追求，改变了人对自己和对世界的深刻理解。

人类社会急剧变化，是工具自动化出现之后产生的社会现象。需要分析工具自动化生产与社会急剧变化之间的关系。

农耕社会及以前的社会都是呈缓慢的变化状态。原因在于工具是手工生产。人们利用手工工具对生态系统，对生态环境的破坏是有限的。生态系统、生存环境的变化，仍然处于缓慢的常态变化规律。

工具生产自动化、智能化，仅两百多年的时间，人类社会就处于濒临毁灭的境地。这是个非常严重的教训，需要具体分析产生这种现象的原因。工具自动化生产既提高了经济效益，又减轻了人们的体力劳动负担，是好事。问题就在于，资产所有者利用工具自动化生产，将其用于扩大资本积累最大化。金融、货币是需要政府予以严格监管的产业部门，否则，容易影响经济系统运行的稳定性。而工具生产自动化，既可以将其用于生产，又可以将其用于经商，进一步扩大到为资本积累服务。由此进一步扩大了货币虚拟化，进而扩大了虚拟化货币对经济系统运行稳定性的影响。在世界大市场对资本需求的背景下，资本积累是无止境的，工具发展是无止境的，造成对生态系统和生存环境的破坏是无止境的。它充分表明资本社会的发展模式是单纯唯物观的发展模式，忽略了唯心观的控制作用，导致资本社会发展模式，极大地偏离了为改善生活水平所需。这是工具生产自动化导致生态系统急剧恶化的根本原因。对生态系统的破坏由常态急剧转变为非常态。现代化的发展模式，主要是全盘接受了资本社会的发展模式，同样扭曲了使用工具的目的，造成了对生态系统的严重破坏。危害至深。

这里涉及东西方文明的差异问题。西方文明是单纯唯物的思维模式。不顾一切地为了扩大资本积累，抛弃了唯心观的掌控，导致社会发展急剧偏离自然发展规律产生的恶果。东方的古老文明一直主张"天人合一"的发展理念。亦即不但重视唯物发展观，也重视唯心发展观对人类社会发展的掌控。中华文明能够延续五千年，与"天人合一"的发展理念有直接关系。这种发展理念需要永远保护和发扬。至今广大农村的发展仍然受到这种发展理念的直接影响。而如今全盘现代化的发展理念，现在已经显现，并将会进一步被验证是"弊多利少"的后果。

七、宇宙的无限性

宇宙的无限性是我们无法忽视的事实。我们生活在一个广袤的宇宙中，充满了未知和奥秘。一方面，宇宙的无限性激发了人类的探索欲望，推动着我们的科技发展。同时，我们也不可避免地面临着挑战。人类的科技发展给我们带来了巨大的便利和机遇，但同时也催生了人类欲望的无限性。我们追求着更先进、更便捷的科技产品，不断满足着我们的欲望和需求。然而，这种无限的欲望往往伴随着资源的过度消耗和环境的破坏。

人类认识、探索自然的奥秘是无止境的。最具代表性的是宇宙是无限的。人类认识、探索宇宙的奥秘，同样是无止境的，需要理论探讨。但是借助于工具探索宇宙奥秘，只能是随着工具技术的发展而发展，永远不可能借助于工具达到全面认识宇宙。它说明了人类文明发展的无止境的特点。这里首先需要重视的是，人类社会发展已经处于濒临生存危机状态。说明人类不可能借助于工具，永恒地探索宇宙。当人类消亡时，人类对宇宙探索的知识，便成为一片乌有。第七个生命周期不可能继承人类对宇宙的认知。人类是地球上的生物种类之一。人类社会发展，最重要的应该是解决地球上的问题。处理好人与生态系统的均衡发展关系问题，这是最基本的人类文明。遵循哲学的掌控。使人类与生态系统保持均衡地发展，再延续万千年。

第三节　科学、宗教与哲学

在人类社会的发展中，科学、宗教和哲学都扮演着非常重要的角色。科学运用逻辑推理和实验研究的方法，帮助我们认识世界，但它往往只集中在特定领域的认知上，容易出现片面和偏颇的结果。这时候就需要哲学的智慧思考，从全局的角度去分析世界的本质和原因。

现代化社会往往只追求经济发展和物质积累，而忽视了人类对精神层面的需求。然而，人类社会的进步不仅仅依赖于经济的发展，还需维持人与人、人与物、人类与生态系统之间的平衡。哲学的作用就是帮助我们正确认识物质和精神，探索自然发展的规律。

宗教信仰在人类社会中扮演着重要的角色。它使人们保持虔诚的心态，敬畏自然，维护社会秩序和价值观。宗教信仰超越了人类社会秩序，更贴近对自然发展规律的认知，并能制定出约束力强大的行为规范。特别是在现代社会迅速发展的背景下，宗教信仰能够提供指引和稳定，对于维护人类与生态系统的均衡发展至关重要。

人类追求财富和权力，修筑高楼大厦，然而往往发现无论成功得多大，财富也无法满足内心的渴望。佛教创始人释迦牟尼曾指出，这是思维模式的问题。他主张放下欲望，以解脱痛苦，并培养心智与事物本质的体验。这意味着人类社会的发展需要重视精神层面，坚持唯心的发展理念。

现代社会的发展通常建立在对金钱、工具和科学技术的信仰基础上，形成了一种新的宗教信仰。然而，这种信仰常常偏离了自然规律，导致许多问题的产生，如环境恶化和社会不公等。对待现代化发展的理念，我们应权衡其对人类和生态系统的影响，而不单纯追求经济效益。我们需要维护社会的发展，并重视个人修养与社会秩序的保守。

总而言之，科学、宗教和哲学在人类社会的发展中起着不可或缺的作用。科学帮助我们认知世界，但需要哲学来指导确保我们的认知全面且完整。宗教信仰保持虔诚和敬畏自然，是社会秩序的重要凝聚力。哲学控制整体，坚守唯心的思维方式，有助于思考维系社会与生态系统均衡发展的重要性。在现代化进程中，我们需要综合利用科学、宗教和哲学的智慧，追求物质发展的同时保持人类与生态系统的平衡，实现可持续发展。

第四节　精神文明与物质文明

精神文明和物质文明是不可分割的两个方面。

文明与哲学是两个属于不同范畴的概念。人类文明，一般泛指人类社会生产力达到种种成就的表象，具有偏向于唯物的倾向。而哲学是掌控认识客观世界的方式、方法。

唯心、唯物是现代哲学的两个部分。它是人类认知自然的两种不同的思维准则，是相互制约辩证统一的两个方面。也说明哲学科学在人类社会中，具有不可替代的作用。

形成的社会风气是，以各种方式鼓励人们消费，以消费促进经济增长。人们总是停留在物质层面上谈论问题，只关注生活的更完美，全然忽略了精神生活，忽略了道德在人类生活中的作用。只重视物质生活方面，忽视了精神追求，给生态系统造成了严重破坏。给人类社会带来了灾难性的后果。

西方社会的特点在于向世界推广其发展理念，主张自由、民主、个性的解放思维，试图解决人与社会之间的平衡问题。然而，这种推广的动机实际上是出于西方人保护自身利益的需要。他们在推行自由、民主、个性解放的同时，却往往忽视了系统的限制。只追求个人自由，却使社会问题变得越来越复杂。然而，无论是家庭、社会、国家还是世界，都是不同规模的系统，需要遵循其各自的规则。广大善良、淳朴的个性被淹没，自由的人却逐渐失去了约束。实际上，这个问题反映了现代社会过于重视唯物主义，过于注重物质文明的建设，却忽视了精神文明的发展（唯心主义）。这给社会带来了不稳定因素，让人们不自觉地摧毁了自身存在的基础。

精神文明与物质文明，与唯物、唯心哲学观类似，同样是不可分割的两个方面。精神文明是对于客观事物理性感知的程度；物质文明则是对物质认知的程度。精神文明体现了对于客观事物感知的修养问题。唯物论是感性认知客观世界。认为只有感知到的物或经过科学实验证实其存在的物，就认可其存在。精神文明则是度量唯物论认识客观世界的全面性和深度。

如果一个人缺乏个人修养，以极端的例子来说，如果成千上万的人都像疯子一样行为异常，无法自理，那么他们如何过上正常的生活？家庭如何维系？社会如何维系？国家如何维系？人与自然如何维系？请不要认为这只是一个奇谈怪论，我们可以思考一下现代人类社会是否存在类似的现象，并以国家形象展现于全世界。

对于人的生活，精神文明往往比物质文明更为重要。物质缺一点并不可怕，最可怕的是缺失精神支柱。也就是说，应该说唯心比唯物更为重要一些。

幸福与快乐问题。几千年来，哲学、宗教、文学，都在探索，何谓幸福与快乐。几乎一致认为，社会、伦理与心灵因素对幸福感的影响，绝对不业于其他物质条件。与亲人团聚、信仰宗教和与大自然亲密接触，都增加幸福感和愉悦感。

百万财富、豪宅、名车和时装等物质享受，给人带来的确实是刺激和兴奋，但与真正的幸福感是有所区别的。这种区别可以通过比喻鸦片来说明。吸食鸦片据说可以给人带来极大的舒适感和兴奋感，但是显然它对人的身体造成了严重的伤害。在当今世界，物质欲望日益强烈，给予人们的是刺激而非真正的幸福感。我们可以看到，生态环境系统不断遭到破坏，这实际上是片面追求刺激所带来的后果。

最近，从电视剧中看到一个小片段：一位失去多年老伴的老人，在年 30 的晚上：儿孙满堂欢欢乐乐、忙里忙外准备迎接新的一年到来。唯有这位老人在房间里，全神贯注地书写什么。在儿孙们燃放鞭炮之时，老人在为老伴默默烧纸钱，并带去一封家书。按常理说来，这是典型的唯心举动，但却饱含着浓浓的亲情，让人久久难忘。人类社会，任何时候都缺不得这种类似的唯心思维。

另一个最典型的案例是，中国共产党的成长。最初只有几位坚守马列主义信仰的人，他们在黑暗的社会中勇敢地冒着敌人的杀害，探索着拯救中国灾难的道路。他们坚定地宣传、组织活动，不断扩大信仰马列主义发展观的队伍。进一步发展，有了信仰马列主义的武装力量。在极其艰苦的环境中；在强大的对抗势力的围堵中，随时存在被毁灭危险的环境中，不畏艰险逐渐发展壮大。克服了种种难以想象的人间困苦，物质极端缺乏，竟然由小到大，由弱到强地逐渐发展壮大起来。经过几代人艰苦奋斗了几十年，最后推翻了压在中国人头上的三座大山，成立了以人民为社会主体的社会主义新中国。现如今在中国共产党领导下，中国已经发展成为，仅次于美国的世界第二大经济体，创造了人间奇迹。就物质说来，中国共产党人是在物质极端匮乏的条件下发动革命，并获得了成功。靠的是什么，靠的是唯一的、正确的坚定信仰——让劳苦大众成为社会的主体。这就是唯心的力量，精神力量的典型代表。在人类的生活中，精神生活重于物质生活的事例比比皆是。现代社会物质生活丰富了，但精神追求严重欠缺，世人也多为此忧心忡忡。它使得人们进一步思考，今天的社会问题出在哪里，竟然发展到如此严重地步？

在生态系统中，各种生物都是处在遵循相互制约、相互依存的环境中生育繁衍，遵循大自然赋予的生存规律生存。最具代表性的动物，例如大雁。这种鸟类具有鲜明特征。每年春天，它们按照固定的规律，从南方飞向北方繁衍生息。秋天返回南方越冬。数万年来，在空中飞行依然保持"人"字形或"一"字形。严格遵循自然规律。这就是信念，体现了遵循精神文明的内核。数万年来，大雁矢志不渝，简单以草为食，别无他求。大雁的行为体现了哲学思维的作用。就这一点说来，现代社会的人，远远不如大雁。现代社会单独追求经济效益，追求物质享受的人片面地追求物质享受，追求"钱"，丢弃了精神文明，违背了自然发展规律。而且全然不顾人为何物，这一点反映了现代社会出现混乱问题的原因。

第五节　生态文明

人类文明包括物质文明和精神文明两个方面。生态文明是构筑在生态系统基础上的文明，同样包括物质文明和精神文明两个方面。生态文明是人类文明的升华，是人类社会发展的最高境界。

一、生态文明的内涵

人类文明是构建在生产力基础上的文明。它体现了工具的作用，反映了人类文明的局限性。生态文明是人类文明的升华。它是构建在生态系统基础上的文明，是人类与生态系统均衡、和谐发展的文明。它是摆脱了"生产力表象"的人类文明。生态文明的内涵是，将人类从"践踏自然"的人类文明升华、回归到生物链之中。承认人是生态系统的一部分；人与其他生物处于平等的地位。使人类与生态系统长期地延续下去。物质文明、精神文明缺一不可。

生态文明是人类社会文明的最高形态，它以尊重和维护生态环境为主旨、以促进人与生态系统均衡、可持续发展为依据、在开发利用自然资源的过程中，人类以维护社会、经济、生态系统的整体利益为宗旨。尊重自然、保护自然，注重生态环境建设，致力于提高生存环境质量，使现代经济发展，回归于生态系统良性循环的基础之上。实现人的行为符合于自然规律的变化，是实现人类社会可持续发展的必由之路。

二、生态文明是最高的文明形态

自从人类能够制造和使用工具以来，人类的文明史，就是一部人与自然的关系史。不同的社会发展水平，形成不同的人类文明特征，综合起来构成人类文明。总的说来，在工具的作用下，人类文明是凌驾于生态系统之上的文明。它不同于生态文明。生态文明是人与生态系统处于平等地位的文明。强调人与生态系统均衡发展是其宗旨。生态文明是在人类具有强大的改造自然的能力，对生态系统造成了严重破坏之后，反思人类的行为，认识到人类文明的局限性。在此基础上，提出构建生态文明和生态文明社会的构想。强调人是生态系统的一部分；强调恢复生态系统是主体，人类是客体。应该以生态文明代替人类文明，摒弃以人类为中心的发展模式。否定了工业化以来形成的，以扩大资本积累为宗旨的资本社会发展理念。否定了经济增长、增长、再增长的现代化发展理念。否定了奢侈、浪费的物质享乐主义和对自然环境的破坏的发展理念。构建生态文明，构建生态文明社会，是人类社会发展的必然归宿，是人类文明发展的最高境界。似乎可以认为，宗教信仰的宗旨体现了生态文明。

三、呵护自然、关爱自然

关于呵护自然、关爱自然问题，早在 20 世纪 60 年代末到 70 年代初，西方国家爆发了保护生态环境的运动。这里反映了人们意识到了人类的行为对生态环境的破坏，也反映了人们对生存遭到破坏的忧虑，最终引起了国际社会的广泛关注。1972 年联合国在斯德哥尔摩召开人类环境会议。至今，几乎每年都有不同领域，关于生态环境问题的国际会议。由此可以看出，不论是国际还是国内，对生态文明的认识越来越清晰。系统观、整体观趋于高度统一。

呵护自然、关爱自然，首先需要树立生态优先的宗旨。它应该成为人类社会发展遵循的最高准则。人类需要认识到，没有生态系统也就没有人类的道理。人类在生态系统面前，没有任何狂妄理由。人类是生态系统的一部分，任何时候，都需要坚持人与自然和谐相处发展的理念。

人类需要认识到，人类单纯利用工具和科学技术追求经济增长的发展模式，此路是行不通的。事实已经证明了，此路是破坏人与生态系统均衡发展的发展模式，说明其不可行性。地球上资源的限制、生存环境的限制，都说明了这一点。唯一的可行路径，就是维护和实现人与生态系统均衡发展。

四、经济效益与生态效益

经济活动的过程中，现代化的发展模式，唯一关注的是投入产出的经济效益。为此，不顾采取任何手段，为了提高经济效益。人类生活在大自然之中，人类的活动对生态系统和生存环境同样产生直接影响。也就是说，人类的经济活动不仅需要关注经济效益，同样需要关注生态效益。需要关注人类的生产活动，对生态环境的影响和生态系统的影响。二者应该保持协调发展的关系。现代化社会的主要问题在于，只是关注人类社会的经济发展问题，关注资本积累最大化，关注经济效益。为此，极力助推工具技术的发展和科学技术的发展。相对于生态系统，工具和科学技术是外部因素。工具和科学技术的快速发展，造成了对生态系统和生存环境的快速破坏，造成资源极大浪费。事实说明，需要改变现代化社会的以消费促增长的发展模式。单纯追求经济增长、增长、再增值的发展模式。实际上，从现实人们的实际生活需求看，仅仅是浮华经济帝国大厦的很小一部分。为了实现人与生态系统均衡发展，需要增加生态效益一条，以制约单纯追求经济效益的发展模式。控制经济发展，既满足于人类生存、生活的基本需求，又不至于对生态系统和生存环境造成严重破坏。为了延续人与生态系统的生存，必须对单纯追求经济效益的发展模式，补充生态效益的制约条件，用以控制经济系统的畸形发展。转变为以人与生态系统均衡发展为宗旨的重视生态效益的发展模式。否则，将不可能改变人类与生态系统濒临灭绝的命运。

第六节　哲学是掌控人类命运的科学

一、哲学是什么

哲学是认知自然运行规律的科学。它具有反思性。能够脱离开对问题的直观看法。后退一步，以更宏观的视野去分析、认识问题，从正、反两方面综合地分析客观事物运行的规律。哲学的这些属性，超越了其他各种专业科学。哲学能够更为客观、全面地认识世界。现代哲学的核心内容是唯物论，唯心论。哲学研究和解决的主要问题是认识世界的发展规律。现代社会科学技术甚嚣尘上。工具主义、实用主义思潮流行。对待哲学也以科学主义和工具主义思维模式对待哲学。只弘扬唯物的一面，废除了唯心的一面，这是对哲学的扭曲。哲学是科学的科学，是掌控人类命运的科学。

人类生存，就认识客观世界说来，需要面临的问题是：人与生态系统的关系；人与世界的关系；人与人的关系；人与己的关系。哲学就是围绕这四个方面展开的。人与世界的关系，主要体现为宇宙观、认识论和宗教哲学；人与人的关系主要表现为道德哲学、政治哲学、法学哲学、社会哲学、经济哲学；人与己的关系，表现为人生哲学、心灵哲学、伦理学等。对这些问题的认识，有哲学指引和没有哲学指引，其效果会有显著差别。

哲学是全面认知自然规律的科学。哲学理论是其他各种思想的世界观基础。掌握了正确的哲学思想，看事物和认识问题的时候，也就掌握了正确的方向，可以减少失误。例如，只看到资本社会的财富积累的一面，而看不到它社会发展的危害；只看到工具、科学技术发展创造财富的一面，而看不到它对生态系统的危害；只看到人口再无制约地增长，而看不到产生问题的原因。更找不到治理上述问题的办法。因此可以说，哲学不是为政治服务的科学。政治利用哲学为其服务，如果不是正确地利用哲学，则是对哲学科学的歪曲。例如只重视唯物论，批判唯心论，就是典型的对哲学的歪曲。至今西方文明产生的种种问题，都反映了缺失哲学的掌控。又如对于资本社会的认知，并没有认识到资本社会的本质性问题：第一对于经济系统说来，虚拟化货币是外部因素，发展虚拟化货币（唯物），它破坏了经济系统运行的稳定性（唯心）。第二对于生态系统说来，工具虚拟化是外部因素，过度发展（唯物），则破坏了生态系统运行的稳定性（唯心）。这是资本社会畸形发展的核心问题。在没有认识到这些本质性问题时，批判和反对资本社会，不但没有遏制西方文明的扩张，反而造成人类社会秩序的进一步混乱。它使得现代工业技术和科学技术，对人类社会产生越来越严重的危害。

二、唯心论、唯物论

现代哲学的核心内容是唯物论、唯心论两部分。唯物论和唯心论是全面认知世界，不可分割的两个方面。只重视唯物论，抛弃甚至批判唯心论是现代社会对哲学的歪曲。

唯心论：分为主观唯心论和客观唯心论。主观唯心论是一种哲学观念，它将主观和精神放在第一位，而将客观和物质放在第二位。这种观点把主观和精神视为世界上最重要、唯一的存在，甚至否认客观和物质的存在。因此，主观唯心论在哲学上被称为一种认知误区。

客观唯心论：客观唯心论是一种哲学观点，它主张世界存在一个客观的神，这个神是世界的真正支配者。相对于主观唯心论，客观唯心论认为精神和意识不仅存在于个体中，而且存在于整个宇宙的本质中。这种观点认为，世界的本质不仅包含物质实在，还具有超越物质的精神实在。客观唯心论强调心灵和意识的重要性，并且认为它们是世界的根源和支配力量。一切事物的产生、变化，都决定于这个神的心意。世间的一切都是神的意识、思想的活动。实际上，可以理解为这个神就是大自然。人类的行为应该服从、敬畏自然。

唯物论：认为第一位的东西是客观、物质。而主观、精神只是第二位的。唯物论是一种哲学观点，它将客观和物质放在第一位，而不是主观和精神。唯物论认为物质是世界的本质和基础，精神和意识是物质的产物。根据唯物论观点，世界的发展和变化是由物质的内在规律决定的，意识只是对物质世界的反映和表达。唯物论强调经验和实践的重要性，并认为科学思维和研究是揭示客观世界真相的有效方法。在解决主观和客观、精神和物质的关系问题时，唯物论强调客观物质的优先性。认为客观世界是不以人的主观、精神、意志为转移的。是外界独立存在的、实实在在的物质世界，绝不是主观的幻影。客观世界和物质的变化与发展是由其自身的性质和内在规律决定的，它们通过自身的运作方式逐渐形成。绝不是不可捉摸的神灵心意所能创造出来的。

唯物论世界观的主要特征，可概括为以下几点：首先，我们必须承认客观世界是独立的物质存在，具备自身的规律。物质世界超越我们的意识和主观观念，它独立存在于我们之外。其次，主观和精神并非独立实体，而是从客观物质中孕育而生，属于次要存在。这意味着意识和精神源自物质世界的运动与变化。第三，我们应当强调客观事物及其规律的优先性。客观事物及其规律独立存在于我们之前，它们自主地推动着世界的发展。而我们对事物及其规律的认识只是客观世界在我们脑海中的映射，是我们与客观世界相互作用的产物。综上所述，唯物论世界观认为客观物质和其规律的独立存在与优先性，以及主观和精神的次要性，是其主要特征。实际上，唯物论与客观唯心论世界观是，观察世界不可分割的两个方面。唯物论是直观、感性地认识世界；唯心论则是客观、理性、深层次的认识世界。尊崇自然、敬畏自然。两者缺一不可。例如，工具的发展。人们只看到、体会到，它给人带来许多经济效益（唯物）。但是全面的分析判断，深层次的分析判断（唯心），可以发现，它给生态系统造成了破坏性影响。它表明全面认知客观事物的重要意义。

构筑在工业化和资本基础上的社会，恰恰是只重视唯物论，忽视了唯心论，产生的严重危害。造成只看到物，不见"仁"，形成无休止的物欲狂。只顾及人类的利益，而不顾及其他。唯我独尊，目空一切、狂妄，造成了资本社会的畸形发展。其后果是，造成自然资源枯竭；浪费严重；生态环境遭到严重破坏。

客观唯心论强调的是，客观、理智地观察世界。强调尊重自然，敬畏自然。最能说明事实的案例是：地球母亲在其生命中，孕育了一代又一代绚丽壮美的生物世界。而资本社会仅仅200余年，就将毁灭地球上的一代生物。这就是只重视唯物论轻视唯心论，产生的严重后果。

三、道德经

2000 年前老子创立了哲学《老子》，也称《道德经》。该部哲学著作仅 5 千余字，却经久不衰。至今仍然被世界各国公认为是哲学的经典之作。值得注意的是，西方许多哲学家阅读老子哲学思想，都是要从中获取拯救西方文明危机的良方。中华文明是世界文明中，唯一延续了 5 000 年的文明。中国儒家学说和其中的"中庸"思想和道家的哲学思想，对中国社会的影响，应该说起到了重要作用。近代社会，中国受到西方社会的欺凌、瓜分，将中国社会视为"东亚病夫"，但是中国僵而不死。对比观察西方文明，仅仅几百年的历史，征服了世界。至今仍然在世界上称王称霸。但是人类社会以及生态系统，已经面临毁灭的境地。其中的原因，都是值得世人深入思考研究东、西方文明的差别在哪里。

当今世界，无数事实表明，我们生活的这颗星球的命运就掌握在人类的手中。如果人类站在"人与自然"的角度考虑问题，则人与自然和谐发展，会延长生物的生命。反之，如果一部分人只是为维护一小部分人的利益，而不顾全人类的利益，更不顾万物生灵的生存。人类将不可能安在；万物同一不可能安在！这是个最实际的问题。

上述这些哲学理论，都指出正确认识自然，尊重自然的道理。品读这些哲学理论与现代的系统科学理论比较，有类似之处。任何系统的发展，都要遵循均衡、协调的关系。重视某一方面或忽视某一方面，都不符合系统的发展规律，久而久之就将出现这样或那样的问题。货币虚拟化不符合经济系统协调发展规律；工具膨胀发展不符合生态系统协调发展规律，最终都导致经济系统及生态系统出现不稳定的现象。这都是现实世界人类社会发展，不遵循哲学理念和不遵循系统发展理念，产生的严重恶果。

信息化时代是工业化社会的进一步发展。信息技术是工具技术的进一步发展，依据工具在生态系统中的作用，信息化技术仍然会加速对生态系统的破坏作用。因此信息技术并没有改变现代化社会的扭曲性。

以超级人工智能为例。人类是生物链顶端的动物。如果超级人工智能能够控制人，它又如何不能控制其他生物！超级人工智能将改变生物链不是由自然力控制，而是由工具控制。工具（外部因素）是外力，以外力代替自然力。外力是破坏生态系统稳定运行的外部因素。而自然力是维持自然稳定运行的内力。二者性质截然不同，产生的后果也截然不同。超级人工智能问题，充分体现了现代化社会狂妄思维理念的继续；体现了货币虚拟化影响的后果——虚狂。自然力历经近亿年的熏陶，形成了复杂的生态系统。信息化技术只研究了几十年，就想代替自然力，表明现代化社会，仍然没有认识到工具、科学技术、人口膨胀发展、货币虚拟化这些外部因素对生态系统的破坏作用，仍然没有认识到资本社会扭曲性的根本原因。一个人的成长，是历经近百年的缓慢变化过程，走完人生之路。你硬要让人在几年之内，走完人生之路。也许可能，但是这种研究，除了违背自然发展规律之外，有何意义。而现代化社会，正是利用货币尽量虚拟化、尽快发展工业、尽快发展科学技术，最终的目的是使资本积累尽快达到极大化，社会尽快富裕起来。其后果是生态系统和人类自身尽快走向毁灭的深渊。它除了体现资本社会狂妄发展理念之外，无法令正常思维的人接受。现实社会的一个表象是，各类产品的技术革新变化，真可谓达到了日新月异的变化，让人们无法适从。它的背后是资源的浪费。这是人们亲身体会得到的。它充分反映了资本社会的扭曲性和没落性。人们必需认识到信息化技术的本质特征。深刻认识资本社会的本质特征。现在它已经涉及人类和生态系统的毁灭问题。需要人类警醒！

第七章

信息化时代

人类是唯一具有思考能力的动物，是处于生物链顶端的动物。为何人类社会发展竟然导致生态系统处于濒临毁灭的境地，这是个严峻的、耐人寻味的现实。人们需要深入思考、研究产生问题的根本原因。

通过上述分析认为，现在造成生态系统生存危机的主要因素是，人为制造的危害生态系统的外部因素膨胀发展造成的。21 世纪被称为是信息化技术和空间探索时代。同样，需要分析这些新技术在其中的作用。生存危机问题是判别人类行为对与错的分界线。

第一节　人与工具

一、生态系统力与外力

生态系统力，系指地球具有的自然力。它是随着地球形成而形成或定义为随着生物出现而出现的系统力，存在了数亿年之久。生态系统力维系着生态系统在相互制约相互依存状态下，繁衍、生存、发展。生态系统形成发展到今天，就是生态系统力维系的结果。任何外力只能破坏生态系统，它代替不了生态系统力。引入这一概念非常重要。例如老虎皮毛上的花纹，就是老虎为适应自然生存环境，逐渐形成的。狮子、老虎是最凶猛的动物。但是它形成了自我优胜劣汰的繁殖。鼠类缺少抵御外部环境的能力，但是它繁殖能力极强。这都是生态系统力长期维系的结果。

生态系统力维系生态系统稳定运行，大部分外力都会影响到生态系统稳定运行。说明生态系统力是极为珍贵的，也是较为脆弱的。特别是数百年来，人为制造的外部因素（外力）迅速发展，使得生态系统处于岌岌可危的状态。维护生态系统的外力仍然极少。人们不深刻认识人为制造的外部因素的危害性，绝对不可能挽救生存危机的厄运。

现在人类社会发展，几乎无所不能。实际上，现代社会人们的所作所为，主要还是重视发展破坏生态系统的外部因素。就是在破坏维系生态系统均衡发展的生态系统力。破坏生态系统力越严重，人类越濒临生存危机的境地。人们需要清醒认识到，资产所有者的本质特征。不可因为新奇、震撼、刺激，就盲目地追随。空间技术、人工智能、将人边缘化，是一个思路的产物。同样是为了扩大资本积累。地球不适于居住了，资产所有者可以到其他星球生存。大多数人及生态系统的命运则不顾。现代社会主流群体的思路是严重扭曲的。维护生态系统存在，唯有自然力。其他外力都只是起破坏作用，将人类引向毁灭的深渊。现在尚严重缺少修复生存环境和生态系统的外力。人们即将清醒，正确认识这些问题。

现在的人类社会，工具、科学技术的发展，几乎到了神化的地步。需要知道，大自然是"0、1"结构，人的大脑思维是"0，1"结构，计算机是"0、1"结构。因此，人类借助计算机认识客观世界是无止境的。这就说明，人的行为必须遵循哲学掌控，遵循自然发展规律。仅仅数百年，已经将生态系统拖入到濒临毁灭的境地。教训一次再次地显现。已经将地球破坏成百孔千疮。用生态系统力一对照，还是说明人不可以妄自菲薄，人不能胜天，人力代替不了生态系统力。它直观地说明资本社会单纯重视工具技术、科学技术发展模式的危害性。还是老老实实地遵循自然发展规律，是挽救生存危机的上策。

二、工具改变了人

人类社会发展到今天，面临着生存危机的威胁，需要认认真真地回顾和思考，工具对人类演化的影响。工具给人类带来了福祉，但是不控制工具的发展，它也给人类带来了灾难。需要保持人与生态系统的常态发展。

180 万年前，人类不能制造和使用工具，人类与其他生物处于平等地位。长了一身毛发，靠自力索取食物。与其他动物处于相互制约相互依存的平等关系，生存了 1 800 万年。说明了人的适应能力是极强的。

人类能够制造和使用工具之后，由于工具的协助，人的生存能力逐渐退化了。

食，食物的获取在人类发展中起到了至关重要的作用。起初，人类依靠自身的能力来获取食物，逐渐发展为利用工具来协助获取食物，进一步演化为利用火来烹制食物。随后，人类开始养殖牲畜、种植农作物，逐渐实现了自给自足的生活。到了今天，有些人依靠其他人提供丰衣足食的生活方式。如果没有供给食物的人，另一部分人几乎无法维持生存。

衣，衣最为显著。人们有了固定的居室，可以避寒暑。进一步发展为制造衣物避寒暑。人类的体毛逐渐减少，演化至今的人类身上只剩下了有限的毛发。毫无疑问，缺乏衣物的情况下，人类将很难生存下去。而今天的衣物已发展到奢侈地步，不仅仅满足基本需求，更成为了一种文化和社会地位的象征。

住，人类的居住条件，已经从简单的茅舍，进一步发展到如今的高楼大厦，钢筋混凝土的城市。随着科技和工程的进步，人类能够建造更加安全、舒适和高效的居住环境。水、煤气、电齐全的物质生活。现代的建筑物不仅提供了居住空间，还包括各种设施和设备，如供水、供电、供暖、通风等，缺少哪一样，几乎就无法生活。

行，在现代社会中，交通方式的发展使得人们能够自由地在地面、水面和空中出行，实现了四通八达的交通网络。现代化的交通系统为我们提供了多种出行选择，无论是步行、自行车、汽车、火车、船只还是飞机，都可以方便快捷地使我们到达目的地。这种多样化的交通方式让我们有更多的自由和灵活性，能够更好地适应不同的需求和情况。现代交通的便利性使得我们能够更加自如地在城市和世界各地移动和探索。交通四通八达，任我行。

人们的物质需求永无止境。追求舒适永无止境。地球资源不足了，到其他星球索取。地球不适于居住了，向其他星球迁移。发展超级人工智能全方位地为人服务。将人束之高阁，成为奶嘴族。我们时刻不能忘记人是动物的一种。生态系统提供的资源及简单的工具，基本满足了人们的基本需求。奶嘴族的生活方式，不是正常人的需求。显然它不应该是普通人的追求。普通人们更愿意过温馨舒适的生活，亲近大自然的生活。千百年来，就是这么生活过来的。现在构建浮华的经济帝国大厦的发展模式，已经远远超出了人们的基本物质需求，过分消耗地球的资源，已经完全不是为了正常人的基本生活需求。破坏资源，破坏生存环境，是不顾子孙后代的生活方式。这就是今天人类社会的发展方向。然而现实是，生态系统和人类濒临生存危机。地球上第六代生态系统，即将毁于人类之手。何去何从。是生存下去重要，还是人造的外部因素无止境地发展重要。人们需要回顾人类的发展变化过程。现代化的思维方式与人们的基本生活差距太大。

第二节　计算机与人类社会

人工智能是计算机技术的派生物。为了探讨人工智能在人类社会中的作用，需要了解人工智能与工具的关系。需要分析计算机技术的发展对人类社会的影响。

一、计算机的产生

计算机与一般工具不同。它是工具，它是由具有"0、1"属性的电子元器件及其他工具组成的机器。它具有"0、1"规则的属性，体现了人类大脑思维的特征。既具有逻辑判断的能力，又有储存信息的能力。表明计算机是介于人与工具之间的，具有中性特征的工具。正是计算机的这些特性，使得人类利用计算机可以更深入地认识、了解自然。随着计算机技术的发展，使得人类对于自然的理解、认识更加深入。如今计算机已经影响到人类生活的方方面面。利用机械手代替工厂流水线上的人力操作，大大提高了经济效益；用计算机可以深入探索宏观世界，也可以深入探索微观世界。几乎可以模拟世间万物。随着计算机技术的发展，人类在深入认识自然方面取得了重大的飞跃。人们可以利用计算机进行模拟原子弹、导弹、生物工程等等理论设计。可以说，没有计算机，人类几乎不可能制造出原子弹、氢弹，也不可能利用火箭遨游太空，等等。有了计算机协助，开辟了人类认识自然的新时代。进入 21 世纪以来，计算机技术更是普及进入到普通百姓家。几乎人人都离不开计算机。网络的发展，将人们不分空间距离联系在一起；大数据，则将人世间各种信息组合在一起，予以应用；人工智能技术，已经能够代替人的繁琐、单纯的体力劳动。人工智能技术的进一步发展，将具有超过人的智能，它进一步体现了"0、1"规则，具有能够控制人行为的工具。能够代替人行使各种行业中人的职能。

需要特别强调的是，计算机是工具。从计算机普及应用的现实可以看出，计算机技术的发展单向推动向着深入认识客观世界，"1"规则的方向发展。忽视了"0"规则的掌控作用。

二、计算机是工具

计算机与一般工具不同，它是由具有"0、1"属性的电子元件及其他工具制成的机器，具有判断能力和储存信息能力的工具，类似于人的大脑。正是计算机的这些特性，使得人们可以更深入地认识和了解自然。但是计算机仍然是工具，是具有判断能力的工具。工具等外部因素对于生态系统具有破坏性作用，计算机也类似。近百年来，计算机进一步促使科学技术向广度、深度发展。促使工具对生态系统的破坏，更具深度、广度迅速发展的潜力。无数事实说明，有了计算机进一步加速了生存危机的进程。超级人工智能也类似，超强的思维判断能力，借助于硬件工具的外部因素属性，产生了更深层次的破坏作用。并且已经显现，它加速了对生态系统运行秩序的破坏。这些现象，需要人们冷静地思考、判断人类行为的对与错；是进步还是扭曲。人类行为对与错的唯一标准是，它是否破坏生态系统稳定运行。即它是否属于人为制造的外部因素。这是直接涉及人类命运的严峻问题，需要关注、判断。

三、工具技术的发展

随着工具技术的发展，今天已经进入到信息化时代。为了分析、探讨信息化在人类社会中的作用，以及工具对生态系统的影响，需要了解工具发展过程中，对人类社会的影响和对生态系统的影响。

工具发展演变改变了人类。自从人类能够制造和使用工具以来，人类社会的发展与工具技术发展，存在着密不可分的关系。人类社会发展，促进工具技术发展。随着工具技术发展，进一步改善人类的生活条件。工具技术的发展，又进一步促进人类社会发展，改变了人类。人类与工具之间，形成相互促进发展的关系。随着工具技术的发展进步，人类借助于工具对生态系统的破坏，也在一步一步加剧。了解工具与人类，工具与生态系统的关系，它是分析、了解信息化在人类社会中的作用，不可或缺的重要依据。

原始工具。原始社会人类利用原始工具只是对动物无节制地捕杀，造成许多动物物种灭绝。工具改变了人类在生态系统中的地位。通过将人类与生态系统之间的关系从紧致耦合改变为松散耦合，人类成为了生物链顶端的动物。这导致随着工具技术的进步，人类对生态系统的破坏变得越来越严重。在人类社会进入农耕社会之前的 170 万年里，人类对生态系统的破坏相当严重，但对生态环境的破坏相对较少。人类对生态系统的破坏呈现出缓慢而渐进的状态，而生态系统的运行则处于相对稳定的常态变化中。

手工工具。随着工具制造技术的提高，进入到农耕社会之后。人们利用手工工具生产，生活条件进一步改善，人口数量显著增加。人类对生态系统的破坏进一步加剧。并且随着人口增加，占有土地的增加，对其他生物的生存环境造成进一步侵占、破坏。农耕社会距今约 10 万年，至今世界大多数国家仍然是农耕社会。人类对生态系统的破坏，仍然属于缓慢变化状态，属于常态。

动力工具。两百年来，人类开始利用蒸汽动力工具和火力动力工具。动力工具推动了自动化工具进一步发展，经济效益显著提高，给人类带来了更多的福祉。从此，它也改变了工具的属性。由改善人们的生活质量，转变为提高经济效益，扩大资本积累的重要手段。对生态系统和生存环境的破坏作用显著增大。浪费资源显著，破坏生态环境显著。排放的有害气体、废物、废水给生态系统和生存环境造成显著破坏。距今约200年，已经造成生物生存濒临危机的境地。

计算机。 20世纪初，发明了计算机。计算机是机器是工具。它是工具技术的进一步发展。它是具有记忆能力和实现逻辑判断能力的工具，属于智能工具。

机械手、机械人，都属于计算机技术的推广应用。机械手的应用，代替了工业生产流水线上的工人，进一步提高了经济效益。机器人的推广应用，代替了许多服务行业的人工服务，同样显著提高了经济效益。

计算机出现之后，进一步开拓了人类认识自然的能力，可以利用计算机模拟许多方面的科学实验。显著提高了经济效益。在没有计算机模拟的情况下，许多科学技术几乎是不可能实现的。例如原子弹、导弹、生物工程、空间探索等许多现代化科学技术。计算机技术已经应用到人类社会的方方面面。

四、计算机使得工具发展进入混乱时代

计算机时代，是将工具技术，由机械工具向智能工具转化的重要转折。是充分发挥人的聪明、进入到智慧的时代，进入到发明创造最活跃的时代。人们可以利用计算机模拟、设计、验证各种设想。人们可以设计到其他星球去居住；可以设计长生不老研究；设计人体重组研究，等等。计算机导致硬件技术爆炸式发展。许多研究者在货币的助推下追求创新、刺激、展示才能。缺失"0"对人的行为约束，许多科学技术的负面影响失控。许多技术发展，对于生活在地球上的大多数人是否有益；对于生态系统是否有益；是否有违于伦理道德等，都展现在了世人面前。人类社会是否需要人类文明制约，需要生态文明制约？许多新课题困扰着人们。人们开始思考，这一类科学技术在人类社会中的作用，在生态系统中的作用。

在介绍"0、1"规则和哲学与一般科学的区别部分，介绍了一般科

学是"认知"科学，它专门认知某一领域的科学。也就是说，它是以"1"方式认识世界。而且随着社会发展和科学技术发展，学科分得越来越细，研究的方向越来越专业。它回答是"是什么"的问题，不顾及其发展对全局"0、1"的影响。而哲学，它是掌控全局性的科学，是"智慧"科学，它回答的是"对后果有什么影响"的问题。这是哲学与专业科学的本质差别。当专业科学缺失哲学指引时，容易走向偏颇。现代社会，这类事件已经随处可见。

现代化社会最典型的特征是，在虚拟化货币膨胀发展的环境下，工具狂欢的时代，它体现了货币虚拟化的属性。制造和使用工具，是为了改变人类的生存、生活条件。但是对于生态系统来说，工具是外部因素，它直接影响到生态系统运行的稳定性。这就决定了工具的发展，需要权衡人类社会发展与生态系统之间均衡发展的关系。

工具技术发展到今天，在各种因素的促使作用之下，竟然达到了工具狂欢的地步。工具的狂欢，将生态系统置于濒临灭绝的境地，也将人类置于毁灭的境地。

计算机是工具，并进一步促使工具发展进入了混乱时代，其作用是全方位的。它开阔了人的思维空间；推动了科学技术发展；推动了货币虚拟化发展；助推工具膨胀发展。使得"1"发展模式达到了极致。唯独不顾及这种发展模式，给人类社会产生的负面影响，对生态系统和生存环境的负面影响。如今超级人工智能研究方兴未艾。"1"发展模式完全废弃了"0、1"发展模式，加速了人类生存危机的到来。回顾工具的发展演变过程，对深入认识信息化时代会有更深入认识。

第三节　人工智能

人工智能是计算机技术的进一步发展和升华。它是具有人类思维和逻辑能力的工具。

定义：人工智能（简称 AI），给机器赋予智能的特性称为人工智

189

能。即：

人工智能＝机器＋智能化

表明人工智能具有工具属性，也具有人的思维能力属性。

一、人工智能发展现状

进入 21 世纪以来，在虚拟化货币的助推下，在资本社会发展理念的助推下，人工智能技术得到飞速发展。人们将人工智能技术，大致分为四个阶段。

第一代人工智能，是无感知的机器人。由计算机来控制它的自由度，然后通过示教程序和信息来读取，发出指令进行操作。这种机器人完全是按照人所示教的指令不断重复动作。第一代机器人广泛应用于现代制造行业的自动化装备。其次是用于家庭服务机器人及专业服务机器人。如用于修理、维护保养、运输、清洗、救援等诸多领域。

2015 年全球工业机器人销量已达到 24 万余台。2006 年到 2015 年，全球机器人销量年均增长速度约 14%。目前已有 15 亿人在使用人工智能手机。它是人工智能技术的进一步发展。

据 IFR（国际机器人联合会）预测，2015 年到 2018 年，全球服务性机器人销量将达到 2 590 万台。

第二代机器人是具有初级智能的机器人，是有感知的机器人。这类机器人应用类似于人类的听觉、触觉、力觉等感觉。已经拥有识别、推理和判断能力。可以在一定条件下，根据外界的变化自行修改程序，进而对工作作出相应调整。只是这些修改原则，也是人们预先设定的，或称弱人工智能。

弱人工智能：弱人工智能主要擅长于特定领域的机械化操作。例如，ALFAGO、无人驾驶、智慧医疗、金融交易和法律咨询等。根据预测，在未来的一二十年里，从信贷员到出租车司机等职位都可能被弱人工智能所取代。据报道，美国目前几乎有一半的职位有可能实现自动化。

第三代机器人：强人工智能。第三代机器人是高级智能机器人，是机器人领域的高级阶段，即广义人工智能。这类机器人与初级机器人不同的是，它可以通过自己学习、总结经验自行修改程序—**深度学习技术**。即模仿人类大脑＋神经元传递。而不是人们预先设定的。这类机器人已经具备一定的自动规划能力，可以不需要人的安排，自行完成工作，只需要人类发布启动命令，即可。

第四代人工智能：超级人工智能。20世纪末，进一步出现了超级人工智能（强于人的智能）的研究。超级人工智能：在几乎任何领域都比最聪明的人类大脑聪明很多。包括科学创新、通信和社交技能。将是对人类最大的挑战。超级人工智能可能在 2045 年前后实现，保守预测是2060 年。超级人工智能技术，具有超出常人的思维能力。将实现具有控制人行为的能力，成为介于人与自然之间的外力。手工工具到计算机，都是人控制机器。提高了经济效益。机械手和机械人的出现，提高了经济效益，并将许多行业的劳动者被边缘化了。超级人工智能的实现，提高了经济效益，成为一种外力控制了人的行为。到那时，超级人工智能将在大多数人类从事的行业里代替人类。从此将产生"无用阶层"——这一群人没有任何经济、政治或艺术价值，对社会的繁荣和荣耀也没有任何贡献。他们将成为被边缘化的群体，过着寄生生活，将被束之高阁，成为奶嘴族。超级人工智能属于人与生态系统之间的一种外力，进一步使人类被边缘化了。进一步疏远了人与生态系统的关系。它不仅改变了人的属性，这种特殊的工具，也将进一步搅乱了自然发展的规律。

超级人工智能研究，距今不过几十年。据研究者预测，将于 2050 年出现人类生存危机。且不要说科学预测。就普通百姓实际看到的景象：干旱地区地下水位严重下降；土地盐碱化；人口增加人均可耕地减少；工具泛滥；生存环境恶化等，都是实实在在地摆在人们面前。就这些问题说来，再过几十年人类将面临生存危机，普通老百姓都是认可的。如果真的出现生态系统生存危机，则地球上只留下各类机械和机械人。由此说来，工具技术发展是提高经济效益重要，还是挽救人类生存危机重要？这是如今摆在人们面前，需要迅速作出抉择的严峻课题。

超级人工智能具有"0、1"规则的属性。机械手将流水线上的劳动者边缘化，超级人工智能将人与生态系统的关系进一步边缘化。将人束缚于高楼大厦，成为奶嘴族，人工智能研究就是利用人的弱点，设计满足人的慵懒、享受习惯的人工智能服务器。机械手、机器人、超级人工智能都体现了少数资产所有者单纯追求提高经济效益的发展理念。机械手、机器人、超级人工智能工具，都显著地提高了经济效益，一本万利。不去探知这些工具对生态系统的破坏性作用。为维护生态系统持续存在、发展，只能控制工具技术发展和控制工具数量的增多，这是保持人类与生态系统均衡发展为唯一重要途径。

超级人工智能研究的确是一项全球关注的重要议题。研究者的预测指出，到2050年可能会出现人类面临生存危机的情况。而且，不光是科学家，普通百姓也能够看到一些现实景象，比如干旱地区地下水位的下降、土地盐碱化、人口增加导致人均可耕地减少、工具过度使用等等，这些问题都是实实在在地摆在人们面前。

然而，我们不能简单地将工具技术发展提高经济效益与挽救人类生存危机视为对立的。实际上，这两者是相互依存的。工具技术的发展可以提高经济效益，但我们也需要意识到，环境保护和生态平衡同样是非常重要的。我们需要在保护自然资源、减少环境破坏和开展可持续发展方面找到平衡点。只有通过科技和创新来推动经济的繁荣，同时又能够保护生态系统，我们才能够应对这些严峻的挑战。

面临生态系统生存危机，我们需要采取积极的行动，包括推动环境保护和可持续发展、降低生活方式对地球的压力等。这是一个迫切而紧迫的问题，需要全球共同努力来解决。人们需要加强合作，共同应对挑战，而不是简单地将工具技术发展与挽救生存危机对立起来。当今人类迫切关心的核心问题，是挽救人类命运的课题。在这一课题面前，急需人们作出迅速判断：是继续现代化发展，发展高新技术重要，还是挽救人类生存危机重要？这是两个不相容的课题。急需人类作出抉择。供人类选择的时间，仅有几十年。一旦出现全方位的危机拐点之时，即使想挽救人类生存危机，可能也将无济于事。

二、人工智能的危害性

人工智能技术发展越来越离奇。工具发展是为了提高人类的生存条件。工具，对于生态系统是外部因素，影响到生态系统运行的稳定性。这一点需要永远牢记。从工具的发展过程可以了解到，随着工具技术、数量的增加，对生态系统，以及对生态环境的破坏越来越突出。它说明人类利用工具以达到改善人们生活的效果为限。使得工具发展既改变了人类的生活质量，又对生态系统不产生过度影响，保持生态系统常态的变化状态。毕竟人是生态系统的一部分，人与生态系统的关系是相互依存的关系，这是基本准则。工具自动化技术的发展，已经超出了保持人与生态系统的均衡发展关系，成为扩大资本积累的重要手段。人工智能的发展，远远超出了工具的基本属性，将使用工具的人也边缘化了。它不仅成为扩大资本积累的重要手段，进一步发展成为一种机械力（外力）代替自然力控制人的行为。对于生态系统说来，外部因素永远是破坏生态系统稳定性的因素。关注这一点，就可以认识到超级人工智能技术的危害性。

人工智能技术是工具技术的进一步发展和升华。工具对于生态系统的危害性，已经予以介绍。超级人工智能对于人类及生态系统的危害，具体体现在工具、智能两个方面。

超级人工智能成为人与生态系统之上的超自然力。自然力能够控制人的行为，超级人工智能也将能够控制人的行为。但是它毕竟是外部因素。自然力历经亿万年熏陶形成了纷繁的生态世界，形成了完善的相互制约的生态系统。仅仅经历几十年研究出的超级人工智能构成超自然力，用于控制人类的行为。一是经过环境、时间洗礼创造的生态世界；一是未经过环境、时间洗礼制造出的工具。这是二者的根本差别。许多事实都表明，经过环境、时间洗礼和没有经过环境、时间洗礼的差别。超级人工智能的工具属性，只能加剧生态系统的破坏性。说明人们对超级人工智能的担心是有道理的。况且工具对生态系统的危害，已经历历在目。现代社会发展工具已经超出了为提高人类生活质量的目的，变成为提高经济效益、扩大资本积累的重要手段，已经造成生态系统处于岌岌可危的境地。研究超级人工智能的目的，不仅仅是为扩大资本积累，进一步成为少数人利用超级人工智能控制人们行为的工具。相当于在人与自然之间，又增加了一种超级人工智能力。对于生态系统说来，工具是外部因素，它对于生态系统的破坏，已经越来越严重，这些现象表明，超级人工智能技术，只能进一步扰乱、破坏生态系统的运行秩序。

从机械手代替人工劳动，直到超级人工智能控制人的行为，无不是为了提高经济效益。将工具置于主体地位，将人置于客体地位。颠倒了人与工具的主、客体关系。这种颠倒造成了人与生态系统的混乱状态，破坏了自然发展规律。由此可以说，超级人工智能技术只能进一步加速这种混乱状态。工具技术与人工智能技术的非正常发展，具体体现了资本社会的发展理念，只要是能够扩大资本积累，什么手段都可以使用，而不计其后果。资本社会的扭曲性，具体体现在工具发展的扭曲性、科学技术发展的扭曲性，以及虚拟化货币发展的扭曲性。他们之间具有相同的属性，具体体现了资本社会发展的扭曲性。

三、人工智能存在的问题

道德。尚未形成任何正式、行业范围的人工智能道德标准。建立人工智能道德标准是一项对人类与机器负责任的行为。而不应该仅仅为了创造能够出售、奴役人们的具有感知力的机器。

缺失人性化、道德观。人生活在世界上，人有人的人格。人需要与人相互往来，需要与其他生物相互往来。它要求人们具备基本的人性化和基本的道德准则。人工智能来到这个世界，它不具备人性化和道德品质。它将是一个去人性化的过程，是一个在机器的指令下机械地工作的过程。它能力再强大，永远是机器。对于生态系统说来，它是外部因素，只能起到破坏生态系统的作用。它代替不了自然力。再一次说明，人工智能是违背自然发展规律的重大事件。

根基问题。从植物成长到工程建筑，无不体现了根基越牢固，其寿命越长。

地球上任何动植物，都是靠自身的劳动生存、生活。少数寄生植物、动物，也还是靠自身努力而生存。人类社会发展，发明了工具减轻人类的体力劳动，这是正常的举措。但是必需看到工具对生态系统的破坏作用。说明需要控制工具的数量，如果以人工智能代替人的劳动，甚至将人保护起来，这就走了极端，违背了人存在的意义。对于一个人来说，什么事也没有，较长时间无所事事，处于空虚的境界，破除了人类社会赖以存在的根基。人不是靠自身的劳动生存，而是改变为靠机器生存。它改变了人性。人为客体，机器成为主体，颠倒了主客体关系。

将人类的命运寄托于少数人的研究成果，这本身就违反了自然发展规律。

一个小故事：约翰问杰克逊："当谷歌、亚马逊和 IBM 用机器人让所有人都失业后，我的家可以住在你们的办公室吗"？杰克逊答："不行！当机器人接管所有人的工作时，我们印钞票不能停。我们需要让那些书呆子仍然夜以继日地在谷歌工作。他们可以构建我们所需的算法，然后再将他们解雇。这就是生命循环"。杰克逊透露，"我是谷歌的人，其他任何人，都只能是往里看看"。

人工智能与扩大资本积累的关系。在资本社会，科学技术迅速发展与称霸世界和提高经济效益、扩大资本积累有直接关系。人工智能是在此背景下出现的产物。只顾新技术发展带来好处，全然不顾外部发展因素对生态系统的破坏。

多数与少数。人工智能技术体现了资本社会的发展模式，即少数资产所有者通过扩大资本积累来控制和统治多数人。人工智能技术的发展是基于自动化工具的进一步发展，进而加强了对多数人的控制和统治。

削弱人的情感。现代社会发展，以物代情，不断削弱人的情感。人工智能技术将进一步削弱人的情感，控制人的情感。让人成为缺失人格、缺失情感的不伦不类的动物。违背了天伦，违背了人伦。

前车之鉴。资本社会的发展仅仅 200 余年，对资源环境的破坏；对生态环境的破坏；使得人类和生态系统已经面临岌岌可危的境地。人工智能也是工具，需要从工具无制约发展，导致人类面临生存危机，对生存环境造成严重破坏的前车之鉴中吸取教训。

哲学发展理念。人类生活于大自然之中，首先应该遵循自然的发展规律，遵循人与生态系统相互制约的发展规律。应该遵循哲学的发展理念，顺应自然的发展。人工智能是外部因素。它同其他工具一样，破坏了人与自然的关系，破坏了自然的发展规律。

幸福。人性本身具有自发地追求幸福生活的需求。所谓幸福生活，它体现在物质、精神、肉体等多个方面，是世人普遍的追求。人们需要物质生活，但是不可以奢侈、浪费。奢侈、浪费不属于幸福的范畴。物质生活代替不了心灵的需求。物质需求与心灵需求均衡发展是幸福的基础。亲近自然、尊重自然、简朴、人之间和谐相处等，都属于幸福生活的组成部分。信息化代替不了物质、精神、肉体的需求。例如治疗抑郁症病人，需要的是情感的沟通，只依靠药物起不了这个作用。一个人因某种原因成了植物人，他的妻子，不舍弃挽救丈夫的一线希望，在丈夫耳边不停地讲述夫妻间的往事，述说妻子对丈夫的眷恋，日复一日地倾诉。最后，竟将丈夫从死亡线上拉了回来。人间需要这种情，它是任何物所代替不了的。

进入 21 世纪，人工智能技术研究方兴未艾。几乎不开展人工智能研究，就不符合时代潮流，就要被时代所抛弃。它典型地反映了，在资本的驱使下，只重视知识，忽视智慧的社会现象。信息时代几乎是决定人类命运的大事，它也是决定生态系统命运的大事。既然是决定人类命运的大事，当务之急需要汲取其存在的诸多问题，不可以忽视。

人类社会发展到今天，对自然的索取已经严重超过自然能够给予人们的需求。造成极大的资源浪费，浪费生活物资。奢侈的生活方式，已经不只是人们生活理念的问题，已经发展到影响人类生存的问题。无休止地追求现代化。追求经济实力攀比、GDP 攀比、军事实力攀比等等。现在的现状是，简朴、正统的生活方式成为保守、落后的代名词。物质生活与精神生活是不可或缺的两个方面。类似于哲学认识世界，唯物、唯心都是不可或缺的两个方面一样。现实已经告诫人们，无论缺失唯物、唯心哪一方面指引，都将会使人类社会出现重重灾难。人只是动物的一种。只有人类接近于自然，既追求物质生活，又追求精神生活，方才符合人的本性。只有摒弃那些狂妄无忌的，单纯追求唯物的发展模式，方可以延长人类和生态系统持久的生存。

当前人类面临的主要问题是，经济发展、发展、再发展。而推动经济发展的组成要素是：资本、工具、科学技术和人类。这些因素恰恰是破坏生态系统的主要因素。它表明经济发展与保护生态系统是相互依存的关系。不可以忽视任何一方面。需要权衡其利弊，是人类社会发展的英明决策。知识的集成，代替不了智慧的集成。产生现代社会的许多混乱现象问题，说明了这一事实。人类社会发展需要智慧控制，而不是知识控制，需要顺应自然地发展。韩国的围棋国手李世石、中国的柯杰败给 ALFAGO，就是一个典型案例。科学技术可以战胜李世石、柯杰，超级人工智能可以控制人类，都是可能实现的事实，可是又有什么意义呢。他只是体现了知识的控制，而不是智慧的控制。它只是体现了破坏自然发展规律，置人类和生态系统于毁灭的境地，看不出对拯救人类命运有何作用。因此，著名科学家霍金和马斯克等人对人类命运的忧虑，不可不重视。

第四节　信息化技术

信息化技术包括网络技术、人工智能和大数据。它是计算机技术的进一步发展，也是工具技术的进一步发展。信息化是人类社会的重大事件，需要具体分析其利弊。

一、信息技术简要分析

信息技术是工具技术的进一步升华，是将信息技术与工具技术结合的产物，仍然具有工具属性。工具技术的非正常发展给人类造成的危害，已经历历在目，尚没有消除其危害。信息技术并没有解决工具技术存在的问题，同样具有危害性。

信息化技术的兴起，是在工具技术与信息技术基础上产生的；是在追求经济效益思维模式、虚拟化货币催生下的快速发展的新技术。美国硅谷的发展模式说明了这一点。其目的与机械手的出现类似，仍然是为了提高经济效益，为了扩大资本积累。为了能使少数人控制多数人。

人工智能技术，可以具有超过人类智慧的技能，它能控制人，也能控制其他生物。也就是说，它几乎代替了自然力。生态系统是大自然历经上亿年的熏陶形成的相互制约、相互依存的完善系统。经过了环境、时间的洗礼考验形成的。人类只用了几十年研究出的新技术，去代替亿万年的自然力。信息化技术没有经过环境、时间的洗礼、考验，这是本质性差别。况且工具发展的前车之鉴，已经历历在目。这是自然力与机械力的根本差别，不可以忽视。发展信息化技术，仅仅是为了人们生活得更舒适，为了提高经济效益。仍然是只考虑人类的问题，而不考虑对生态系统的影响。它是人类唯我独尊思维模式的进一步发展。

计算机技术是具有"0、1"规则的工具，符合于自然发展规律。人类创造了算盘、计算尺、计算机。说明大自然的创造并不神秘。在计算机的协助下，人可以更深入地认识自然世界。许多事实证明了，人也能创造。但是大自然的创造是整体的，历经亿万年时间、环境的洗礼，形成了相互制约、相互依存的整体系统。而人的发明创造是零碎的、片面的、局部的、没有经过环境、时间的洗礼，这些都是根本性区别。而且事实证明，只有那些利用自然力改造的项目，例如饲养牲畜，优选良种等，对生态系统没有大影响。凡是借助于工具改造、创造的项目，无不有损于生态系统。这些事实人类不能不重视。

　　工具技术的飞速发展、货币虚拟化，它是资本社会为了争霸世界；为了争霸世界市场；为了扩大其资本积累，出现的经济发展模式。它并没有顾及人与生态系统均衡发展的重要意义。这是一个前车之鉴，我们需要从中吸取教训。当今世界最突出的问题是人类的生存问题。它是压倒一切问题的核心问题。21世纪是信息化时代。这是对人类命运不负责任的提法。人类生存都面临着危机，又创造出什么信息化时代。两相对比，就说明了这种提法是对人类不负责任的行为。

　　物质生活和精神生活，永远是人们生活不可或缺的两个方面。这里有一个关键性问题是，人类需要追求什么样的幸福生活？首先铺张浪费、奢侈的生活方式是一种类型；北欧国家朴实、富而不奢、亲近自然、温馨、和谐的生活方式是一种类型；少数民族地区，地处偏僻，生活是艰苦的，但是人们乐观、和谐、简朴、接近自然的生活，人们同样感到很温馨、向往；中国古代有一篇陶渊明写的散文《桃花源记》。尽管距今历史悠久，但是其温馨的田园风光，至今令人向往。温馨、和谐、协调的社会分工，人们之间的平等相待，相互尊重。它有着浓浓的人情味。人的情感是通过沟通产生的。到处用机械手为人服务，一是将人边缘化了，缺失了人与人之间的亲情，面对冷酷无情的机器。只有少数冷酷无情的资产所有者，单纯唯物的思维理念，单纯追求经济效益者追求的发展模式。这一比较，人们就清楚了，保持铺张浪费式的生活方式，并不是人们向往的幸福生活。经济大国大厦式的生活，联系到人与生态系统的关系，是平等的，相互依存的关系。为了维护人与生态系统均衡发展，只有想办法尽量减少人为制造的外部因素影响，维护常态的发展方式，使人力市场价值能够再延续万千年，才是人类追求、遵循的生活。由此可以进一步构想人类社会的幸福生活的梗概框架。幸福社会，需要构筑在与生态系统均衡发展的基础上，保持常态的发展模式，不仅需要物质生活，更需要精神生活。而且往往精神生活比物质生活更重要。

　　现代化社会的发展模式，重视货币虚拟化发展；重视工具发展、科学技术发展；忽视人口膨胀发展。都是扩大了人为制造的外部因素的发展模式，是进一步扩大破坏生态系统稳定性的因素。完全忽视了生态系统的存在对人类社会的影响。

现代化社会的主要问题在于放弃了哲学的指引，单纯追求"1"的发展模式。实际上，该发展模式是不断扩大外部因素的发展模式。它使得社会发展越来越偏离自然发展规律。

现实社会急需反思人类行为存在的问题。需要尽快行动起来，采取有效措施控制颠覆性破坏因素进一步发展。这是拯救人类，拯救生态系统必经之路。如果仍然不重视这些问题，聪明的人类将成为地球上第六次生态系统毁灭的罪人。它是对人类文明、行为的最大讽刺。地球发展史上记录的，不是人类文明。只能是人类的破坏行为，造成地球生存环境毁坏，留下了千疮百孔的痕迹。记录的只是聪明的人类造成了第六次地球上生态系统灭绝。也说明维护人与生态系统均衡发展，它是人类文明的天职。

如今的世界，挽救生态系统和人类生存是人类的第一要务。唯一可行的途径，就是废除和减少人为制造的外部因素。人为造成的外部因素，只能由人去控制、解决，而且能够解决。这是治本性质的使命。它将是延缓生态系统和人类毁灭命运的唯一出路。

二、信息化时代

进入 21 世纪，信息化技术和空间探索技术成为人类进步的代名词。以超级人工智能研究为例。它是工具，它将广泛代替人，为人服务。将人束之高阁，成为奶嘴族。进一步疏远了人与生态系统的关系，有害于生态系统，有害于人类自身。

空间探索研究。其理论研究无害。有工具介入就不同了，它是外部因素。无论它（以及带去的人）飞到何处，对其所处环境都是外部因素，破坏其稳定运行。只是严重程度不同而已。

从人为制造的外部因素飞速发展，人们需要清醒认识到，资产所有者的本质特征——一切为了扩大资本积累。不可盲目追随。空间技术与人工智能是扩大资本积累思维的进一步发展。同样是为了扩大资本积累，将人边缘化。地球不适于居住了，资产所有者可以到其他星球生存。至于大多数人的命运，由机器人控制就可以了，更不顾生态系统的命运。21 世纪中期人类将面临生死存亡的问题。它表明 21 世纪是急迫挽救人类命运的时代。

关于信息技术，首先需要认识到，它是工具技术的进一步发展。信息化技术与一般硬件工具技术不同，具有中性特征。它既具有硬件（工具）成分，又具有软件成分。软件通过硬件发挥破坏性作用。没有硬件支撑，软件发挥不了破坏作用。工具对生态系统的破坏作用，已经为世人所认知。

信息技术是工具技术的进一步发展，信息技术对生态系统的危害性同样不容忽视。

目前连接互联网的终端设备约 100 亿台，智能手机用户约 10 亿人。到 2020 年互联网终端设备，将达到 500 亿台。它体现了是工具控制人类的行为，再也不是人类控制工具。体现了工具将人类推向边缘化的重要进展。

当代世界，核武器依然足以毁灭生态系统和人类的生存。但核武器的意义和用途，还可以依据战争与和平的周期来分析、判断。而新的互联网技术，它无处不在。尽管本身不具备威胁性，威胁取决于如何使用。它的问题在于，超越了多数规则和规定，不易监管、控制。对互联网的使用，尚缺少约束力。实际上，实施网络攻击比网络防御更为容易。更危险的是，实施这些行为的嫌疑人不只是少数人，尽管实施了巨大破坏，但无法控制。这个问题得不到解决，互联网的威胁将随时存在。互联网将世人联系在一起，世人可以更全面地了解世界，但是互联网、大数据并没有触碰危害人类和生态系统的货币虚拟化、工具膨胀发展、科学技术膨胀发展、人口膨胀发展，这些危害至深的外部因素问题。因此，如果国际社会对这个问题不做出明确、有效的限制，人类社会将面临越来愈严重的威胁。

人类对生态系统的破坏，是人的脑力（软件）劳动，通过工具（硬件）实施的。随着硬件技术的发展，其危害性将越来越严重。人们需要认识到信息化技术的特征。同样，脑力劳动是无法控制的。信息化技术能够迅速泛滥，与资本社会的发展理念——知识是万能的、单纯唯物发展观有直接关系；与虚拟化货币泛滥有直接关系。在巨额资本的助推下，为了进一步扩大资本积累，在计算机技术基础上，催生了信息化技术，也即将产生超级人工智能技术。其目的仍然只是为了增加经济效益，扩大资本积累。并不顾及其后果。这里再一次表明，必需废除虚拟化货币；控制工具技术的膨胀；控制科学技术的发展；控制人口增长。必需优化现代性发展模式，尽快恢复人类与生态系统均衡发展的发展模式。

发展人工智能的目的，仍然是为了提高经济效益，为了人生活得更舒适。机器人已经实现了代替人的作用。机器人成为主体，劳动者成为客体。经济效益是提高了，但是自动化工具带来的后果是生态环境遭到迅速破坏，生态系统遭到显著破坏。这都是主、客体颠倒，造成的严重后果。超级人工智能可以代替自然力控制人，相当于在生态系统与自然力之间，又多了一层人工智能力。进一步体现了主、客体的颠倒。由此也说明，超级人工智能带给人类的"祸"多于"福"。体现了资产所有者群体的扭曲、没落。人类需要认识到这些问题的实质。还是老老实实遵循大自然的发展规律为常道。这是权衡人类行为对与错的最基本的准则。

虚拟化货币与人工智能技术，二者相互促进。人工智能技术对于生态系统的破坏作用，已经不可忽视。如今，人工智能研究者在虚拟化货币的强力助推下，仍然遵循资本社会的发展模式，关注超级人工智能技术的经济效益，给人类带来舒适、幸福等等。忽略了超级人工智能仍然是工具的属性，忽略了它对生态系统的破坏作用。发展超级人工智能技术，它是关注多数人的利益，还是为了少数人的利益，这是最基本的衡量标准。

第五节　科学技术与自然发展规律

一、科学技术发展

人类社会的经济发展，随着工具技术和科学技术的发展，改善了人类的生活质量。同时，它也增加了对生态系统的进一步破坏，特别是一件一件振奋人心的科学技术发明、巨大宏伟工程、世界首创、世界奇迹、世界最先进的，等等，使人们越来越迷信工具和科学技术。然而随着工具和科学技术的发展，人类和生态系统越来越濒临生存危机的境地。人们开始思索产生问题的原因。开始思索是生存重要，还是过分地追求构建浮华的经济帝国重要；相信自然力重要，还是相信工具和科学技术重要；科学技术的发展方向：是投巨资维护人类生存，解决地球上问题重要，还是投巨资无止境地探索自然奥秘重要；人类社会发展是按"1"的模式发展重要，还是遵循"0、1"发展模式重要；是知识型发展模式重要，还是智慧型发展模式重要。这些问题的实质是什么，都是摆在人类目前选择何去何从，紧迫需要作出抉择的严峻课题，需要人们思索资本社会的本质特征。

二、知识型社会

资本社会是构建经济帝国的社会，是典型的知识型发展模式。也就是只知道追求知识，而缺失智慧。只看到追求知识给人类带来的好处带来的惊喜，而忽略了单纯追求知识的负面影响——对生态系统的破坏，对生存环境的破坏。工业革命以来，仅仅 200 余年，生态系统遭到严重破坏，已经处于濒临灭绝的境地。它说明了资本社会的扭曲性。这正是知识型认知事物产生的严重后果。这个教训应该吸取。人类社会不单需要知识，更需要智慧需要正确地面对自然。需要全面、综合地考虑发展问题。发展的目的是生存下去，生存得更完美，而不应该是过了今天就不管明天。更需要顾及人类的行为对生态系统、生态环境的破坏性影响。

生态系统遭到严重摧残，已经处于濒临毁灭的境地。它正是知识型认知事物，产生的严重后果。当今最迫切需要的是，挽救人类命运的技术，使得子孙后代能够生存下去，不为生存问题担忧。

三、虚狂人与地球家园

虚狂人如是者，即自夸以能，虚伪自负，自视甚高。自得大慢，夸耀大成。自谓其能力与成就如日中天，自吹其功绩如山巅峰。其态度骄横傲慢，无与伦比。然地球家园则指人类共栖之地，强调生态共生、可持续发展。倍加强调人与自然间之连结，追求环境之保护与利用的可持续。以保持自然生态之平衡，确保后代生存之环境，乃尤为关键。虚狂者与地球家园，或可谓敌敌相对也。虚狂之人，其自负之态度与地球家园之永续发展，实为南辕北辙。吾人应当抛弃虚狂之态度，专心念及地球家园之命运。为其保护与永续发展尽心尽力，以报答大自然之赐予。

可以说进入到资本社会，资产所有者无止境地追求扩大资本积累，追求物质财富。对地球家园形成了全方位的破坏。

机械工具的发展越来越先进，规模越来越庞大。以动力工具为例，小卧车，越来越普及越来越先进，对能源的消耗量越来越庞大。载重汽车的载重量，出几吨发展到十几吨、几十吨，甚至上百吨。它反映了对资源的破坏进程。油轮、货轮的运载量，已经发展到百万吨级。它同样反映了加速资源的枯竭进度、对能源的消耗进度，以及助推经济发展对生存环境的破坏程度。

人可以入地，将地表钻探多么深；可以下海，下到海下多深多深；探索宇宙，能够到达什么星球，可以实现太空旅游；信息化达到多么先进程度；接着又推出区块链、量子技术、人体增强的时代等等。新技术日益翻新，层出不穷。具体体现了资本社会单纯追求"1"的发展模式。弄得黎民百姓不知道是应该生活在科学技术里，还是应该生活在地球上？人类与生态系统是什么关系？科学技术与人类生存应该是什么关系？人们不妨冷静地思索：是人类及生物延续生存下去重要，还是迅速毁灭重要？人类需要迅速作出抉择。当人类消失的时候，是不是只留下个百孔千疮的地球家园；留给太空的是不是人类留下的太空垃圾。人类是否应该保护好地球母亲，保护好人类和生态系统赖以生存的家园，能够更久远地保存下去。虚狂人的所为代表人类的进步吗？

回顾地球上各类资源的形成，无不与地球的生命年龄都属于同一个量级。各类金属矿藏，金、银、铜、铁、锡等的形成，是地球的形成而形成的，与地球同龄。又历经数亿年之后，地球表面逐渐形成了适于生物形成的环境。从此，逐渐出现了有机物——微生物——生物——陆地、空中、水上生出种类繁多的物种，形成了生态系统；形成了繁茂的森林、草地。死去的动、植物，逐渐形成了煤矿、天然气；死去的动植物尸体腐化，逐渐形成了石油。这些资源的形成年龄，可以说与地球的年龄属于同一量级。都是经过多少亿年造成的。

人类社会进入资本社会仅仅数百年。人类利用先进技术，竟然将这些资源几乎耗尽，将人类和生态系统拖入到濒临灭绝的境地。这都是值得人们深入思考资本社会发展模式的"对"与"错"依据的。

任何系统都是置于外部环境之中，最终总是要毁灭的。如今地球上的问题是人为制造的外部因素造成的，人类有能力控制这些人为制造的外部因素。人类是应该控制这些外部因素，将地球上生物的存在置于缓慢变化状态，延续生存下去；还是继续扩展这些外部因素影响，进一步加速生物的毁灭？是人类急速抉择的命题和使命。

人类社会与家庭类似，不是不需要富裕。当一个家庭富起来之后，是保持勤俭、细水长流的生活方式；还是追求花天酒地的生活方式。两种不同的生活方式，其后果截然不同。一个社会同样是这样，富起来之后，是保持细水长流的生活方式，还是追求花天酒地的生活方式，其结果同样是截然不同。况且一个家庭的生活方式，只涉及兴衰。而一个社会的生活方式，则直接涉及物的生存，并直接影响到生存环境的破坏。危害的程度截然不同。

第六节　计算机是具有中性特征的工具

一、人、计算机与工具

世界上出现计算机是人类历史上的重大事件。人是有思维能力的动物。18世纪之前，人类制造的工具没有思维能力；20世纪制造的计算机既有逻辑判断能力、记忆能力，又是工具。它是介于人与工具之间，具有中性特征的工具。它使得具有思维判断能力的人的能力，得到了充分发挥。人类利用计算机可以更深入地认识世界。例如天气预报。在没有计算机之前，是"人与工具"的关系。只能靠人设置的一些观测点观测的数据汇总，进行天气预报。既不准确又不能较长期地预报。而有了计算机之后。天气预报利用了"人、计算机与工具"的关系。预报的过程，呈现自动化。预报的天气状况既准确，又可以做较长时间的天气形势预报。如果只是靠"人与工具"的关系，几乎不可能制造出原子弹、导弹等，这类先进技术。计算机协助人类，实现了许许多多对自然界的深刻认知。

二、网络中性特征的应用

在计算机技术基础上，进一步发展了网络技术、大数据技术和人工智能技术。网络技术、大数据和人工智能技术都具有中性特征，已经成为工业和人们生活中不可或缺的内容。

网络技术，是人为构造的，具有中性特征的工具。对于工具的外部属性需要予以充分认识和研究。如果能够充分应用信息化技术的中性特征，控制危害生态系统的工具发展、科学技术发展、控制人口增长。能够延续人类与生态系统的生存，这是人类所期望的技术。

三、人工智能的中性特征

这里需要特别说明的是超级人工智能技术。超级人工智能技术同样具有中性特征。但是超级人工智能与网络技术的最大区别在于。网络是由人控制的具有中性特征的工具。而超级人工智能是实现了控制人的中性工具。一是人控制工具；二是工具控制人。超级人工智能颠覆了人是主体，工具是客体的关系。这是最根本的区别。因此，尽管人工智能同样具有中性特征。但是它毕竟是工具。工具对生态系统的破坏作用，任何时候都不可忽视。说明超级人工智能的研究、应用，不可忽视其不可控性。

千百年来，人类认识自然，分出许许多多专业学科，相互影响、渗透。人控制工具技术，会出现许许多多违反自然发展规律的事件。具有思维能力的人工智能技术，是几十年来构建的技术，用其代替数千万年自然力塑造的人类，颠覆了人与工具技术的主、客体关系。也就是说，在生态系统与自然力之间，又增加了代替自然力的超级人工智能技术控制人的行为。介入智能工具技术（外力），将进一步破坏生态系统运行的稳定性，破坏了自然发展规律。这是关系人类命运的最严重的问题。

另外，工具的发展历程，人们不应忘记。自石器工具的出现，到自动化工具的兴起，再到计算机的发展与应用，每一步都对生态系统造成了破坏。而且随着工具技术的发展，其破坏作用越来越严重。人工智能技术是资本至上思维模式，投入巨额资金产生的工具。其主要目的仍然是为了扩大资本积累，而不是造福于人类。这些背景因素不能忽略。人们的恐惧、怀疑是有根据的。关于人工智能技术的研究与应用，需要慎之又慎。不可以茫然行事。

人工智能技术是自动化工具技术的进一步发展和升华。工具技术的出现是为了改善人类的生存条件。千百年来工具技术的过度发展，已经严重超出了改善人们物质生活的需求，给生态系统造成了严重破坏。资本社会为了扩大其资本积累，提高经济效益，全然不顾生态效益，全然不顾自动化工具技术发展对生态系统的破坏，已经使得生态环境遭到严重破坏，导致生态系统处于濒临灭绝的境地。而资产所有者，为了进一步扩大资本积累，竟然想利用人工智能技术控制世界，控制人类。这些都是资本社会思维特征的具体体现。需要遵循工具是为改善人类生活质量，不应该成为扩大资本积累的手段。人工智能技术发展的这些背景因素，不可以忽略。为了人类的共同命运，控制和抵制人工智能技术的研制，是必要的。资本社会的发展模式，对人类社会的危害至深。需要认识到资本社会的本质特征。尽早认识到生态文明社会发展理念，对改变人类命运具有重要意义。它应该是人类社会发展的归宿。

四、人类社会的未来

《论工业社会及其未来》一文指出：工业革命给人类带来物质享受的同时，也给人类带来了巨大的灾难。推行工业革命不仅意味着追求自由发展的理念，同时也伴随着一系列的挑战与问题。新技术的最大问题就是剥夺劳动者的自由，"自由和技术互不相容，技术越进步，自由越减少"。技术使人类丧失与大自然接触的自由，最终将导致社会的动荡甚至毁灭。人类面对高智能机器，只有两种选择。

一是一个问题是允许机器在没有人类监督的情况下做出决策，这可能导致人类完全依赖机器。这种情况下，主体和客体的地位会发生颠倒，人类只能被动接受机器所做出的决策。随着社会问题的复杂化和机器智能的增强，我们无法简单地将机器关掉或禁用，因为这可能等同于自我毁灭。

二是人类保留对于机器的控制。只有一小部分精英群体能够控制机器，广大民众成为多余的人，成为社会的负担。人与机器的关系成为：精英—机器—普通人。它体现了资本社会的显著特征，少数人控制多数人。同样体现了主、客体颠倒。无论哪种方案，人类的生理和心理都将被设计和改造，而不是自然的产物。由此表明，唯一的解决方案，就是废除资本社会的发展模式，废除资本社会的思维方式，废除超级人工智能研究，保护人的纯真本性。

计算机在我们曾经认为专属于人类的活动中，有足够能力代替人类。计算机和人类之间的区别远大于人与人之间的区别。人类和计算机所擅长的工作存在着本质性差别。人类的意识是长期客观环境反映的积累形成的。阅历丰富，能够在复杂情境下制订计划、作出决策。阅历浅薄，处理事务的能力，则浅薄许多。

计算机，可以将人类更多、更丰富的经历积累起来，可以将更多人的智慧集中于一身。阅历丰富，判断事务的能力就越强。因此计算机的智能，将超过任何个人，计算机可能代替人类。计算机是工具，但是它将具有超过人类智能的工具。

计算机不同于其他机器。其他任何机器都是无生命的、没有思维能力。尽管可以利用能源使许多机器实现自动控制。但是当没有能源供给时，机器便失去了活动能力。另外，机器消耗大量资源，而计算机对资源的消耗少得多，只要有电供应即可。

随着智能机器人的发展，人类社会中的绝大多数人将成为无用的、慵懒的群体；另一类是一小部分研制超智能机器人的人。最终这一小部分人被升级的超级机器人所代替，人成为被机器人所统治的人。对各种事情的决定权，已经从人类手中，转移到具备高智能的算法手中。到那时，自由主义都将崩溃，许多人类所特有的感情将消失，成为动物园笼子里的人。让他们安于为他们打造的娱乐信息中，慢慢丧失热情、抗争欲望和思考的能力。这种情况下，人类可能会失去自主思考和判断能力。他们最终可能寄望于超级人工智能来为他们思考和作出判断。人口可能减少，人也可能失去了作为具有个体意识的个体的特质。人工智能虽然带来了机遇和希望，但也给人类和生态系统带来了阴影。信息化时代解决的所有问题，就是没有解决任何控制危害人类生存危机的外部因素：货币虚膨胀、工具膨胀发展、科学技术膨胀发展、人口膨胀发展等问题。没有涉及人类生存危机问题。表明它没有体现人类社会的进步。这是进一步体现了资本社会的发展理念，体现了资本社会的扭曲性。

不要以为这是天方夜谭。自从机械手在工业流水线中取代工人工作以来，人类就不断面临边缘化的局面。超级人工智能的出现将这种边缘化推向了极致，工具代替人类的发展达到了极限，也使人与工具的关系发生了极端的颠倒。这是一个实实在在需要认真思考的现实问题。工具成为主体，人成为客体的集中体现。生态系统也被边缘化了。只有工具在狂欢。这就是人与生态系统处于危急状态的根本原因。

在未来科学技术可能控制人类。科学技术的发展，科学技术成为比你更懂的你的存在，它们的判断高于你的判断，它们的意志凌驾于你的意志之上。你的意志，你的意愿，你的选择，这些事情已经变得不再重要。

科学技术的逻辑就是"一小部分人高于其他大多数人"。前者可以决定后者的行为：决定他们看到什么、听到什么、演进到决定他们相信什么、赞成什么、认同什么。因为前者比后者聪明、占据技术优势。其本质特征是资本社会发展理念的继续。"技术专制统治"，以自己为造物主。也就是从"资本至上"发展到工具至上，"智能至上"。改变人的行为，不是由生态系统控制，而是由科学技术控制。改变了人、生态系统、科学技术之间的关系。

"信息化时代"，实际就是脱离了数字就无法生活的时代。人类变成不受制于生物链制约的动物，而是受制于数字制约的动物。其实质是受制于资本统治的进一步发展，发展为信息化。这就是资本社会发展，推动科学技术发展的必然归宿。

智商精英集团实际是智商化了的资产阶级，他们取代了资产阶级的国家领导结构集团，机器人代替了军队；机器人代替广大劳动大众。广大劳动人民成为慵懒之人，成为社会的累赘。他们可以抗争资产阶级的手段——仅有的基本劳动技能，也被剥夺了。因此可以说，信息化社会是资本社会的进一步发展，是资本社会扭曲性的进一步发展。

超级人工智能与人的区别。人有智能，计算机有智能。但是人有灵魂，而机器没有。即人有脑、心；而机器只有脑，而无心。该差别将是人类的灾难。当人类精英也变成只有脑而无心时，机器自然就代替了人类，淘汰了人类。超级人工智能将是机器发展的极致，唯独没有控制危害人类的外部因素。说明它也将是人类最终的终结。机器人将成为生物链顶端的机器。人类利用工具破坏了生态系统，有智能无情感的机器，是否将毁灭生态系统？按逻辑推理分析，这种担忧是存在的。

机器人最终将代替人类。机器人的工具属性，它将毁坏了生态系统，也毁灭了人类自身。

综合上述分析可以了解到，信息化社会并不是社会结构的进步，而是人类社会进入到资本社会的没落、衰败阶段。人们认识信息化社会，需要认识到资本社会的本质特征。它同样将知识人作为工具使用。用你，给你大把钞票，让你为他扩大资本积累服务。不用你，则弃之于不顾。因此对于资本社会的所为，不可以盲目地跟进，需要判断是与非。否则就失去了为广大劳动者服务的奋斗宗旨。

五、社会问题浅析

社会进步的本源标志是维护生物链相互制约、相互依存的均衡态、稳定态运行。科学技术的本源标志应该是，能够维护人类与生态系统再延续一万年或十万年。它具体体现了科学技术的进步作用。而实际上，工具与科学技术发展，使人类存在的时间，仅仅剩下了几十年。它不能反映科学技术的进步。它只是体现了人类社会发展理念的扭曲、衰败。在当今人类面临毁灭的关头，重新总结、认识、分析人类社会的问题，已经是刻不容缓的问题。需要从人类历史的各个发展阶段吸取经验教训。

首先不可完全否定农耕社会。该社会是循环经济；维护了生物链的均衡运行状态；它既重视唯物，又重视唯心，遵循着自然发展规律；依据外部因素对系统运行影响分析，在人类社会发展进程中，农耕社会阶段，仍然保持生态系统常态的发展变化过程。农耕社会延续了10余万年，说明了该社会结构有它的长处。

资本社会仅存在二、三百年，就将人类社会带入濒临毁灭的境地。这是评价资本社会进步与腐朽的最基本的依据。资本社会是处于货币虚拟膨胀、工具和科学技术膨胀的强烈作用下，使得经济系统、生态系统处于剧烈的不稳定状态下运行。特别是超级人工智能技术，它是工具技

211

术的进一步发展和升华。对于生态系统而言，它同样是外部因素，应该看到它对生态系统的破坏，它是工具破坏作用的进一步升华。不认识、不改变资本社会的这些致命性弱点，人类社会走向毁灭的结局是不可避免的。构建新的社会结构，首先必须摒弃资本社会的发展模式。这一点是不容置疑的。吸取农耕社会和其他历史时期的，符合自然发展规律的优点。也许农耕社会的经济结构许多优点值得借鉴。人类只是生物链的一个环节，人与生态系统同命运，它是衡量人类行为的基本依据。生物链已经遭到严重破坏，这是基本事实。人类社会的先进性，需要体现在这方面的态度和所作所为。

需要清楚地认识到，信息化社会其本质特征仍然是资本社会发展理念的延续。只要是追求资本积累最大化、过度追求工业化、追求信息化社会，就仍然是延续资本社会的发展模式发展。信息化社会只是资本社会的延续和发展。统治者是知识资产集团代替资产阶级。仍然追求的是利润最大化和虚拟货币最大化。信息化社会进一步将人类社会带入濒临灭绝境地。它是信息化社会的本质特征。信息化社会并没有体现人类社会的进步，而是资本社会扭曲性的进一步表现。

适者生存这一道理，值得人们深入思索。人类只是生物链的一个环节，生物链遭到破坏，人类如何存在。这个最基本的事实必须清醒认识到。

人们需要富裕、舒适、美好的生活。问题在于生活方式。北欧国家节俭、勤劳、朴实、亲近自然、保护自然的生活方式，富而不奢侈。对于人类社会发展具有重要参考价值。

六、虚狂者的时代

回顾金融业虚膨胀发展、工具膨胀发展、科学技术膨胀发展，反映了当今世界扭曲发展的现实。人们了解到自然的"0、1"规则；了解到哲学的思维理念；了解到计算机的显著特征；了解到人类思维的规则。实际上是互有联系的，是相通的。也就是自然发展存在其发展规律；人们的正常思维方式符合于自然发展规律，则可以更深入地了解和认识自然，它并不等于人能胜天。大自然是历经数亿年反复衍变形成的缤纷世界。人类历经千百年对自然的认识，仍然只是认识到其中的点点滴滴，并总结出，人类社会发展应该顺应自然发展规律，进而总结出哲学这门反映自然发展规律的科学。哲学指出，需要尊崇自然发展规律去认识自然，是正确地认识自然的方法。否则会出现各种扭曲的现象。联系到现代化社会的现实，会进一步发现人类社会发展已经被严重扭曲了。单纯的重视物质（唯物）建设；轻视，甚至废弃精神文明（唯心）建设；单纯重视人类社会发展，忽视了人与生态系统的关系。它表明现代化社会发展，虚狂人的思维理念成为社会发展的主流思维模式。这种发展模式违背了自然发展规律，产生了严重扭曲的后果是必然的结局。

七、虚狂人群体的形成

在现实生活中，人们都了解什么人是虚狂人，但都是个别的，不为人们所重视。但是当虚狂人成为群体，成为社会的主流群体，其危害性就突出出来了。虚狂人能够成为社会主流群体，有其多方面的原因。自从人类社会出现私有制以来，就存在以强凌弱、强取豪夺的问题。但是直至农耕社会，都是以手工工具为基础，以土地为依托地强取豪夺。周而复始的争夺。对生态环境、生态系统，并没有产生严重破坏影响。而进入资本社会，则完全不同。在资本基础上、在先进工具发展的基础上形成的虚狂人群体占统治地位，其影响、破坏性，则完全不同。

货币虚拟化。货币本是产品交换的工具，仅此而已别无他用。但是随着工具技术的发展，打开了世界的大门。强取豪夺者逐渐利用工具扩大了强取豪夺者的势力群体。并且随着工具技术的发展，强取豪夺势力不断发展、壮大，成为世界的主流群体，构成了资本社会的发展理念。随着资本社会势力越来越强大，其货币成为世界流通货币。进而以虚拟化货币代替货币使用，剥削他国财富。虚狂人的虚狂属性，随着货币虚拟膨胀而膨胀。他全然不顾他国的利益；全然不顾对生态系统的破坏；全然不顾及对生物生存环境的破坏；甚至不顾及多数人的生存问题。地球生存环境破坏了，他们可以研究到其他星球去生存。这些都具体体现了虚狂人典型思维模式。

工具。工具（包括科学技术）对于生态系统说来是外部因素，它影响到生态系统运行的稳定性。工具是产生虚狂人的物质基础。自从人类能够制造和使用工具之后，工具改变人与生态系统的关系为松散耦合关系。从此生态系统缺失对人类发展的约束力。随着工具技术的发展，人类借助于工具对生态系统的破坏越来越严重。特别是发展到资本社会，随着自动化工具技术的发展，从中获得更多受益的人不断增多，虚狂人群体不断扩大，并逐渐发展成为社会的主流群体。他们利用工具掠夺，肆无忌惮地破坏生态系统，破坏生态环境。他们只看重工具可以扩大他们的资本积累，他们的受益。全然不顾对人类社会的影响；对生态系统的破坏；对生态环境的破坏。

搅乱了自然发展规律。现代化社会扭曲的现象是全方位的。最为典型的扭曲莫过于，对待为人们制造衣、食、住、行所需物资的广大劳动者。将他们视为工具、商品，任其摆布。需要你则用，不需要时，则弃之不管。最典型的就是，随着工具制造技术一步一步进化发展，广大劳动者被一步一步边缘化。使得这一群体生活得不到基本保障，人格低下。人工智能技术的智能超过了人类，可以控制人的行为，它表明将人类边缘化了。表明在人类与自然力之间，又多了一层控制人类行为的人工智能力。由此说明，人工智能的出现，不仅将人类边缘化了，破坏了人与生态系统的关系，进一步搅乱了自然发展规律。

技术发展是毁灭人类的催化剂。影响生态系统运行稳定性的外部因素是：虚拟化货币、工具膨胀发展、科学技术膨胀发展、人口膨胀发展。其中最具有代表性的是工具和科学技术膨胀发展。人类能够制造和使用工具开始，随着工具制造技术的发展，由改变人们的生活质量，发展成为资产所有者扩大资本积累的重要手段，性质变了，对生态系统和生物生存环境的破坏，便一步一步加剧。

人与生态系统的关系。自从人类能够制造和使用工具以来，人与生态系统的关系，一直处于松散耦合关系。随着工具制造技术的发展和广泛使用，对生态系统的破坏也越来越严重。发展到现代社会，生态系统已经处于濒临灭绝的境地，人类的生存同样处于濒临灭绝的境地。事实教育了人类，人类社会的发展与生态系统的关系是息息相关的关系。人类社会的发展，不可以忽视对生态系统的影响。

第六次生物灭绝。复活节岛上的石人具有千古不朽的重要意义。它警示人们，做事不可以走极端，走极端往往会产生不良后果。现代化社会人类社会的发展，追求工业化走向了极端，只顾追求经济发展，而不顾这种发展模式产生的后果。现在已经显现出来了，它最终将毁灭地球上的生态系统，聪明的人类将成为第六次灭绝地球上生态系统的罪人。它是对人类文明的最大讽刺。

生态系统将要处于濒临灭绝的境地。其主要原因在于，货币虚膨胀、工具和科学技术膨胀、人口膨胀等外部因素破坏了生态系统运行的稳定性。类似于货币虚拟化是经济系统的外部因素，只能由政府予以严格监管、控制。同样道理，工具和科学技术膨胀、人口膨胀，对于生态系统说来是外部因素。它也只能由政府和国际组织予以严格监管和控制。没有政府部门予以严格监管，这类问题不可能得到解决。对于生态系统说来，超级人工智能技术是工具技术的进一步发展。因此，人工智能问题，只能由政府部门予以严格监管、控制。政府部门不可以在不清楚其性质的情况下，投巨资助其突破发展。这是对人类社会欠考虑的政策决策。

科学是纯真的事业。在它处于纯真的年代，当时没有虚拟化货币的介入。社会科学、自然科学同样为人们所重视。社会科学和自然科学都产生了许多重要科学理论。进入到资本社会之后，曾几何时，自然科学发展介入了虚拟化货币，介入了虚拟化货币，推动了科学技术迅速发展。同时也使得科学为政治所利用，为扩大资本积累服务，为金钱所诱惑。科学的纯真性逐渐缺失，逐渐变成为资本利用的对象。变成政治利用的对象。资本、政治利用科学技术助推工具称霸世界、称霸世界市场。向科学技术要生产力，要经济效益，成为资本积累的重要手段。科学技术成为经济体系膨胀发展的加速剂，也成为毁坏生态系统的加速剂。利用人们对科学技术的迷信，踏上了科学技术快速发展的列车，世人以及人类命运已经无法逃脱。直至今日，这条发展之路，仍然在继续，仍然在不断发展扩大。

这里需要再一次强调，人类社会发展不是不要工具，不要科学技术。而是需要控制这些外部因素发展仅仅限于改善人类的生活质量，较少影响人与生态系统均衡发展。绝不可以使这些外部因素发展成为扩大资本积累的手段。

砸碎旧世界的铁锁链是什么？就是废除或控制这些外部因素。它是资本社会的"七寸"。打蛇要打七寸，方能制服他。首要的是构建世界统一货币体系。

第七节　计算机中性特征的应用

计算机技术及其应用，已经渗透到人类社会的方方面面。计算机之所以能够广泛应用，在于它具有逻辑判断能力，具有中性特征。亦即具有哲学思维的特征。广泛用于提高经济效益领域，广泛用于科学探索领域。具有"0，1"属性的计算机，单纯用于唯物"1"的发展模式。可以说，计算机技术是使这个世界变得越来越复杂，使得危害生态系统的人为制造的外部因素迅速膨胀的技术，加速了世界处于濒临生存危机的境地。问题在于，在重视追求发展物质财富思维的控制下，应用计算机技术。实际上，可以广泛应用计算机中性的特性，改善人与生态系统的关系，使生存环境和生态系统则延续万千年。将计算机技术广泛应用于挽救生存危机的领域。

一、优化人与生态系统的关系

现代社会存在的主要混乱问题之一是，进一步疏远了人与生态系统的关系，混淆了人类与生态系统的"主""客"关系。将人类视为主体，将生态系统视为客体。人类社会只关注于人类社会的经济发展，只关注于经济效益，忽视了生态效益。忽视了人与生态系统的关系。不考虑人类社会发展对生态系统的影响。其结果是生态系统和生存环境遭到严重破坏，也直接危及到人类自身的生存。

破坏生态系统运行稳定性的主要外部因素是：人为制造的外部因素造成的严重后果。至今人类社会发展，不能撼动这些危害人类生存的严重问题。实际上，只要人们认识到，延续人类与生态系统长期生存下去，是人类社会应该关注的主要问题。应用计算机技术的中性特征，可以协助人们认识人与生态系统不正常关系方面的许许多多问题。

在这些破坏生态系统稳定性的外部因素中，虚拟化货币是其重要因素。虚拟化货币膨胀发展，助推工具膨胀发展，助推科学技术膨胀发展。经济大国利用这些外部因素膨胀发展称霸世界，显示实力控制世界，膨胀发展自己的经济体。外部因素膨胀发展，间接地助推了人口膨胀发展。这些都是需要触碰的严峻课题。应用计算机技术可以判断其是与非。

对于破坏生态系统说来，在这些外部因素中，虚拟化货币膨胀发展发挥了独特作用。因此，为改善生态系统运行的稳定性，首先需要改善虚拟化货币膨胀发展问题。

二、构建世界统一货币体系

造成当今世界混乱局面最具代表性的问题是货币。经济大国的货币代替了世界统一货币体系在世界上通用，这是违背货币基本属性的社会现象。货币是国家主权的象征。经济大国的货币在世界上通用，它反映了国家间的不平等性，以及货币的不平等性。

作为管理世界事务的国际组织是中性的组织，它不应该具有管理国家事务的功能。它不具有独立的中性货币体系，它就不可能实际执行管理世界事务。它需要具有中性特征的世界统一货币体系支撑，才能实际管理世界的事务。构建世界统一货币体系是恢复世界正常秩序的事情，是解决世界混乱局面的必由之路。

构建了世界统一货币体系：

可以解决货币的混乱局面问题。国家货币是国家主权的象征，世界统一货币，是联合国主权的象征。它是解决世界混乱局面主要手段。

可以解决虚拟化货币膨胀发展造成的危害，恢复了货币的原本属性的问题，解决了经济体虚膨胀的问题。

可以控制工具虚膨胀发展，控制科学技术虚膨胀发展，间接控制了人口虚膨胀发展。因此，构建世界统一货币体系，是控制人为制造的外部因素，改善生态系统运行稳定性的重要途径。

它是生存环境再延长万千年的有效途径。构建世界统一货币体系是当今世界，需要尽快解决的重中之重的课题。

如今世界的技术条件，完全具备构建世界统一货币体系所需。计算机技术具有中性特征。以延续生态系统长期存在为依据，以消减人为制造的外部因素为目的，首先需要构建世界统一货币体系。

构建世界统一货币体系，受益的是世界上绝大多数国家。只有少数货币虚拟化最严重的国家受影响。20世纪初期严重影响美国经济的金融危机；2008年影响到全世界的美国金融危机；1995年日本的金融危机等等。危机过后一切恢复了正常。说明忍痛控制过多的虚拟化货币，恢复经济形态固有的结构状态是可行的。

第八章

生存环境岌岌可危

第一节　综　述

　　任何系统都是存在于外部环境之中，都要受到外部环境影响。外部环境影响有强有弱，系统的变化有强、弱之分。绝对稳定的系统在自然界是不存在的。普遍的情况是受到缓慢的外部因素影响，系统处于缓慢的不稳定状态运行，通常称这种状态为常态。当系统受到强烈的"外部因素"影响时，系统会出现严重的不稳定状态运行，称为非常态，甚至出现系统崩塌。经济系统会遇到这类现象，就是出现经济危机或金融危机。生态系统同样会遇到这类现象。

　　自从人类能够制造和使用工具之后，随着工具制造技术的发展和进步，对生态系统和生态环境的破坏，也随之不断加剧。古埃及文明发源于尼罗河下游地区；古印度文明发源于恒河流域；古巴比伦文化发源于幼发拉底河和底格里斯河流域。这些地区都曾是森林茂密、水草丰盛的地区。人类利用工具大量砍伐森林和侵占湿地，过度向自然索取，使这些地区荒漠化。中国人发源于黄河流域。随着人类的开发，使这一地区的森林消失了，水土流失严重。每逢春季，常常发生沙尘暴。这是人类历史留下的教训。

　　现代社会生态系统面临的外部因素有货币虚膨胀、工具膨胀发展、科学技术膨胀发展、人口膨胀等，较剧烈的外部因素影响。现实事实已经从各方面表明，生态系统已经处于岌岌可危的状态。恩格斯在《自然辩证法》一书中深刻指出："我们不要过分陶醉于我们人类对自然界的胜利。对于每一次这样的胜利，自然界都对我们进行报复。"

　　生活在地球上的人与其他生物，都是历经数亿年地球自然环境的熏陶形成的生物链。在生物链中，各种动物都处于平等地位，没有高贵之分。都是处在相互制约、相互依存的生物链之中。人和其他各种生物一样，都是生物链中的一个环节。这种相互制约关系是永恒的、神圣的。它将人类和其他生物与这个星球的命运紧密地联系在一起。任何不遵守这一基本规则的行为，都将受到自然规律的惩罚。

简单说来，食草动物以植物为食；食肉动物以食草动物为食。人类是杂食动物，以植物、动物为食。动物、植物及其他生物之间构成相互制约、相互依存的生物链。都是以这片土地为基本依托繁衍生息。风调雨顺之年，一切生物都很繁茂；灾年，则一切都处于凋零状态。这就是不可违抗的自然规律、是基本法则。任何生物都不可能违抗这一自然法则。

现代人类在工具协助下的行为，已经严重违背了这一自然法则。尽管人类也在天天呼吁尊重生物多样性，爱护自然。但是人类的实际行动，却是实实在在地破坏着生物链、践踏共同生存的这颗星球。破坏着生物链的生存环境。因此人类受到自然法则的惩罚，也是必然的结果。

自从地球上出现人类，以及人类能够制造和使用工具之后，随着工具制造技术的发展，人类活动对生态系统稳定性的影响，也在一步一步扩大。

综上所述，依据系统稳定性的分析。人类制造的工具，人口的虚膨胀部分以及货币虚膨胀的部分，对于生态系统说来，都是外部因素。现实已经表明，随着这几部分外部因素的膨胀程度加剧，对生态系统的破坏性也随之进一步加剧。现实社会表明，急需反思人类行为存在的问题。并立即行动，采取有效措施控制颠覆性破坏作用进一步发展，拯救人类，拯救生态系统。如果仍然不重视这些问题，精明的人类将成为地球上第六次生态系统毁灭的罪人。

如果人类社会存在的上述几个问题得不到解决，无论人类逃到哪个星球，这些因素对其所逃往的系统说来，都是外部因素。外部因素同样会对其所到星球运行的稳定性产生破坏性影响。这一点类似于流星。只是其影响大小有所不同而已。

现在人类社会的最严重问题仍然是，资本社会的发展模式为世人所推崇。人类社会尚没有普遍认识到资本社会发展模式的灾难性，违背了自然发展规律。资本社会的发展模式仍然在延续和推广。这一点需要人们予以充分认识。

将具有局部属性的国家货币虚拟化，以债券等等金融创新方式代替世界统一货币；有害于生态系统的工具技术的科学研究的超常发展；有害于生态系统的工具生产的超常发展；人口数量超常增长。特别是货币虚拟化无制约地发展，这些都是破坏生态系统稳定运行的外部因素。其过度发展都增加了对经济系统和生态系统的不稳定因素，进一步加速了对系统的破坏。因此，改善生态系统运行稳定性，必须控制这些外部因素。不控制这些外部因素发展，其他任何措施都无济于事。

破坏生态系统的外部因素是人为造成的。是人们单纯尊崇唯物发展观，丢弃唯心发展观，不遵循自然发展规律，造成的严重后果。说明需要恢复哲学在人类生活中的地位和指导作用。

自然发展有其发展规律。从表面上看，资本社会的发展理念，是在为人类谋福利，是在为人类建立更美好的家园而发展。实际上，由于资本社会无休止地追求资本积累的发展理念驱使，扭曲了发展金融业、工业、科学技术的目的性、导致人口泛滥。制造了过量的违背自然发展规律的外部因素，严重破坏了生态系统的发展规律，导致生态系统濒临毁灭的境地。它是资本社会资本至上的发展模式；是人类唯我独尊的发展理念在不断扩大，造成的严重后果。更为严重的是，至今这种发展理念仍然在继续。这种发展理念不根除，若想改变人类和生态系统危亡的命运，是不可能的。

第二节　生存环境岌岌可危的现象

1968 年"阿波罗 8 号"宇宙飞船绕月球飞行。宇航员比尔·安德斯，拍下了或许是历史上最具有代表性意义的照片。后来这张照片被人们称为"地出"。博尔曼后来回忆说，那是"我生命中见过的最美丽、最动人的画面，……，在广阔的宇宙中，它是唯一一个有彩色的物体"。这个可人的地球现在已经不复存在。他们拍摄照片 40 年后的今天，地球已经发生了翻天覆地的变化。这些变化把我们从人类长久以来繁衍生息的最美好的地方赶了出来。我们居住的地方越来越不像绿洲，而更像沙漠。我们熟知的世界确实终结了。

一、资源枯竭

资源枯竭表现在诸多方面。据联合国环境署的报告，过去 30 年，世界经济翻了两番，但是支撑的资源和服务有 60%已经退化或被超量使用。

矿物。人类正在以超过自然积累的速度消耗煤炭、石油、地下水及其他自然资源。世界自然基金会公布的《地球生命力报告》中，提供了 150 多个国家的数据报道，从 20 世纪 80 年代后期起，人们每年消耗的资源已经超过了这个星球当年的资源再生量。另据报道，大自然年均提供给人类对资源的消耗量。现在的情况是，8 个月就消耗完了。

亿万年大自然积累的碳化合物，仅数百年人类就将其耗尽，并破坏了人类赖以生存的环境。在未来 10 年内，传统的石油供给将无法满足需求。如果天然气持续以现在每年 2.8%的速度增长，有可能将在 2075 年耗尽。

渔业。由于人口增加，工业技术发展。捕鱼的船队越来越庞大，以至于捕鱼量大大超过了鱼类的繁殖量，加之对水环境的污染，对水生物生存环境的破坏，导致鱼类资源急剧减少。

土壤。现在世界各国可耕种的土地，正被因侵蚀、盐碱化、城市化和沙漠化而丧失。联合国环境规划署在 1986 年进行了估计，认为在过去的 1 000 年里，人们已经把大约 20 亿公顷的富饶农业用地变成了垃圾场。大约有 1 亿公顷的灌溉土地因为盐碱化已经严重破坏了土壤结构。工业化之后，因过量使用化肥，土壤腐殖质损失率正在加速扩大。而且随着人口增加、城市用地、道路用地，人均可耕地面积，已经由 1950 年的人均 0.6 公顷降低到 2000 年的人均 0.25 公顷。许多人口稠密国家的人均可耕地面积，远远低于这一平均水平。只能依靠从其他国家进口粮食和油料等农产品以供需求。

粮食。1950—1975 年谷物产量，平均每年增长 3.3%，快于每年 1.9% 的人口增长率。谷物生产于 1985 年达到顶峰，此后的增长率已经放缓。已经低于人口增长率。在对拉美、非洲、和亚洲 117 个国家的土壤和气候进行了研究之后，联合国粮农组织（FAO）认为，有 19 个国家到 2000 年需要进口粮食。

水。与人类生活直接相关的是淡水。现在面临着淡水资源严重短缺的局面。随着全球气象异常变化，直接影响到全球的淡水资源变化。全球水资源分布呈现严重的两极分化。水资源充足的地区，水越来越丰富；水资源短缺的地区，水越来越匮乏。

全球 500 条大河养育着两岸的生物和绝大多数人们的生活。现在超过半数河流严重枯竭。江河的水源，多数都来自于高山的冰雪融化。随着地球变暖，冰雪融化的加速，当没有了高山的积雪时，生态系统也就几乎断绝了淡水资源。现在全球很多地区的农村和城市面临水资源匮乏危机。随着人口增加，对粮食需求增加，对灌溉用水的增加。据估计到 2030 年灌溉用水已经占到全球淡水用量的 70%。随着人口增加，伴随经济发展，增加了城市人口，直接导致城市用水增加。

水资源的限制和水质的下降，正在日益削弱着人类社会的生存基础。在过去的一个世纪中，世界人口增长了 3 倍，而水的使用量增长了 6 倍。粮食种植过程中消耗了大量的水资源。根据世界水资源协会的估计，生产 1 公斤大米需要消耗 1 900 升水，而生产 1 公斤牛肉则需要消耗 1.5 万升水。农业用水占据了全球用水总量的 2/3 至 3/4。全球大约有 2.5 亿公顷土地配备了灌溉系统，这几乎是 20 世纪初期用水量的 5 倍。

这些数据表明，水资源的使用和管理变得越来越重要。随着全球人口不断增长和生活水平的提高，对于水资源的需求也在不断增加。然而，有限的水资源面临着过度使用和过度开垦的压力，导致了水质的退化和水资源的枯竭。在保护和可持续利用水资源方面，我们需要采取行动，推动水资源的合理使用和保护，以确保人类社会的可持续发展。淡水只占水资源总量的 2%，而淡水的 3/4 是冰盖，可供使用的淡水总量仅为

0.5%。现在世界许多地方面临水荒的问题。到 2030 年，预计人口将达到 90 亿。在 2100 年到来以前就会出现全球使用淡水的极限。大约 1/3 的世界人口居住在中等至高强度水资源压力的国家。到 2030 年将有 2/3 人口都将生活在水资源的压力之下。水的短缺和污染破坏了范围广阔的生态系统。随着水资源对越来越多的国家构成威胁，逐渐将变成世界性的问题。发展到 2050 年状况又将如何呢！这都是摆在人类面前最现实的问题。我们的孙子辈就将面临这些生存的实际问题。

森林。对于维护生态环境，森林起着非常重要作用。调整气候、防止土壤流失；它是地球上 50%物种的栖息地；有助于平衡大气中二氧化碳的存量，改善了温室效应和全球变暖效应。地球上曾有 60 亿～70 亿公顷森林，现在只剩下 39 亿公顷。破坏森林，大部分发生在 1950 年之后。又如，20 世纪 70 年代，全球干旱地区占陆地面积的 10%～15%，到 2002 年已经达到 30%。这些现象都是地球温度升高，气候异常的具体表现。

农牧业。如今放牧区的土地约 36 亿公顷，另外约 5 亿公顷生产牲畜饲料，总共约占农业土地使用面积的 78%。

人口膨胀、工业畸形发展以及农牧业的过度发展，已经让人们预感到未来资源将出现供求失衡。以石油为例。20 世纪 70 年代国际能源署还认为，几十年中，石油供应不会出现问题。而如今，他们的看法有了明显改变。目前，主要油田产量，下降了 7%。在未来 20～30 年将下降到 9%。况且石油的需求量，在不断增加。仅就亚洲大市场的需求量，就十分可观。如果没有石油工业制成品，西药科学、信息技术、现代城市以及其他诸多组成我们以科技为重点的现代生活的成分都将不复存在。石油代表了许多生活的本源。而资本社会的发展模式，仍然在不断扩大，已经成为世人共同追求的发展模式。中等收入国家同样在追求发达国家的富裕生活模式。人们尚没有意识到，这种铺张浪费的发展模式不符合自然发展规律，人类生活是为了生存。生活质量需要改善，其前提，应该遵循人与生态系统均衡发展这个大环境。不可以以破坏生态系统为代价。

二、野生动、植物大量灭绝

人类能够制造和使用工具之后，随着工具制造技术的发展，人类对生态系统的破坏，也随之不断发展扩大。大约 4.5 万年前，"具有先进技术"的人种利用航海技术抵达到澳大利亚。他们战胜了土著人，不仅适应了当地的生活环境，而且让整个澳洲生态系统发生了严重变化。不过几千年，澳洲许多大型动物都已消失殆尽。24 种体重在 50 公斤以上的动物中，有 23 种惨遭灭绝。许多比较小的物种也从此消失。而水中的生物，并没有因人类到来而减少。说明人类具有使用和制造工具的能力，对生态系统破坏的直接影响。

类似澳洲生物灭绝的事件，在接下来的几千年间还不断上演，时间点都是在"具有先进技术"的人种，再次移居外面世界的时候。以新西兰的巨型动物为例，他们经历了 4.5 万年前的气候变迁，几乎没受到影响。但是大约 800 年前，具有先进技术的毛利人踏上这片土地。不过几个世纪，当地的大多数巨型动物，都惨遭灭种的命运。此外，曾有几百万年时间，长毛象的足迹踏遍几乎整个北半球。但是随着掌握了工具的先进人种的到来，他们的栖息地不断缩小。到了大约一万年前，全世界几乎再也没有长毛象了。马达加斯加是生物宝藏之地。森林中生活着 1.2 万种植物，19 万种动物。其中 60%物种，在地球其他地区没有。现如今 90%森林被开垦为农田，可以想象生物灭绝的状况。

几十年来，古生物学家和动物考古学家，在整个美洲平原和山区四处探访，寻找动物骨骼化石和粪便化石。对这些骨骼、粪便进行分析研究。研究结果表明，这些骨骼、粪便的年代，大致都属于人类如洪水般席卷美洲的那段时间。由此说明这些大型哺乳动物的灭绝与人类有直接关系。

三、生态环境恶化

大约在 1.2 万年前，"具有先进技术"的人种，大举迁入美洲大陆。

仅仅一、两千年时间，逐步战胜了当地的土著人，踏遍美国东部、密西西比河流域、墨西哥以及南美洲地区。原来这一地区森林繁茂，动物品种繁多，整个美洲就像是演化的巨大的实验室。考古发现证实，具有先进技术的人到来，使得大量物种灭绝，并严重改变了当地的生存环境。

"具有先进技术"的人种踏遍了非洲、亚洲、澳洲到南北美洲。同时也灭绝了所到地区的大量物种，毁坏了动植物的生存环境。

农业兴起之后，毁坏原生态森林或灌木丛，开垦为农耕土地。这种对生态系统的浩劫，仍在无数次、不同规模地重演。

人类社会发展到今天进入到工业化时代。原始社会、农耕社会，人类对生态系统的破坏，还主要是侵害陆地动物。而工业化社会，则将对生物的侵害，扩展到生物的整个生存环境。扩展到水环境。水环境的破坏直接危及水生生物。由于过度污染和过度滥用海洋资源，许多大型海洋生物已经濒临灭绝。地球上唯一仍在泛滥繁殖的物种，唯有人类自身，以及为人类食用的家畜。

在地球上的生态系统中，各类生物之间形成相互制约、相互依存的生存环境，稳定地运行发展。自从人类制造和使用工具之后，这些"具有先进技术"的人类，对自然界一直处于"强取"的地位，造成了今天生态系统的岌岌可危局面。这种局面最终也必将危害人类自身。这是需要人类尽早醒悟的致命问题。人类社会背离自然发展规律的行为已经成为破坏生态系统的元凶。大自然是最公正的裁判者，已经开始对人类实施一定的惩罚。

人与其他生物之间存在着最朴素的关系，就是在相互制约、相互依存的关系中繁衍生息。凡是不遵循或破坏这一准则的行为，最终都将加速生态系统的毁灭。掌握先进技术的人群，最终将是第六次毁灭地球上生态系统的罪人。据考古分析，至今，地球母亲共孕育了六代生物体，前五代生物的灭绝，是因为火山爆发或小行星撞击地球所致。唯有第六次生物灭绝，将是由于"聪明"的人类所致。将一个自然界最适于生物生存的星球，破坏得残缺不全、百孔千疮；破坏了适于生物的生存环境。

最后人与其他生物共同离开了这里。不知道地球上，是否还能出现第七代生命。道理有千条万条，有大道理小道理。生态系统灭绝是最大的道理。需要人类对人类的行为反思。

无数拯救野生动、植物的故事，让人思绪苦多。真正造成野生动、植物减少的，是人的行为造成的；改善生态环境的主要问题是解决人的问题；改变人的行为、心态仍然是解决问题的关键。构筑浮华的经济帝国大厦，是为了扩大资本积累，称霸世界的需求，已经远远超出人们的基本生活需求。

现代社会的畸形发展，正在以惊人的速度毁灭生物物种。地球上濒危物种大概占到全部物种的10%，中国要高出世界5～10个百分点，占中国物种的15%～20%，高达4 000～5 000种。当前12%的鸟类、23%的哺乳动物、32%的两栖动物、28%爬行动物、37%淡水鱼类、35%无脊椎动物、79%植物都处于濒危境地。联合国主持的"千年生态系统评估"指出，现在每年物种的灭绝达3万种。大约到2050年，物种灭绝速度可能会提高10倍。有部分预测认为，世界上30%的植物、动物都将在100年内踏上灭绝之路。

海水酸化。海水酸化，是由于海水吸纳了人类排放的二氧化碳而增加了海水的酸性。目前海洋的酸碱值已经由8.2下降到8.1。科学家一致认为，到21世纪末叶，海洋的酸碱值将变为7.8。海水酸碱值增加，直接影响到贝壳类生物生存。到2100年珊瑚礁可能完全消失。澳大利亚东北海岸的大堡礁是世界上最长、最大的珊瑚礁。其中生活的物种，保守估计也有数百万种，科学家称之为"海洋的热带雨林"。科学家已经预言，50年之后再也不会有大堡礁了。原因在于海水酸化。海洋中有许多植物、动物，它们能够将游离的钙离子和碳酸根结合在一起，形成碳酸钙。珊瑚就是钙化者，它用碳酸钙铸成自己的外骨骼。我们吃的螃蟹、虾、贝类，都是钙化者。几十年后，当人类排放的大量二氧化碳融入海水，使海水酸化。海水酸化到一定程度，破坏了这些钙化者的钙化环境，形成不了钙化的壳体时，对它们说来，就是灾难临头。

海水酸化对海洋生物的影响，科学家们做过实验，证明了海水酸化对海洋生物的影响。生态系统中的各个物种之间，处于相互制约相互依存状态。贝壳类生物消亡，直接影响到其他海洋生物的生存。海水酸化使全世界至少 30% 的珊瑚礁都处于危急状态。

地球上，生物的生存环境，同样是千丝万缕地联系在一起。现在全球物种灭绝的情况非常严重。全球大概有 12 种两栖类物种、13 种淡水软体动物、14 种哺乳动物、15 种爬行动物、16 种鸟类，已经灭绝或者濒临灭绝。物种灭绝已经不是个别现象，而是蔓延于全球，波及海洋、陆地、天空，所有有生物的地方，都在发生物种灭绝。

海水酸化、温室效应、乱砍滥伐树木，动物栖息地被破坏、被碎片化，这些都会导致物种的灭绝。

目前，全球大概仅剩下 8 万只长颈鹿，25 万只黑猩猩。以中国为例。1949 年时，人口总数是 4.7 亿人。许多广大农村地区，还经常有狼、狐狸、野猪、野兔、山鸡、鹰等野生动物出没。现在人口是 14 亿。广大平原地区，几乎布满了农田、房舍、工厂。其他生物的绝迹，自然是可以想象的事实。现在世界人口是 70 亿。到 21 世纪末，世界人口将达到 100 亿。其他生物的生存空间将进一步缩小。人类高呼保护生态平衡，保护生物链，不控制人口增长，都将是一句空话。现实表明，需要人类实实在在地做一些实事。控制人口增长；改变资本至上的发展模式。控制货币虚膨胀、控制工具膨胀、控制科学技术膨胀；优化人与生态系统之间的关系。这些根本性问题不解决，拯救生态系统就不可能得到实质性改观。

人口增长。人口增加是破坏生态系统的重要原因之一。随着工业化不断发展，人类都市化不断扩展。不断在动植物所在地大兴土木，扩建农田，使得动物的生存环境大量丧失。据"千年生态系统评估委员会"介绍，目前，生物多样性的丧失仍在扩大。如果不控制人口增长，就不可能阻断造成生态系统毁灭的趋势。

从第六章分析人口增长的现象可以发现，人口增长最快的国家都是处于经济落后到经济起步发展这一过渡时期。生活条件有所改善，但是医疗条件等跟不上，出现的现象。中国刚解放时，生活条件刚有所改善，人口迅速增长。如今世界亚、非、南美一些国家人口迅速增长，正是资本社会推行世界经济、贸易自由化之后，出现人口迅速增长的现象。

造成生存环境恶化的主要原因是，工业非正常发展、科技非正常发展。已经不是为改善人们生活条件所需，是追求资本积累最大化发展模式，造成的严重后果。以及人口过度膨胀所致。

温室效应。2009 年在哥本哈根召开气候变化大会，因温室气体而起，为工业革命的"原罪"善后。因为人类已经处于生存危机的边缘，处于灾难的转折点。这次会议计划达成一份革命性的全球气候保护行动指南，将未来气温上升空间严格控制在 2 ℃ 以内，到 2020 年之前，保证碳排放总量不超过 440 亿吨。然而现代化的发展模式，仍然被推崇、在不断扩大。没有任何迹象表明，控制和改变资本社会的发展工业、发展金融业、追求 GDP 的发展模式，有所改变。例如，美国一个国家丢弃垃圾的积累量所占的面积，就相当于 7 个新加坡的领土面积。1750 年以来，全球累计排放了 1 万亿吨二氧化碳。其中发达国家占 80%。二氧化碳有保温作用，它是最主要的温室气体，约占全球温室气体排放量的 77%。

大气中聚集的二氧化碳量通常以百万分之几（ppm）来计量。目前，温室气体水平，大约为 430 ppm 二氧化碳当量，并且每年还在以 2 ppm 的速度上升。到 2030 年，全球污染将比科学家预计的临界点（超过临界点之后，气候变化将不可逆转），超出 80%。普遍认为，过去几十年内，地球比中世纪任何时期都更暖和了。还需注意的现象是，温室气体排放导致更高的温度，更高的温度又引起极地冰盖、冻土的加速融化。冻土融化时，释放出甲烷。甲烷是一种强烈的温室气体，它将使得地球温度进一步升高。

二氧化碳排放。更为严重的问题是，工业化的发展模式仍在继续，仍在不断发展、扩大，工业化国家在增多。2019 年 6 月 9 日是世界环境日，气候专家再次发出警告：全球变暖是对地球生命的最大威胁。如果人类不立即采取行动缓解地球变暖，人类文明"将在 2050 年崩溃"。工业化国家在增多，能源消耗在增多，二氧化碳的排放只能增加不可能减少。以美国为例，尽管他一直声称，在气候保护方面"成就突出"。但是统计数据显示，美国 2018 年的二氧化碳排放量增长了 3.4%，创 8 年来最大增幅。自 1990 年以来，海平面已经上升了 10～20 厘米；大多数南北极的冰川正在消融。现实世界的发展趋向表明，经济大国不采取断然措施，对其发展模式予以改变或控制，人类的生存环境不可能得到改善！据科学预测，2030—2060 年间，温室气体将比工业革命前的水平翻一番。也就是说全球气温上升 5 ℃是人类社会从来都没有经历过的现象。

破坏臭氧层。由于化学工业产出的氯化物超出了大气同温层所能吸收的安全范围，导致出现臭氧层在今后几十年有被耗尽的危险。然而家用电器却仍然在不断发展和普及。

温度升高。据科学研究预测：地球平均气温，如果比工业革命前再增加 2 ℃，人类再也难以改变气候变化的方向，地球也将一步步进入彻底导致物种灭绝的境地。与当年"阿波罗"号飞船拍摄的地球的美丽图像相比，整个北极的冰盖已经减少了 40%。地球适于生物生存的温度，本世纪的限度只剩下 1.3 ℃。

上一个世纪，工业国家只有少数几个，到本世纪大多数国家开始发展起来，进入工业时代。人们呼吁、论证地球变暖问题，已经给人类生存造成危机。然而资本社会的发展模式仍然在不断扩大，世界人口仍然在不断增加，超大型城市不断在增多。这些导致气候变暖的根本原因，并没有得到控制。在这种情况下，不具备改变生存危机的条件。据科学家预言，本世纪气温可能上升 6 ℃。现在已经远远超出 1.3 ℃临界线。2007 年 10 月，北极的极夜到来的时候，整个海平面的冰层减少了 22%。在未来 10 年，全球气温，有可能上升 3.9 摄氏度，海平面上升将更为显著。英国海洋学家、剑桥大学教授彼得维德汉姆曾说，北冰洋海冰正在快速缩减，面积每十年减少大约 11%。到 2030 年左右，可能就没有海冰了。另据美国国家冰雪数据中心发布的最新数据，北极海冰面积在

2016 年 9 月达到最低水平，与 20 世纪 70 年代末比较缩减了 40%。两极的冰山消融是一个方面。雪山的冰雪缓慢地融化，是河流的源头，是人类大多数人生存取之不尽用之不竭的生命之水。如果雪山不存在了，则断绝了大多数地区人们赖以生存的水源，直接威胁到这些地区的人们生存问题。

废弃物排放。现在，世界上已有超过 70 亿人口，仍然沉迷于人类自身的生活改善和科学技术发展。特别是经济大国的科学技术发展，显著变态。有的以争夺军事霸权为主要目的，有的以争夺世界市场提高经济系统的实力为目的。超量消费造成每年将要产生 1 亿吨垃圾，其中只有不到 1/4 能够循环利用。人类制造的汽车等交通工具消耗大量能源，对资源、能源的消耗是一个方面。能源转化的二氧化碳对大气的污染，已经成为人们挥之不去心病的重要方面。电冰箱、空调排出的氟化气体，对臭氧层的破坏，气温升高，南北极的冰层融化，直接威胁生物的生存环境。然而随着资本社会发展模式不断扩展，废弃物的排放有增无减。现如今人们丢弃的垃圾，触目惊心。香港，平均每天每人丢弃 1.5 公斤垃圾。由此也可以反映出，人类对资源的浪费，对环境的破坏程度。塑料制品对环境、水的污染，已经随处可见。

据联合国环境署 2018 年的一份报告称，全世界总共生产出 90 亿吨塑料制品中，被循环利用的只有 9%，约 12%被烧毁。其余 79%最终堆积在垃圾填埋场或流入到自然环境中。目前，全球每年用掉的塑料袋多达 5 万亿个。已经成为人类头疼的难题。据报道，近日在太平洋海域发现一头死掉的鲸鱼。经解剖，从鲸鱼腹中取出约 20 公斤塑料制品。一个小事件，大致反映了塑料制品的污染状况。

回顾农耕社会，是以循环经济为主，丢弃的垃圾对环境的影响，几乎可以忽略不计。排放的废弃物，同样可以忽略不计。说明人们只要重视简朴的生活，节省资源，对生态环境的破坏，都将明显改善。这是需要人们思索的现实问题。

人生存所需土地面积。联合国环境规划署（UNEP）。2007 年发布的《全球环境展望报告 4》（GEO-4）发出了一项警告，指出按照平均水平，每个人需要 21.9 公顷的土地来满足其生存需求。然而，现实情况是，每个人只有 15.7 公顷可用土地。这显示出人口超载的问题。人口超载意味着其他生物的生存空间被压缩，对物质资源的需求不断增加。中国人均可用土地面积为 14 公顷，低于平均水平的 15.7 公顷。这反映了中国人口超载的状态。同时，这也意味着所有人均土地面积低于 15.7 公顷的国家都需要控制人口增长。

这个报告的数据提醒我们，人口增长对土地资源的使用和可持续发展产生了巨大压力。我们需要认识到过度人口密度给环境、生态系统和资源带来的挑战，并采取适当的措施来控制人口增长，以保护我们的土地资源和实现可持续发展。这包括推广计划生育等措施，以确保我们能够维持适宜的人口规模，实现人口与资源的平衡。

过度消费。人类的过度消费仍然在不断增长。不仅是随着人口增长而增长，也在随着经济增长而增长。过度消费，与经济发展模式有直接关系，与以消费促增长的发展理念有直接关系。这种发展模式，一是造成物质的浪费，另外，也造成了人们思维方式的浮躁。既不利于生态系统，也不利于人们自身的成长。据《全球环境展望报告 4》预估，全球 GDP 截至 2050 年达到 3～5 倍的增长，对生态系统的破坏也将达到成倍的增加。

破坏自然资源。破坏自然资源已经是司空见惯的事实。因为大量、普及使用化肥，世界上的 1/3 耕地的肥力在减退。50%的牧场被超载放牧，沙漠化严重。2/3 的海洋资源以超过其生产能力的速度被捕捞。超量抽取地下水在粮食主要产区已被广泛应用。地下水位在不断下降，水源濒临短缺，严重威胁着人们的生活。化肥的使用使土地表面硬化。化肥中的氮、磷，大量地进入陆地生态系统。

全球汽车拥有量超过 20 亿辆，大多数并不是为了生存所需。鸟类、动物迁徙，是为生存所需。多数人类迁徙是为了寻求欢乐，为了寻求刺激。陆上、空中、海上，无处没有人的身影。大量人口流动，已经造成了对生物生存的影响，又浪费了自然资源。这都是人类生活中普遍存在的实际问题，没有哪一个政府实质性地干预这类问题。有的国家参选国家领导人的竞选者，在竞选中呼吁过类似的问题，但是仅仅是为了争取选票，关心的是个人利益，当选总统。没有哪一个政府实际关注人类生存环境问题。关注人与生态系统均衡发展问题。特别是经济大国之间，经济发展模式相同，相互争夺。争夺资源、争夺武器领先、争夺空间发展、争夺市场。争夺的结果是生态环境遭到严重破坏，生态系统遭到严重破坏。更为严重的问题在于，这种争夺的趋势，仍然看不到尽头。没有哪一个经济大国站出来，关注这类争夺对生态系统的破坏性影响，关注争夺改善人类与生态系统的生存问题。该问题已经是当今世界危及人类生存的核心问题。它是重中之重的，迫切需要解决的严峻问题。

生命支持能力恶化。近些年来，越来越多的研究揭示了生命支持能力恶化程度。其中最权威的研究之一，是由全世界超过 1 360 位专家于2001—2005 年完成的《千年生态系统评估》。它是第一份关于"地球自然资源"状况的综合性审计报告。该报告指出，大约 60%的生态系统服务，正在退化或不可持续地利用。例如：淡水、渔业、空气和水的净化，等等。

今天，全球升温和气候的异常变化，已经是众所周知的典型征兆。需要世界各国联合起来共同面对，共同解决人类和其他生物生存的环境问题。现在世界各国政府仍然以粉饰的方式报道：设立了多少"自然保护区"；如何拯救濒临灭亡物种；如何圈养、救治濒危动物。这类宣传报道是不济于事的，甚至是有害的。货币虚拟化、工具膨胀、科学技术膨胀、人口膨胀等，这类造成生态环境破坏的根本性问题在继续。现代社会的发展模式仍在继续。钢筋混凝土构筑的大城市、建筑物在不断增多。其他生物在不断减少，生存空间在迅速缩小。不在这些实质性问题上采取行动，其他任何拯救行动，都不济于事，都只是小巫见大巫。然而，现在任何国家、机构，都不去触碰货币虚拟化、人口膨胀、工业膨胀、科学技术膨胀这些根本性问题。正是这些根本性问题，在不断破坏生物的生存环境。现在的关键问题在于，仍然推崇这类发展模式扩散；仍然在追求经济发展，追求 GDP 增长，追求人类的幸福生活。统治者仍然在追求自我的政绩，不去触碰这些实质性问题。全然不顾人类社会面临的危难性问题。问题是严重的。这些问题的产生是人为造成的，生态系统制约不了，只能由人去控制、解决。各国政府机构都不去触碰这些实质性问题，这是最为危险、最为严重的问题。

今日的世界，将人类生存置于濒临灭绝的境地。经济大国的责任是不可推卸的。一些主要问题是这些国家造成的。然而时至今日，经济大国仍然在无休止地争夺经济霸主地位，争夺 GDP，争夺世界市场；争夺军事霸主地位，争夺科学技术的霸主地位；军备竞赛没有间断过。搅得世界从来没有得到安宁。现在世界上的原子武器超过 7 万件，仍然在不断研究发展。现在科技发展为政治所控制，为金钱所利用，已经变态了。科学研究事业本是纯真的事业。探索者有对新发现和革新感到欣喜的心理。而如今科学研究为政治所利用，为金钱所腐蚀披上了金钱外衣。这是最痛心的，也是最可怕的。因为工具膨胀发展、科学技术膨胀发展、人口膨胀，对于生态系统说来，都是外部因素。都是破坏生态系统的主要因素。

反过来，随着工具技术进一步发展，将人聚居于城市，城市不断增多、扩大。以钢筋水泥构筑的高楼，统一着每一座城市的面容和表情。统一着世界各国的面容和表情。长久的社会环境，浸染着人们的身心。如果再加以机器人介入人们的生活，人类社会呈现着新的社会结构，几乎隔绝了人与自然、人与其他生物的联系。逐渐忘记了，人本是生态系统中的一员。这种社会生活，是人类发展的变态、严重扭曲。

以上的介绍，大部分是借助于科学技术考察、分析得出的结论。实际上在人们日常生活中，仅仅几十年，有许多现象变化，同样是令人忧心忡忡的。例如人口增加，耕地面积减少；水资源枯竭。许多缺少水资源的地区，只能靠抽取地下水维持生活，抽水井打得越来越深。为了增加产量，大量施用化肥，土地盐碱化非常严重。再过几十年又将如何？这都是人们普遍深有体会的问题。

四、信息化时代

自 21 世纪以来,信息化技术的快速发展使得人类活动变得越来越数字化。由于信息化技术带来的巨大经济效益以及对社会的影响,各经济大国都在投入大量资金来争夺这一领域。信息化被视为发展战略的重要领域。目前,连接互联网的终端设备数量约为 100 亿台,智能手机用户约为 10 亿人。预计到 2020 年,互联网终端设备数量将达到 500 亿台,机器人应用也得到广泛推广。信息化技术是工具技术的进一步发展,尽管尚未经过时间的考验,同时也脱离了生态系统的制约,所以这些问题需要引起重视。

确实,信息化技术的发展带来了很多好处,但也带来了一些挑战和问题,例如对隐私和安全的担忧、信息不平等的增加,以及对环境和生态系统的威胁等。因此,我们需要系统地思考和解决这些问题,将发展与可持续性、公平性和生态保护相结合。

我们需要在信息化技术发展的同时,关注社会和生态系统的整体性,找到平衡点。这涉及制定相关政策和规范,加强监管和法律保护,同时也需要人们积极地参与和社会的共同努力。只有这样,我们才能充分利用信息化带来的好处,同时避免可能造成的负面影响,并实现可持续发展的目标。

人工智能。工具对生态系统的作用,自始至终没有改变。且随着工具技术的发展,其破坏作用越来越严重。人工智能技术的发展,它是工具技术发展的进一步升华。工具技术的发展,出现了计算机;计算机技术推动了工具技术进一步发展,推动了人工智能从初级到高级的发展。工具与人工智能,二者相互促进。人工智能技术,仍然具有工具的属性。它对于生态系统的破坏作用,仍然不可忽视。

现如今,人工智能研究,它给人类带来舒适、方便,更关注的是它带来的经济效益。说明信息化时代,仍然是工具自动化的进一步发展。工具自动化给人类带来的危害仍然将进一步发展。假设购买一个机器人需要 1 万美元，可以使用 10 年。而雇佣一个佣人一年需要 2 万美元。10 年需要 20 万美元。人们多是关注人工智能的经济效益。实际上，它是资本社会发展理念的继续和升华。没有关注人工智能对人类和其他生物的危害性影响。生物系统构成的生物链条，任何环节都不可忽略。对于生态系统说来，工具是外部因素。现实表明，忽视工具的任何影响，都将造成灾难性后果。人工智能，同样是工具，对于生态系统说来，同样是外部因素。它将同样对生态系统有破坏作用。生态系统结构的形成，都是经过约亿年逐步形成的。实践证明了人类的精明并不精明。人类的行为对生态系统的破坏，太多、太多。最终将是精明的人类将地球上的生物及人类自身，推入毁灭的深渊。具有讽刺意味的是，地球上其他五次生命灭亡，是火山爆发及小行星撞击地球所致。唯独第六次生物灭绝，是精明的人类所致。也令人深入思考现代文明的"是"与"非"。

在当代世界，核武器依然足以毁灭地球上的生态系统。但核武器的意义和用途，依然可以依据战争与和平的周期来分析、判断。而新的互联网技术，它同样是工具，对于生态系统说来是外部因素。现在世界上已经出现多起，利用网络攻击、破坏的案例。尽管本身不具备威胁性，威胁取决于如何使用。它的弱点是，超越了多数规则和规定，不易监管。对互联网的使用，尚缺少约束力。实际上，实施网络攻击比网络防御更为容易。更危险的是，对实施这些行为的嫌疑人，尽管实施了巨大破坏，但无法发现和控制。这个问题得不到解决，互联网的威胁将随时存在。因此，如果国际社会仍然认识不到，信息化是工具的属性，是外部因素的属性，对这类问题不做出明确、有效的限制，国际秩序将面临严重困境。生态系统将面临严重困境。工具发展的前车之鉴，并没有因信息化时代的到来而改观，反而进一步加速了人类走向毁灭的速度。这里再一次说明，资本社会发展理念不改变，生态系统灭绝的命运将不可能消除。

五、增长的极限性

一般说来，依据哲学的发展理念，做任何事情都需要尽量避免走极端。遵循中庸的发展理念，符合自然发展规律。现代社会的许多现象，都体现了走极端造成的后果。它是强调唯物或"1"的发展模式产生的后果。

增长极限。最初提出增长极限概念的，是罗马俱乐部的会员们提出，进行一次全球化进程中互相联系的各种大趋势的综合研究。于1972年将研究报告汇总出版一本名为《增长的极限》的著作。该书在世界上，被译成30多种文字，销售了3 000多万册。同年，人类启动了第一个"地球日"活动。这组研究人员概括地提出，我们有可能使现在居住的地球的承载能力超标，导致我们未来的生活异常艰难。他们的研究结果，预见了哀号的地球的诞生。

增长极限问题几乎是不争的事实。涉及各类资源的供给，例如矿物、森林、土地、水、动植物，等等。经过对这些投入品的加工，产生出供人们所需的各类产品。而地球的这些资源都是个常量，不可能无限制地供给。这是人人都理解的常理。现代化增长、增长、再增长的发展模式、消费促增长的发展模式，已经使得许多资源面临被掏空、枯竭的状态。它具体体现了经济增长是受增长极限的制约。

不仅包括人们所需的各类产出品的产出，同样还产生各种废弃物的产出。例如，垃圾、废气。现在许多经济发达国家，随着经济发展、城市人口增长，产生的垃圾已经到了成灾的地步。工业发展排放的各种有害气体：二氧化碳、一氧化氮、甲烷、氟氯化碳等。这类气体具有保温作用，致使大气温度升高、地球变暖、海水酸化等，全方位地破坏了生物的生存环境。地球变暖直接导致两极冰层融化，海平面升高，直接威胁到人类的生存环境。二氧化碳融入海水，使得海水酸化，使贝壳类生物壳体软化，它直接反映了海水的酸化程度，影响到生物链的结构。这些现象表明，产出也是需要有极限限制的。

研究者对碳排放研究的结论几乎都是一致的：人类社会很有可能"突破极限"，然后崩溃。"根源在于资本社会的发展模式，以及现代化发展模式，已经发展到需要过度利用自然资源的程度。"他们发现经济增长造成的影响，远远超过一些局部调整增加的环境变化容量。在报告中得出了三条结论：（1）如果今天经济增长模式中的人口增长、工业化进程、污染程度、食品生产以及能源储备消耗等速度都不变，世界经济增长的极限将在未来 100 年内到来；（2）人类可以创造出有利于未来发展的模式。其中一个主要方式就是构建能够确保生态和经济稳定的模式；（3）如果世界上所有的人，都决定为了第二种未来而努力，那么越早动手，成功的概率也就越大。这是关系人类命运，为子孙后代着想的最实际的问题。

地球的资源是有限的；地球适于生物生存的环境也是有限的；生物链的结构中各类生物的存量，同样是有限的。这些事实都说明经济增长，需要有增长极限控制；工业增长需要有增长极限控制；科学技术增长需要有增长极限限制；需要解决货币不合规则的虚拟化问题；人口数量增长需要有增长极限控制。这些因素对于生态系统说来，都是外部因素。特别需要指出的是虚拟化货币这个外部因素，它是其他外部因素增长之源，这些因素破坏了生态系统运行的稳定性。为维护人类与生态系统能够长久地生存下去，必须控制外部因素。这些外部因素是人为造成的，只能由人类自己予以解决。

经济增长极限。现代化社会的经济发展模式，几乎全盘照搬资本社会的经济发展模式：经济、货币虚拟化、工业、科学技术等膨胀发展；人口膨胀发展无人问津。你没有与之相抗衡的实力，资本社会不可能容许社会主义社会的存在。但是在抗衡的过程中，需要认识到四种外部因素的危害性，需要逐步实现构建世界统一货币体系。它是与资本社会抗衡的重要手段之一。如果不顾及竞争的后果。全然不顾地球资源的有限性；生态环境的可容性；全然不顾人类的生存危机问题，则失去了抗争的目的，是失误的。人类在这个星球上，最需要的是生存。需要与其他生物相互制约地长久生存下去。因此，发展经济需要有上限的限制。发展经济涉及到许多方面。如资源；人类生活产生的废弃物对生存环境的影响；人类生存对生态系统的影响等等，都需要协调发展。在《增长的极限》出版两年之后，E.F. 舒马赫出版了一本《小即是美》的书。他主张在地球还能正常运转的情况下，人类就应该采取相当激进的改革措施："去塑造一种能永久持续下去的生活方式"，去接纳小规模科技。2008 年澳大利亚学者雷厄姆特纳分析了《增长的极限》一书。并进一步认为 21 世纪中叶之前将出现世界经济全面崩溃的前景预测。

如今的人类社会利用工具技术发展经济，使经济发展一直是呈指数增长。

人口增长极限。人口增长需要资源支撑。自然资源是有限的，不可能容许人口无限制地增长。人类脱离了生态系统的制约之后，人口增长问题，只能由人类自行控制。如今面临的资源条件，有的已经超过自然的供给能力；有的已经接近自然的供给能力。人口增长破坏了生态系统均衡发展的部分，同样是外部因素。它直接影响到生态系统运行的稳定性。人类制造的问题，需要人类自身予以控制解决。然而至今没有哪一个国家及国际组织，实际介入并予以政策支持解决人口膨胀问题，减缓人口增长。庞大得不知未来去向的人口问题，对人类社会而言是难以承受的负担。全球人均谷物产量在 20 世纪 80 年代达到了顶峰。全球渔业产量在 90 年代达到了顶峰。如果再增长 1/3 人口，难以想象人类社会将面临的景象。

最实际的问题是，随着人口增长，人均可耕地减少。在虚拟货币泛滥的环境中，城市成为了更容易谋生的地方，这导致大量人口涌入城市。由此产生了一系列社会问题。人类有能力解决这些问题，而人类自己不去解决，还要用机器人介入，增加外部因素干扰。它是人类社会危机问题的进一步具体体现。

生存环境极限。形成地球特有的生存环境，对人类动的制约，很明显是有极限限制的，这是浅显的事实。大气层，不能轻易地动。它是形成生态系统特有的生存环境。地球表面的温度，它是地球形成生态系统特有的生存环境，不能轻易地改变。地球蕴藏的许多资源，基本都是固有的，不能轻易将其耗尽，等等，都是浅显的道理。人类的活动，应该重视这些固有的生存环境。

第三节　造成生态系统岌岌可危的根源

从以上的介绍可以了解到，造成生态环境严重破坏的主要因素是：资本社会的发展理念，导致货币虚膨胀、工具膨胀、科学技术膨胀、人口膨胀等外部因素造成的后果，是资产所有者的贪婪本性膨胀，不遵守自然发展规律造成的后果。

一、人口膨胀

人口膨胀问题与人类的生殖能力、生存环境有直接关系，也与文化基础有直接关系。人的一生中，可以生育十余次。这是基本依据。人类的生活条件决定了人的繁衍能力。从有文字记载的人类文明发展的历史，可以了解到，人类正好生活在像蜜罐一样美好的环境中。阳光合适、气候合适、土地环境合适。形成了生物相互制约、相互依存的美好生存环境。正是在这一环境中人类得以生存和发展。从四处漂泊顺应自然的生活方式，发展到能够制造和使用工具的生活方式；进化到游牧生活；进而发展到定居、侍养牲畜、耕种土地、过上温饱的农业社会生活方式。随着生活条件的改善，人口增长率也随之增加。安定、舒适的生活条件，婴儿的存活率迅速提高。另外，农耕社会文化条件有限，不了解如何控制生育的方法和手段。在辽阔的适于人类生存环境中，在工具的作用下，缺失了生态系统的制约，导致人口迅速增长。从统计表中的数据可以看出，至今农耕社会仍然是人口膨胀的高峰期。

中国的经济状况与人口增长的关系，也充分说明农耕社会是人口增长的高峰期。1949 年新中国成立以后，广大农民分到了土地，生活条件普遍得到了改善。随着人口出生率迅速增长、婴儿死亡率大幅度降低，人口增长率迅速提高。1950 年到 1971 年，人口增长率一直高于 4%。从 1971 年到 2007 年实行了计划生育政策，人口增长率降到了 2% 以下。

70 年时间，人口增长了两倍。20 世纪初，世界人口是 20 亿，到 2017 年，世界人口达到 70 亿，增长了 2.5 倍。这些现象都表明，工具技术和数量的增长使生活条件改善，是人口增长的主要原因。人口问题已经成为严重的世界性社会问题。无数事实表明，知识经济时代，经济繁荣并不是以庞大的人口基数为基础。它只是增加了对生态系统破坏的重要因素。

人类的优势是，人类是有逻辑思维能力的动物，能够制造和使用工具，使得人类成为生物链顶端的生物。此后，人类与生态系统的关系，便由紧致耦合关系，逐渐转变为松散耦合关系。类似于经济系统中，货币与经济系统的关系是松散耦合关系，需要政府机构予以严格监管、控制。人类与生态系统的关系变为松散耦合关系，缺失了生物链对人类的约束力，缺失对人口迅速增长的约束力。随着人口增长，不断增加对其他生物生存空间的侵占，对生物链的破坏也越来越严重，导致许多生物逐渐消亡。这是人类发展产生的严重问题之一。

奴隶社会及以前，人类过着四处漂泊的生活，生活得不到基本保障，人的淘汰率很高。人口问题不是社会问题。

人类社会发展到资本社会阶段，过上了富裕生活，人们自然不愿意让过多的儿女拖累，人的繁育数量自然降低。另外，人类的文化水平提高，可以有意识地控制生育。从统计表中的数据可以看出，这类富裕国家不是控制人口增长的重点。

总之，人口膨胀问题是破坏生态环境的主要问题之一。这个问题不解决，任何谈论维护"生态平衡"问题，都只能是一句空话。破坏生态系统平衡的人口数量，对于生态系统说来是外部因素。这些多出的人口破坏了生态系统的均衡状态。随着这部分人口数量增加，其破坏作用进一步增大。对于货币虚拟化的外部因素问题，只能由政府予以严格监管控制。同样，对于人口超量增长问题，对于生态系统说来，也是外部因素。同样只能由政府等各类机构组织，予以严格监管控制。但是在人类发展历史上，从来缺失这一控制理念。世界各国以及世界组织，都不去触碰人口增长这个敏感问题，使得人口增长问题失控。岂不知，控制人口增长是改善人们生活质量的重要方面。况且当今世界，人口增长已经发展到严重破坏生存环境的地步。它是在工具的作用下，缺失生态系统制约，必然出现的社会现象。可是人口增长仍然居高不下。人口增长最快的国家、人口众多的国家及世界组织仍然不予重视人口增长问题。人口增长问题已经成为破坏生态环境的主要因素之一。

二、货币虚膨胀

货币与经济系统的关系，是松散耦合关系，需要政府机构予以严格监管。货币虚膨胀与工具膨胀发展是破坏生态环境的主要因素。货币的基本属性是产品交换的媒介，其发行量应该与国家的 GDP 增值相匹配。然而经济大国利用广大世界市场对货币的需求，以虚拟化货币代替货币使用，剥削他国财富，导致虚拟化货币迅速泛滥。它直接影响到世界金融市场出现严重混乱现象。据国际货币基金组织统计，2007 年金融资产价值增长到 230 万亿美元，为当年全球 GDP 的 4.21 倍。全球实体经济产值约 10 万多亿美元，而 GDP 近 54 万亿美元。全球衍生金融产品市值为 681 万亿美元，与全球 GDP 之比为 13:1。这一年美国的金融衍生产品市值为 340 万亿美元，GDP 为 14 万亿美元，二者之比达 25:1。其中，实体经济的产值与金融衍生品市值之比为 1:68。这些数据都表明，货币实际发挥的作用与 GDP 的匹配关系，已经被严重扭曲。由此可以了解到它对经济系统稳定性影响的严重程度。

货币虚膨胀产生一系列严重不良后果。经济大国利用虚拟化货币代替货币使用，实现了用看不见的手，剥削他国的财富；虚拟化货币助推工具技术、数量的发展，助推科学技术发展，建立起争夺世界市场的优势。用虚拟化货币助推军事武器发展，实现其称霸世界的目的。可以说，虚拟化货币实际起到了破坏生态系统的重要作用。货币问题是需要政府部门严格监管，而政府不予监管，使其成为严重破坏生态系统的严重问题之一。

三、工具膨胀

工具（其中包括科学技术），对于生态系统说来是外部因素，它对生态系统运行的稳定性有直接影响。因此工具发展的"快"与"慢"，直接影响到生态系统存在时间的"长"与"短"。如果工具的发展仅仅是满足人类改善生活所需，尽量保持人与其他生物之间相互制约、相互依存关系，这是应该遵循的发展模式。然而，资本社会的工具发展，已经远远不是为了解决人类衣、食、住、行的基本需求，已经是利用工具技术的发展，成为追求经济效益，扩大资本积累的重要手段。资本社会只顾及工具可以增加经济效益和增加资本积累的一面，不计一切地发展工具技术和发展工具数量。结果造成生态环境的急剧恶化。它是工具技术急剧发展的必然结果。它是破坏生态系统的因素之三。

人们需要清醒地认识到，建立在资本基础上的发展模式的危害性。它使得人类疏远了人与土地的关系，疏远了人与生态系统的关系。随着工具技术、数量的发展，人与生态系统的关系越来越疏远。

人与土地的关系受到自然环境的制约，发展是缓慢的，符合于生态系统的常态发展变化规律。而资本社会的发展模式，是构筑在资本基础之上，资本积累可以无限制地膨胀。资本社会又发明货币虚膨胀技术。导致工业发展无止境膨胀，科学技术发展无止境膨胀。进而造成对生态系统的破坏，无止境地膨胀。这种膨胀发展模式，严重破坏了自然发展规律。这是资本社会与农耕社会的本质区别。资本社会发展，已经将人类引向歧途。生活的现实已经表明，资本社会仅仅存在200余年，就将生态系统拖入到岌岌可危的境地，是最有力证明。

以资本为主导的思维模式，发展到不顾一切地追求经济效益、追求资本积累的发展模式。而这种发展模式已成为世人向往的追求目标。至于其他生物的命运如何，全然不顾。需要重视的是，人类只是生物链的一部分，不可能与生物链截然分开。这是经历了数千万年考验的自然发展模式，它符合与生态系统相互制约、相互依存的基本原则。因此，将人类的行为融入到适应于人与生态系统的均衡发展模式，是人类的正确选择。如果人类能够自觉地从自然发展规律、自然结构的多样性中获得启发，改变人类无节制地发展经济，改变人类自我满足的陋习是可能的。寻求与自然和谐的生存之道，是人类赖以生存的正确抉择。

四、科学技术膨胀发展

科学技术膨胀发展，不仅与工具技术的膨胀发展密切相关，亦对生态环境悄然造成深远影响。随着科学技术飞快前行，我们社会日益依赖于先进工具技术来满足需求，但这种依赖同时也引来一连串的环境挑战与生态困境。首先，科学技术的膨胀发展可能导致过度消耗资源的问题。为了应对日益膨胀的需求，我们倾尽全力开发和利用自然资源。这包括吞食大量能源、过度使用水资源、滥伐森林及疯狂开垦土地等恶性行径。然而这等举止愈发侵蚀自然生态系统，导致生物多样性惨遭摧残，如此不可持续的资源开采方式已对地球的生态平衡造成巨大威胁。科学技术膨胀发展也激生环境污染与有毒物质释放。工业生产和科技应用飞速发展，生成大量废弃物与污染物，例如，大气污染物、水体污染以及土壤污染等。这些排放不仅危害人类健康，也深陷生态系统于不利的困局，危害无数生物的栖息环境。科学技术膨胀发展还加剧了气候变迁的恶化。人类活动释放了大量温室气体，急迅地推动地球的气候变动，造成全球变暖、冰川融化以及海平面上升等种种灾变。这类变迁对生态系统和生物多样性造成直接和间接冲击，破坏了无数生物的栖息地与生态平衡。

面对这些问题，我们必须正视科学技术膨胀发展对生态环境的影响，并积极采取措施来迎接挑战。这包括增强环境保护意识，推动科技创新与可持续发展，促进清洁能源和低碳经济的兴起，优化资源利用效率，减少环境污染与废物排放。唯有综合思考技术进步、社会经济发展以及生态环境保护的关系，才能实现可持续发展的目标，确保人类与自然和谐共存。

五、以人类为中心的思维理念

以人类为中心的思维理念，表现在许多方面。自然资源是个常数。随着世界经济增长和人口增长，人类对自然资源的需求是个不断增长的变数。这个变数总有一天会超过地球提供的资源。这就涉及如何有效的利用资源，使得自然资源能够长久地满足人类的需求。

任何系统变化都存在三种形态：一种是受外部环境缓慢的影响，系统处于缓慢的变化状态。一般称这种状态为常态。另一种是受到外部环境剧烈变化的影响，系统处于剧烈的不稳定变化状态。还有一种是受到骤然发生的爆炸式的影响，使系统骤然崩塌。这些都属于非常态，经济系统的发展变化符合这一发展规律。地球上生态系统的变化，同样符合于这一发展规律。直接影响到生态系统稳定性变化的外部因素有：货币虚拟化、工具膨胀、科学技术膨胀，以及人口膨胀等。生态系统变化剧烈与否，与这些外部因素的发展变化有直接关系。这些外部因素都是人为制造的。人类如果能够自我控制，控制货币虚膨胀、工具膨胀、科学技术膨胀、控制人口膨胀。则可以延长人类和生态系统的生存时间。如果人类不去控制上述这些外部因素，则地球的生存环境将很快处于不适于生物生存状态。生态系统及人类将随之毁灭。这是摆在世人面前的现实问题。至于应用现代科学研究到外星球索取资源，到外星球去生存问题。从外星球索取资源，能够满足人类无限制索取的需求，是否能够成为现实是个问题。至于人类能够实现到外星球生存，近百亿人口能够都移居到外星球吗？地球上的其他生物怎么办？持这类思维模式的人，其愿望可能实现。事实说明，持这种思维模式的人，反映了少数资产所有者的思维理念。它不符合自然发展规律的常态。现在人类社会的问题，就在于这种非常态思维模式的人，成为人类社会的主流群体。用哲学的思维方式分析，就是只重视"唯物"思维模式的群体，成为社会的主流群体。忽视了"唯心"思维模式对人类行为的指导作用。

到本世纪末，世界人口将达到100亿，是另一个现实的问题。地球提供给人类可利用的自然资源是有极限的，同时还需顾及其他生物的生存环境。人类与其他生物处在同一个生物链上，没有其他生物生存，便不可能有人类的生存。增长极限是客观存在的事实。如今鼓吹经济增长仍然是当今社会思维模式的主流。需要让人们认识到这种思维模式的危害性，不符合自然发展规律。它是对地球生存环境、对人类、对其他生物生存不负责任的行为。这种唯我独尊的思维模式，在于单纯重视"唯物"，而忽视"唯心"对人们行为的指导作用，其后患是灾难性的。

人类贪婪的本性，其他动物并没有。贪婪属性的形成与人类能够制造和使用工具有直接关系。人类借助于工具，可以获取更多的食物，可以选择更好的食物。进一步促使人类改进工具技术。相互促进，相互影响。进入到资本社会以后，发现利用工具技术可以增加经济效益、扩大资本积累。随着工具技术膨胀发展，也进一步促使人的贪婪本性进一步膨胀发展。达到了忘记其他人的存在，忘记了人只是生态系统中的一员。忘记了人与生态系统是相互制约相互依存的关系。

六、缺失哲学指引

资本社会的资产所有者，为了追求资本积累，不顾一切地发展工具制造技术、科学技术（唯物）。已经达到了只见物（唯物）不见仁（唯心）的地步。哲学是全面认知客观世界的科学。资本社会之所以能够给今天人类社会造成生存危机的局面，其根本原因在于，资本社会单纯地追求经济效益，追求物质丰富，追求资本积累最大化，也就是单纯的追求唯物。哲学告诫世人，正确认知世界，唯物、唯心是不可分割的两个方面。而资本社会发展只是追求"唯物"，忽略了"唯心"在认知客观世界中的作用。例如，单纯追求物质生活（唯物），造成了对生态系统的破坏，就是缺失唯心思维产生的严重后果。人们需要物质生活，然而精神生活在人们的生活中，是决不可缺少的内容。往往精神生活的重要意义远胜于物质生活。资本社会形成人的两极分化，也是缺失唯心观产生的严重后果。一部分人成为人上人，而另一部分创造财富的人，则由人变为工具，受歧视，生活得不到基本保障，产生了严重社会矛盾。北欧社会现在比较安定。它们采取的办法是，贡献大的人收入高，国家的税收也高。以保障全民的高福利待遇。这里体现了唯物、唯心均衡发展的发展理念。既重视物质生活丰富，又重视精神生活丰富。如果人类社会能够进一步认识到，人类生存离不开其他生物。人类能够控制工具的发展，过着满足基本生活所需的简朴生活，杜绝奢侈、浪费的生活方式，都是有利于构成人与其他生物和谐共存的生态环境。

七、反思人类文明

人类社会面临的现实状况，需要对人类文明予以反思。何谓人类文明？人类文明是构建于生产力基础上的文明。它随着生产力发展而发展。构成生产力的要素是破坏生态系统的外部因素。因此，随着生产力发展，人类与生态系统的关系越来越疏远。对生态系统的破坏越严重。人类文明应该遵循的准则是，人类只是动物的一种，是生物链的一个环节。这一点是衡量人类行为的基础。也是判断人类文明的基本依据。任何时候都不能脱离这一基本准则。农耕社会存在了 10 余万年，至今世界上大多数国家仍然是农耕社会。资本社会仅存在数百年，已经导致人类面临生存危机境地。对于生态系统说来，这一事实深刻表明，资本社会存在严重问题。它是严重扭曲，而不是进步。它是对生态文明的破坏，而不是建设。事实也说明了相对于生态系统说来，人类文明的局限性。这是对人类文明最基本、最朴素的评价。

扩大外部因素。应该说几种外部因素是最不文明的事件。可以说，它是造成现代社会各种问题的根源。货币的本质属性是产品交换的媒介，仅此而已。货币反映了公正、公平交易，是人类文明的重要内容之一。而货币虚拟化，破坏了货币公正、公平的基本属性。造成产品交换的不公平、不公正。成为剥削他人财富的看不见的手。也造成了人与人的不平等和国家之间的不平等。货币虚拟化，造成经济系统运行不稳定，它是严重破坏经济发展规律的重大事件。

哲学。哲学是掌控人类正确认识自然发展规律的科学。资本社会是见"物"不见"仁"的社会。单纯追求物质财富，追求物质极大丰富（唯物）。其贪婪欲望已经达到了猖狂的地步。社会的发展维系，需要有物质追求，更需要有精神追求。不顾道德品质的建设（唯心），只注重个人的物质、精神享受，而不顾他人，更不顾人的行为对生态系统的影响。它是违背自然发展规律的行为。说明，资本社会见"物"不见"仁"的发展理念，是对人的行为严重扭曲。是缺失哲学掌控造成的严重后果。

以上事实都说明了，资本社会是人类社会发展的极大扭曲，而不是进步。认识不到这一点，便不可能解决人类社会面临的生死存亡的危难问题。

第四节 心灵环境岌岌可危

现代化社会根深蒂固的理念，就是经济增长。现代化社会唯一存在的共识还是增长，物质越多越好，资本积累越多越好。为此利用广大世界市场对新技术产品的需求，利用货币虚拟化，向世界扩张。再利用搜刮来的财富，发展高新技术，进一步控制新技术世界市场，以提高经济效益和资本积累。原因就在于经济增长是当今世界普遍一致认可的发展模式。经济增长是人类生存的共同追求。经济增长是需要的，它是改善、丰富人们物质生活的基础。而现代社会发展经济，已经严重偏离了人类生存的基本需要，而是为了扩大资本积累，全然不顾对生态系统的影响。这种发展模式，已经造成了资源严重浪费、枯竭，生态环境遭到严重破坏。生态系统和人类的生存环境，面临岌岌可危的境地。

经济是基础。有什么样的经济基础，产生什么样的上层建筑。现代化社会的经济虚膨胀发展，造成人们浮躁的心态，造成了人们心灵岌岌可危，为生存而担忧。此时，人类需要反思、抉择：是延续人类的生存重要，还是任其西方发展模式的摆布，走向毁灭！这些问题已经成为人们需要尽快作出抉择的严峻课题。

第五节　改善生态系统现状的艰难性

资本社会的发展模式，已经扩展为现代化发展模式。现代化概念掩盖了资本社会发展模式，进一步扩大了对自然发展规律的破坏，也进一步扩大了资本社会发展模式的危害性。在现代化对生态系统破坏这一基本点上，人们已经认不清现代化发展模式与资本社会的发展模式有何不同。认不清现代化的实质和危害性。实际上，是公开承认扩大资本社会发展模式的正确性。资本社会给人类社会造成的灾难，在继续扩大。需要人们认识清楚，现代化发展模式的实质。该发展模式，仍然是进一步扩大对生态环境的破坏，对生态系统的破坏。其后果是使得对生态环境的破坏，进一步难以修复。

一、现代化势力强大

资本社会的典型特征是追求经济增长，不断地发展经济、工业、科学技术和货币虚拟化，以抢占世界市场。然而，这种发展模式也存在一些危害性。它忽视了资本社会的本质特征——扩大资本积累。虽然现代化改善了人们的物质生活，但却没有顾及到生态系统的可持续性。这种以人类独尊为导向的发展模式已经走到了极端。以现代化的发展理念，代替了资本社会的发展理念，令人耳目一新。实际上，这种发展理念，同样是单纯唯物观支配的发展理念，只能进一步扩大对生态系统的破坏。进一步加速了，将人类和生态系统推向毁灭的深渊。

现在的人类社会，现代化势力十分强大，并不断扩大，已经成为社会发展的主流发展模式。它给人们带来了丰富的物质享受，进一步促使人们去追求经济的发展。只是片面看到唯物发展模式的好处，忽略了哲学对人类社会发展指导作用的重要性。现代化造成的人类及生态系统濒临危机的局面，难以解除。这一点，不同于经济系统因货币虚膨胀造成的金融危机。金融危机，还可以用国库的储备予以堵塞蒸发了的虚拟化货币。还可以让民众勒紧裤带渡过难关，经济系统可以重新恢复正常运转。而生态系统，因工具膨胀对生存环境的破坏是全方位的。包括同温层、空气、陆地、海洋的生态环境，包括物种灭绝，等等，是对整个生存环境的破坏。如果人类不改变这种发展模式所造成的危难局面，是伤了元气的危机，将无法修复。

二、现代化发展理念为世人所推崇

现代化的发展理念，为世人所推崇。追求富裕、舒适的生活方式的思维理念，一直是人类历史上追求的目标。如今现代化社会发展实现了这一目标，并成为人类社会主流群体，为人类社会所推崇。现实的问题是为了扩大资本积累，极力推崇消费促增长的发展理念，形成了物欲狂社会风气。奢侈、浪费成为时髦的生活方式。人们需要认识到资源的有限性，否则其危害性尤为严重。这种发展理念仍在不断扩大其影响，同时忽视其危害性，这是一个严重的现实。

人类只是动物的一种。人类的行为与生态系统息息相关。如果不将人类的思维模式，转变过来，仍然只顾人类自身的利益，甚至只顾少数人的利益，人类消亡的命运将不可能逆转。它已经是人类社会面临的严峻现实。

何谓现代化。这里有个关键性问题需要区别开。资本社会发展理念的问题，在于单纯唯物的思维理念走了极端，无止境地扩大资本积累。货币虚膨胀、工具膨胀、科学技术膨胀，不只是为了改善人们的物质生活，而是为了追求资本积累最大化。这种发展模式造成了生态系统严重破坏。现代化的目的是改善人们的物质生活条件。而不是追求扩大资本积累。这是二者的本质差别。区别开这二者的关系，对维护人与生态系统均衡发展十分重要。但是同样是唯物发展观，对物质追求并无区别。在改善人们物质生活条件的同时，需要形成富裕而节俭的生活方式，而不是物欲狂的生活方式。需要考虑到对生态系统的影响。这二者不是对立的关系，是权衡和优化的关系。人们都有体会，简朴的生活与铺张浪费、奢侈的生活，出入非常之大。如果简朴的生活能够形成社会风气，加之控制人口增长，可能在物质生活上，就足以弥补人与生态系统均衡发展的关系。说明主导人类社会发展理念问题的影响之大。需要人类认识到没有生态系统的存在，也就没有人类的存在。这个关系是衡量现代化发展的基本准则。

三、生存危机的根本原因

自从人类能够制造和使用工具以来，随着制造工具技术的发展，人类的贪婪属性，也随之一步步增长。对生态系统的破坏，一步步更加严重。特别是工业革命以来，将发展工具的目的由改善人们的物质生活需求，转变为扩大资本积累的重要手段，成为称霸世界的手段。发展工具性质的改变，工具制造技术的发展，对生态系统以及对生态系统生存环境的破坏，尤为显著。加之货币的虚膨胀，进一步加剧了工具、科学技术膨胀发展，进而加速了对生态系统及生存环境的破坏。在此情况下，充分反映了，人类社会生活需要有哲学指引。既要修"道"，更要修"德"。既要唯物，更需要唯心，二者缺一不可。需要遵循自然的发展规律发展。废除单纯唯物的发展观。

四、缺少实质性行动

现在人类社会的发展，以及对生态系统生存环境的破坏，已经到了严重危机的地步。然而现实社会，仍然重视工具的发展，仍然缺少改善生存环境的实际行动。例如，解决气候变化问题。联合国主持召开的气候变化大会，已经召开了 15 次。但是时至今日，解决气候问题仍然没有多少实质性进展。影响气候变化的主要因素是动力工具，然而动力工具仍然在无止境地增长。如何能够控制对生态环境的破坏。

气候问题主要是经济大国畸形发展经济造成的严重后果。然而经济大国发展经济的模式基本相同，面对气候问题，就是相互踢皮球，不肯实际出力解决这一威胁人类生存的严重问题。最典型的是美国总统特朗普竟然宣布，退出 2009 年哥本哈根气候变化大会制定的《联合国气候变化框架公约》。欧盟受 2008 年金融危机影响，现在对该问题也不积极。日本曾是《京都议定书》的缔结地，现在对该问题颇为消极，等等。这些国家都是经济大国。造成的环境问题与他们有直接关系。他们应该承担起责任。说起来，这种现象也是可以理解的。因为资本社会的主人是资产所有者，政府只是其代言人。解决气候问题直接涉及资产所有者的利益。这些"主人"不肯牺牲个人利益，气候问题永远得不到实质性解决。这就是当今世界面临生死存亡问题，而不能得到解决的症结所在。这里反映出一个问题，要想改变现状，唯有改变资本社会制度。首先需要构建世界统一货币体系。这是实质性行动。它可以控制工具发展、科学技术发展、控制环境遭到进一步破坏。可以改变国家间的不平等。

美国原子弹之父罗伯特·奥本海默，观察美国第一次核试验时，曾说过："我们正在把自己塑造成上帝，就是那位能够摧毁人类的灵魂"。这是典型对资本社会在人类社会中的作用，予以真实的描述。

第六节 回归自然

自然发展有其自然发展规律。这就要求人类的行为，应该遵循自然发展规律。任何事情发展都需要"适度"，不可以走极端。这就是哲学强调的唯物、唯心均衡发展。控制"适度"，产业结构、生活习惯、思维方式等都会因控制"适度"的变化而变化。也就是说，在人类社会生活中，不能缺失哲学的指引。例如，衣、食、住、行是人们基本的生活需求。然而，不同的思维理念和经济生活方式之间存在巨大的差异，这也导致了不同的经济发展模式。有些人选择保持简朴的生活方式，有些人则过着平日的生活，还有些人享受在节日或度假时的生活方式，还有些人喜欢与朋友相聚参与盛会。这些不同的方式都会在具体的生活实践中得以体现。也许简朴的生活方式，更充满情趣、温馨、和谐、安适的气氛。有的可以铺张浪费、奢侈地生活。平日、节日没有区别；今日有酒今日醉的生活方式。两种不同的生活方式，其结果会截然不同。对物资的消耗，对于生态系统的关系，都会产生截然不同的后果。无论是针对个人，还是对于一个民族、一个国家而言，都可以应用相同的观点。然而，对于国家而言，其对生态环境的影响可能直接显现出不同的后果。实际上，简朴的生活方式与舒适、幸福的生活并不矛盾。相反，奢侈浪费的生活并不能保证一定的舒适和幸福。如果人们思想意识中，都存在着，与其他生物存在一个共同命运的时候，可能对人的行为会产生很好的影响。不妨对比一下，现在的偏远地区少数民族的生活与城市人们的生活。哪种生活更具有情趣，更有人情味？可能多数人更愿意接受乡村的生活。只是现代社会，由于人口密度过大，土地面积少，农村生活相对艰难。又由于金钱的作用，在城市更容易赚到钱，好谋生，不得已而为之，投奔城市。

现在许多发达国家的人们，节假日都愿意到农家小院去体验自然的生活。特别是一些经济发达国家，多有乡村别墅，节假日到别墅去生活。城市里反而空空荡荡，一些商场甚至关门停业。表明人们更愿意接受在土地上生活，而不愿意接受在钢筋混凝土结构的城市里生活。但是在现代化发展模式造成的货币虚膨胀、工具膨胀、科学技术膨胀、人口膨胀的环境之下，人们不得不接受这种生活环境。

一、现代化

人们都迷信现代化。这里需要强调指出的是，现代社会所谓的现代化系指，货币虚膨胀、工具膨胀，以及科学技术膨胀。一切为人着想。钱越多越好、物资越丰富越好、生活越舒适越好，永不满足。全然不顾，人只是动物的一种，人的行为对生态系统有直接破坏性影响。冷静思考所谓现代化，它应该表示人类社会发展更符合于自然发展规律，人与生态系统更和谐地发展。也就是说，需要将动态投入产出扩展模型(1-5)中，影响生态系统稳定性的外部因素尽量缩小。特别是货币虚拟化，它是违背经济系统运行规律的因素，需要废除。而不应该是将人类引入毁灭的境地。它说明货币虚膨胀、工具膨胀、科学技术膨胀、人口膨胀等，这些内容都违背现代化的发展目的，应该予以改正。现代化的任务，首先是改正这些非正常的发展模式，将人类社会发展，引入到符合自然发展规律、符合于人与生态系统和谐相处的社会结构。它体现了人类社会发展的进步，体现了人与生态系统更协调的发展。现在所谓的现代化是资本社会发展模式的继续，仍然是扩大人为制造的外部因素。并没有反映人类社会发展的进步性，它是人类社会严重扭曲发展。反而进一步将人类社会引入到毁灭的境地。并不具备先进性。

二、错配现象的严重危害

第七章介绍了局部、全局概念混淆问题，这是现代社会普遍存在的问题。以货币为例，人类社会出现货币以来，人们历经千百年的生活教训，意识到货币对于人们生存的重要性。但是不可忘记货币的基本属性，它仅仅是产品交换的媒介。在遵守货币基本属性的条件下，经济系统产生的剩余积累是正常的积累。而资本社会利用种种手段，人为地扩大资本积累，钱也可以生钱，则是违背经济发展规律的非正常资本积累。违背货币基本属性去追求资本积累，则是违背经济发展规律的行为，是非法的，是不道德的行为。

在经济系统中，各产业之间存在相互制约、相互依存的制约关系。任何产业都是在相互制约、相互依存的关系中运行。唯独是金融业，它仅仅是各产业之间联系的纽带。金融业、货币与其他产业之间的联系属于弱联系，这是金融业、货币的基本特征，需要政府机构予以严格监管。

随着工业经济的发展，资本剩余积累越来越多。但是世界大市场对货币的需求，相对于国家资本而言，是个无底洞，是不可能轻易填满的。由此资本社会资本至上的思维模式越发膨胀，并逐渐发展成为人们思维的主导模式。该思维模式的发展，忽略了国家货币具有局部属性；世界经济对货币的需求，属于全局属性的经济对全局属性货币的需求。依据货币的基本属性，局部属性的货币，不可以代替全局属性的货币。

局部属性的货币代替全局属性的货币，产生错配问题，进而产生虚拟化货币问题，出现了资本至上的群体，而且该群体逐渐成为优势群体。在经济发展的基础上，利用广大世界市场对货币的需求，不择手段地发展国家金融业，从而改变了国家金融业的基本属性。全然不顾国家金融业只是国家经济系统中的一种产业。将国家金融业代替世界金融业，是破坏金融属性的行为。造成了国家货币与世界货币错配产生的严重危害。将这种发展模式渐渐引向错误的途径。一些国家金融业在世界上称霸，使得金融业主导着国家经济发展，也主导着国家的走向，主导着世界经济走向、主导着世界社会的走向。

金融大国不仅在金融领域引导人类关注资本，而且这种错误行为的趋势越来越偏离人类与生态系统关系的正常轨道。他们认为局部属性的货币可以代替全球属性的货币，并进一步发展了一种将经济视为金融服务的错误理念，将科学技术发展视为金融服务。这种"错配"思维模式的发展越来越明显地走向了歧途。他们以此思维模式，改变着经济发展模式，人们的生活模式，最后以他们的思维模式，改变着地球上的生存环境，甚至改变着地球与其他星球的关系。地球的资源耗尽了，可以到其他星球去索取；地球不适于我的生存，我可以移居到其他星球去生存。这类群体，它无论到何处，都是不受欢迎的外部因素。对其系统稳定运行，起到破坏性影响。至于地球上的多数人的生存与我无关；地球上的其他生物的生存与我无关；生存环境破坏与我无关；地球的存在与我无关等等。这种金融至上的思维发展模式，早已不是天方夜谭，已经是可以看得见、摸得着的现实。正是这一群体主导着人类社会的发展走向，使得现在人类的生存已经面临岌岌可危的处境。

据考古分析，导致埃及文化、希腊文化、玛雅文化的消失，通常认为是种族之间的斗争所致。文化断层了，人还在。唯独今天有所不同。地球资源耗尽；空气污染，温度升高不适于生物生存；海水酸性化，不适于水生物生存；也许地球表面将成为汪洋一片。不知地球还能否再一次适于生物生存。这一切是精明的人类用几百年时间的所为造成的。人类灭绝了人类，灭绝了地球上其他生物。人类文明最后丢下了破败不堪的地球。地球上生态文明存在与否，是对人类文明的最真实评价。

三、保护地球

金融至上、人口爆炸式发展、工具膨胀，科学技术膨胀，正在迅速破坏生物的生存环境。更为严重的问题是，金融至上、人口爆炸式发展模式，工具膨胀、科学技术膨胀的问题，至今仍然主宰着人类社会发展的主流，仍然是世界各国梦想实现的发展目标。

摆在世人面前的问题，科学家们在苦苦论证、呼吁，而经济大国政客们依然是我行我素。没有哪一个有实权的政治家，实实在在为人类生存着想，为保护生态环境着想。实实在在地触碰"金融至上、人口爆炸、工具膨胀、科学技术膨胀"，这几个根本性问题。这几个关键的症结问题不解决，人类的命运、生态环境问题就不可能得到解决。

厄瓜多尔于 2008 年通过的宪法，该法授权各州，通过与自然和谐发展，并承认自然权利的方式追求幸福。该宪法给法律实体、各州设立了尊重和支持自然权利的特别义务，并规定此类权利具有法律强制力。

该宪法以不威胁自然权利的方式，而不是与其他许多国家一起追求 GDP 的无限增长，也不是以损害社会和环境利益为其发展目标。这是很难得的发展模式。

2009 年 4 月 22 日，联合国大会通过了，由玻利维亚提议的一项决议，宣布 4 月 22 日为"国际地球母亲日"。玻利维亚总统并呼吁，联合国成员国着手创立"地球母亲权利世界宣言"。见附录一。

"地球母亲权利世界宣言"是个令人觉醒的宣言书。该"宣言"的序言中提到："考虑到我们都是地球母亲——一个由相互联系、相互依赖又有着共同命运的生命体组成的不可分割、活生生的共同体的一部分"。"认识到资本主义制度和各种形式的掠夺、开发、虐待和侮辱，对地球母亲造成巨大的破坏、退化和瓦解，并通过气候变化等现象将我们知道的生命置于危险境地。已确信在一个相互依赖的生命共同体中，人类享有的权利使地球母亲招致失衡"。申明"人类权利实现的必要途径是，认可及保护地球母亲和地球上的所有生物的权利"。

2009 年 12 月召开的《联合国气候变化框架公约》第十五次缔约方会议（COP15），即哥本哈根会议。

一些小国在推动这项事业。世界上一些世界组织在推动保护生态平衡事业。"地球母亲权利宣言"是个很重要的决议文件。但是一些经济大国仍然我行我素，仍在奉行经济竞赛、军事竞赛、科技竞赛。货币在虚膨胀、人口在膨胀、工具在膨胀发展、科学技术在膨胀发展。全然不顾人类和其他生物的命运。仍然是说得多，实际行动太少。自然环境在一天天恶化，人类、生物的生存环境在一天天恶化。而现实的实际状况，仍然是我行我素，顽固的人类至上、人类独尊的思维模式不可动摇。

四、地球大法

综上所述，当今世界最迫切的问题是构建地球大法。构建地球大法是重中之重的建立世界统一规则的大事。各个国家、法律都必须遵循地球大法行事。构建世界统一货币体系，是制约世界各国依据地球大法行事的重要一步。当今世界最紧迫的问题是建立"地球大法"。

地球大法强制性规定保护自然生存环境。以地球大法的法律，制约生物与人类具有同等生存权利；以地球大法为依据，制约控制人口增长，保护生物的生存环境；以地球大法为依据，控制工业发展，控制科学技术发展；以地球大法为依据，废除货币虚拟化。地球大法是维护人与生态系统均衡发展的大法，具有绝对的权威。

为了人类与其他生物能够恢复到相互制约、相互依存的关系，最需要建立高于其他任何法律的地球大法。地球大法的基础，就是实现人与生态系统均衡发展。以地球大法的形式保护其他生物，保护人与其他生物的平等性。人类的科学、艺术表明，人类有能力、智慧、发挥生物链

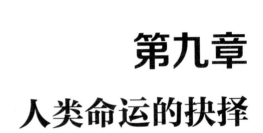

第九章

人类命运的抉择

21世纪初，舆论界极力宣扬21世纪是信息化时代。正是在这一时期，有关的国际组织、一些科研团体论证分析认为，21世纪人类将面临毁灭的命运。认为21世纪的前50年，是人类面临毁灭的50年，也是挽救人类命运极为关键的50年。它真实地反映了人类命运的抉择问题。人类是唯一具有思维能力的动物。人类社会发展到今天面临的种种问题，人类有能力和义务总结出走过路的得与失。现在人类面临的生存危机问题，迫切需要人类作出抉择。一种抉择是把地球上的事办好，维护好人类和其他生物赖以生存的家园。另一种抉择是，仍然是按照资本社会的发展模式发展。这都是决定人类命运的紧要关头，需要尽快予以抉择。

地球是人类赖以生存的家园。她是飘浮在太空里的一个美丽、脆弱而孤独的蓝宝石。她的儿女有责任和义务让她永葆美丽、永葆蓝宝石般的躯体。人类是地球的儿女，没有任何理由轻狂、缺失亲情、理智，践踏地球母亲。更不可以抛弃地球母亲而不顾。保护地球上的生存环境是人类不可推卸的责任和义务。

人类是生态系统的一个组成部分。生态系统的命运，直接映射了人类的命运。如今的世界，人类社会的发展，已经严重危及生物的生存和人类的生存。迫切需要人类作出抉择。

第一节　工具发展与生态系统的抉择

人类不能制造和使用工具之前的远古社会，在生物链中，人类与生态系统处于相互制约、相互依存的紧致耦合关系。人类能够制造和使用工具之后，索取食物具有了优势，具有强取的特性。从此，人类成为生物链顶端的动物。人与生态系统的关系，由紧致耦合关系改变为松散耦合关系。并且随着人类制造工具技术的发展，人类与生态系统的关系，也越来越疏远。现在世界上，仍然存在几种不同社会类型：资本社会、游牧社会、农耕社会和社会主义社会，以及少数原始部落。不同的社会类型与自然的关系存在着明显差异。农耕社会以前的社会，工具出现之后对生态系统有影响，但是仍然属于常态影响。这里不予讨论。这里主要分析对生态系统影响较大的农耕社会、资本社会和社会主义社会。

一、农耕社会

农耕社会出现距今约 10 余万年，至今世界上多数国家仍然是以农业为主的国家，这一点值得人们深入思索。

农耕社会是以土地为依托的社会。社会基础植根于土地，它与生态系统在同样的环境中生存繁衍，具有天然的密切关系。

农耕社会是分散的农耕经济。所使用的工具（外部因素）仍然多是手工加工的工具，比较原始，对生态系统及生态环境的破坏，尚没有构成严重威胁。另外农耕社会受到自然环境的影响，生产的物质财富有限，剩余积累很少。撬动经济发展的生产要素很少，缺少破坏经济系统稳定性的外部因素—虚拟化货币。农耕社会具有天然的较稳定的社会结构。

在对于大自然的认知方面，随着人类认知自然知识的积累，于距今 2000 年左右，在世界各地于农耕社会时期，产生了不同形式的哲学理论和宗教信仰。在中国产生了主张"天人合一"的哲学理论。例如以老子的《道德经》为代表的哲学理论；孔孟学说中的《中庸》理论。这些宝贵的哲学理论，至今仍然为人们所推崇。该理论指引人们正确认识人与自然的关系。宗教信仰通常以崇拜上帝、真主、佛等作为主导，而不是直接尊崇自然发展规律。它教导信徒要以虔诚的心态来面对自然发展规律。尽管如今人类社会面临各种问题，但这些哲学理论和宗教信仰仍然是宝贵的精神财富，它们可以指导人们的行为。人只是动物的一种。人不能胜天，应该敬畏自然，尊崇自然。农耕社会时期，自给自足的农耕经济。饲养牲畜基本满足自家对肉食的需求。耕种的土地基本满足对食品的需求。满足于自给自足的生活方式，显著减少了对生态系统的侵扰，也显著减少了受其他猛兽的侵扰。不具备现代技术条件，不能更清楚地认识人与自然的关系，但是它在维护生活方式，人与自然关系方面，起到了制约世人行为的作用。

在农耕社会中，尽管随着工具和技术的发展，对生态系统的稳定性产生了一定的影响，但手工工具对生态系统的影响仍然是有限的。因此，生态系统的稳定性仍然处于缓慢的变化过程中，并保持在常态运行阶段。

农耕社会的主要问题在于：人们有了固定的居所；可以耕种自己的土地；可以饲养牲畜。较少受到自然环境和猛兽的侵扰，生活安定了，基本满足了人们的物质生活需求。但是由于生活条件的改善，人口迅速增长。人口的增长直接侵占了其他生物的生存空间，破坏了人与生态系统的均衡发展关系。这是农耕社会人口增长，破坏生态系统均衡发展的主要问题。直至今天，农耕国家仍然是人口增长率最高的国家。

二、资本社会

数百年前，随着工具技术的发展，航海技术的发展，人们开始走向世界。先是葡萄牙、西班牙利用航海技术征服世界，掠取他国的财富。在世界各地建立了属于该国的殖民地。形成了突出技术优势的资本社会的社会结构模式。18世纪出现了以英国蒸汽机技术为代表的工业革命，与其相伴的在法国出现了追求民主、自由的法国大革命。从此自动化工具技术迅速发展，形成了以资本积累、工业化为显著特征的资本社会。英国、法国工业技术的兴起，形成了新一轮瓜分世界的工业技术统治和殖民统治。新一轮工艺技术革命与生态系统的关系发生了性质的变化。最典型的特征是，资本社会是构筑在资本基础上的社会，以各种手段扩大资本积累是其宗旨。对于经济系统说来，金融业和货币是需要严格监管的产业和产品。在开放的环境下，资本积累的增长是不可控的、货币虚拟化是不可控的。农耕社会的资本积累，受到生产条件的制约是可控的。说明构筑在资本基础上的社会，具有天然的不稳定性属性。这是资本社会与农耕社会的本质区别。资本社会发生金融危机的次数，明显多于农耕社会，就是最好的说明。随着工业技术发展，金融业发展，进一步推行世界经济、自由贸易。许多资产所有者将其企业、金融推向世界，利用手中的资本，到其他国家办厂、投资。其唯一目的仍然是扩大资本积累。

迷茫的世界。人类社会一直处于一种混乱状态。无论是亚洲、欧洲或其他地区，人类的历史都是一部你争我夺的战争史。它体现了人类为维持生存的生物本性。在农耕社会，各类你争我夺的战争，主要是人类种内争夺财富的战争。在农耕社会，由于工具的局限，对其他物种的影响，是有限的。工业革命之后，社会性质有明显变化。随着工业技术的发展，形成了开放的世界。与农耕社会比较，人类活动的范围扩展到世界。工具技术发展，直接影响到世界，影响到生态环境，影响到其他物种的生存。然而至今，世人只看到现代化社会给人们带来的物质享受，看不到这种工业过度发展、资源过度开发、资源浪费、生存环境恶化，给生态系统和人类自身造成的灾难性后果。如今，现代化社会的发展理念，已经成为现代社会的主流发展模式，仍然在不断发展扩大。特别是工具和科学技术的发展，真实地体现了资本社会的发展理念，使得人们对科学技术和资本社会的发展，越来越深感迷茫。如果不改变这种思维模式，人类社会和生态系统将永远不得安宁。无数事实表明，这种思维模式，不但危及人类自身的生存，也危及其他生物的生存。由此说明，探讨构建新的世界秩序，已经是世人所关注的迫在眉睫的严峻课题。

生态系统与人类的命运需要人们共同关注。生物及人类生存的家园需要共同关注，需要世界上各个国家的关注。特别是经济大国，影响力最大，造成的危害最大。世界上许多问题的形成，与这些国家有直接关系。如果这些国家仍然特立独行，仍然走自己的老路，任何问题都难以解决。解铃还须系铃人。只有这些国家认识到问题的严重性，实际行动起来，是解决问题的关键。

进入 21 世纪以来，人类社会更是使人迷茫的世界。科学技术发展之快，将人们带入一个更加迷茫的世界。经济增长，再增长的发展模式已经给这个世界带来诸多问题：资源将耗尽、环境污染，破坏、追求 GDP、人口泛滥。人们尊崇科学，而科学技术的发展之快更加让人们迷茫。人类社会向何处去等等问题，都使得人类处于迷茫状态。科学技术发展越来越神奇，从人利用工具征服自然，发展到工具控制人的行为。是祸是福使人迷茫，让世人为之忧心忡忡。

著名外交家亨利·基辛格在其著作《世界秩序》一书中，谈到"代表全人类行事"的问题。在人类社会处于迷茫时期，提出这个问题非常重要。现在迫切需要代表全人类，代表生态系统行事的力量。公正地解决国家间的关系问题，解决人与生态系统的关系问题。

数百年来，人类历史一直处于强取豪夺、大鱼吃小鱼状态。经济强国利用其金融的优势，强力推动科学技术、军事技术发展，保持其霸权地位。工业畸形发展、武器畸形发展、科学技术畸形发展、金融的畸形发展，进一步将人类社会带入新的迷茫境地。如果现代社会不摆脱固有的思维模式，人类社会的问题仍将永远无法解决。

宇宙探索卫星运行至太阳系边缘时，给地球人发回一张地球照片，该照片显示，地球仅仅是一个灰暗色的小点。由此可以联想到，人类只是地球上的一个物种，是生物链的一个环节。人不可以太狂妄。无数事实表明，人对大自然的认识仍然是微小的，人不能胜天。人类思考问题，首先需要考虑到这颗星球，考虑到人与其他生灵的生存问题，因为万物生灵的处境，也映射着人类的处境。如果不以该思维方式为基本依据，仍然固守资本社会的发展模式，人类社会的问题将永远无法解决。浮华的经济帝国发展，最终将毁灭万物生灵，毁灭人类自身。地球上第六代生态系统，将由人类的精明群体，在数百年的时间将其毁灭。在地球的历史上记载的是，留下千疮百孔的地球，以及由垃圾形成的高山和离奇的新矿床。现实许许多多事实已告诫人们，这不是危言耸听，是现实。

社会的主旋律。人类历史上的每个时代都有其独有的特征和主旋律。通过揭示周围发生的各种事件，人们能够认识和了解时代发展的主旋律。在农耕社会中，土地是社会的依托，人与自然之间存在着密切的关系，时代的主旋律是"天人合一"。这时期产生了重要的哲学理论和宗教信仰。类似地，在西方也出现了重要的哲学理论。在中国，出现了"天人合一"的哲学思想，强调人与自然的协调关系。人类的生活以适应自然环境为主导。此外，农耕社会培养出的哲学思想强调"天人合一"，使人类对大自然抱有敬畏之心，使得人类社会发展仍符合自然的常态变化规律。对生态系统的破坏在此时期仍然属于常态。时至今日，许多国家仍保持着对大自然的敬畏之心，并坚守农耕社会的发展模式。宗教信仰仍然遵循其教规，有其存在的合理性。

工业革命之后，形成了资本社会。资本社会脱离了人与土地的关系。发展为人与资本的关系，形成了资本社会。这种关系的改变是灾难之源。资本社会是发展自动化工业，追求资本积累最大化。近两百多年来，一些工业发达的国家，经济得到进一步发展。利用国家经济面对广大世界市场的需求，形成了快速发展模式。

20世纪后半叶以来，推行经济全球化、贸易自由化。现代社会发展的主旋律是世界经济、自由贸易、金融自由化。其核心仍然是发展工业、发展科学技术、发展金融业。进入21世纪后突出了信息化技术。信息化发展模式发展的前景又将如何，都是人们关注的核心问题。

从社会发展的进程观察，似乎集结于现代欧洲的许多国家的各种制度安排，以及现代欧洲内部发展起来的现代性文化方案，都将自然而然地被一切处于现代化过程的社会所采纳。它们将随着现代性的扩张，而通行于全世界。欧洲和西方的现代化方案，似乎终将取得霸权地位，最后形成一个单一的世界——工业化、金融化的世界。然而种种现象表明，由于资源的制约、生态环境的制约，以及资本社会发展理念的制约，单一的工业化、金融化的世界，不可能全面实现。工业化、金融化世界实现之时，也是生态系统毁灭之日。拯救生态系统能够保持缓慢、长期运行下去，至关重要的一步是构建世界统一货币体系。当构建了世界统一货币体系之后，金融业恢复了原本属性。受虚拟化货币影响的工业膨胀发展，科学技术膨胀发展的局面，自然也就恢复其原本状态。由此表明，对现代化的理解，它不应该是资本社会的经济发展模式。现代化社会，它应该是经济发展的优化模型。既照顾到人类生活得更舒适，也照顾到人与生态系统均衡发展。

摆在世人面前的种种现实问题是，农耕社会国家仍然占大多数。经济发展并没有多大改观，反而由于资本社会的发展，造成两极分化越来越突出。人们对于现代化发展的前景，存在诸多疑虑、不安和惊恐。

首先现代化科学技术、工业的发展，已经造成资源枯竭、浪费现象严重、生态环境遭到严重破坏，生态系统已经处于岌岌可危的境地。特别是超级人工智能的研究与应用，更是使得人们忧心忡忡。

研究分析显示，工业化对生态环境造成了破坏，几十年后可能面临生态系统的生存危机。这意味着现代人的后代可能会面临这样的生存环境。超级人工智能的实现也可能在几十年后成为现实。因此，忽视工业和科技发展对人类和生态环境的直接破坏，追求资本积累最大化的现代化方案，是存在问题的。目前，我们迫切需要解决的问题是不能让后代面临生存危机的现实。这是一个最为现实和紧迫的问题，也是拯救人类和生态系统免于灭绝的问题。

虚膨胀的时代。 在人类历史发展的长河中，由于诸多因素促使，每个历史阶段都有其时代特征。工业革命的出现，推动了人类社会的经济发展。最显著的特征是将以土地为依托的，发展经济的目的是满足人们生活需求的农耕社会，发展为以资本为依托的社会。发展经济的目的，是为了扩大资本积累。人类社会从工业革命获得了经济效益，丰富了资本社会国家人们的物质生活。但同时对生态系统的破坏，随着工业的发展也在一步一步加剧。

人类历史发展，最值得冷静分析的一个现实问题是：第一次世界大战之后，出现了社会主义国家苏联。苏联的出现，以扩大劳动者为主体的社会，打破了资本社会和资产私人所有者为社会主体的垄断地位；实施了社会主义社会制度。实施了劳动成果分配方式的改变；实施了劳动生产者为社会主体的改变。第二次世界大战之后，出现了以苏联为首的社会主义阵营。社会主义阵营的出现，进一步冲击了以私有制为主体的资本主义社会。它体现了社会结构的进步，是人类社会结构的进一步改善和发展。

资本社会与社会主义社会，是两种不同意识形态的社会。一种是资产归私人所有，另一种是资产归公有；一种是视广大劳动者为工具，任其摆布，人格低下；另一种是视广大劳动者为国家主人，是社会的依靠力量、是主体。于是出现了意识形态斗争。

两种不同体制的社会，存在一个共同的显著特征是：都是构筑在发展工业、发展科技、追求经济效益基础上的社会。都是构建在人类文明基础上的社会。由此导致争夺经济发展的霸权地位；工业发展的霸权地位；科学技术的霸权地位；争夺金融的霸权地位。意识形态的差异，必然导致冷战加剧，军事竞赛加剧。由此导致经济、工业、科技、金融，军备等进一步膨胀发展。其后果是进一步加速生态系统的毁灭。

这里应该区分一个本质性问题。资本社会的本质特征是追求资本积累的扩大化。在全球市场对资本需求的背景下，资本积累几乎是不可控的。为了扩大资本积累，甚至利用了货币虚拟化等手段。而社会主义社会的发展是为了改善人们的物质需求，人们的需求可以被控制。这种可控与不可控的差别是二者对待资源利用的根本区别。现代化社会发展需要区分开这些本质差别：一是追求资本积累扩大化，二是满足于物质需求二者概念的不同。只是区别一是私有制一是公有制，并没有反映经济发展模式的区别。不区分这些问题，其后果是，同样会导致资源进一步枯竭、浪费，使生态系统及生存环境，进一步遭到严重破坏。将人类社会置于工具堆之上；将人类置于武器堆基础之上；置于人口膨胀的基础之上，现在世界上的人口是 70 亿。许多现象表明，人类对自然资源的索取，若干种自然提供的资源，已经远远超出了其供给的极限，已经满足不了人类的需求。许多现象表明严重侵占了其他生物的生存空间，使其他生物迅速减少。这些现象给人类社会带来的不是福音，而是灾难进一步加剧。地球资源枯竭，又想开发月球乃至其他星球的资源。且不说这种思维是否可行。它具体体现了资本所有者永不满足的贪婪属性。这种思维方式是人造的外部因素，进一步破坏其他星球运行的稳定性，是灾难的进一步扩展。

货币是经济发展的兴奋剂。货币的这种混乱、虚膨胀局面，导致与货币有关的方方面面，都处于混乱的、虚膨胀状态。它涉及经济虚膨胀；工业膨胀；科学技术膨胀；武器发展膨胀；人们思维方式虚膨胀等等。这种虚膨胀状态的后果，严重破坏了生态系统的生存环境。更为严重的是，它已经成为当今世界的主旋律。将这一时代称为虚膨胀的时代不为过。不认识当今世界的这个主旋律之害，人类社会存在的问题将不可能得到彻底解决。因此，建立世界统一货币问题，恢复世界经济（全局属性）与世界货币（全局属性）的匹配关系，是解决当今世界问题中，迫在眉睫的紧迫课题。

货币的本质特征是商品交换的媒介，是国家主权的象征。失去了货币的独立性，便失去了国家主权的独立性。对于世界，这一对应关系同样适用。联合国（全局属性）中立地管理世界事务，没有世界统一货币（全局属性）的支撑，不可能中立地行使其职能。

第二节　唯物发展观与哲学发展观的抉择

资本社会和社会主义社会是两种不同的社会制度，但它们在经济发展中都重视经济、工业和科技的发展。它们都建立在基于纯粹唯物主义的社会基础上。然而，首先需要剖析现代化社会存在的问题。如果不能清楚地分析这个问题，探讨人类的命运选择问题就失去了实际意义。英国著名学者李约瑟认为，"西方的唯科学主义是猖狂的、是危害深远的"。这反映了现代化社会的病因。

一、资本社会的发展理念

原始社会、农耕社会，都是以土地为依托的社会。这类社会与生态系统有共同的基础。尽管人类社会出现工具之后，对生态系统的稳定性有破坏性影响，但是由于自然环境的制约，工具技术发展缓慢，对环境影响是有限的，社会发展仍然是呈缓慢变化状态。也就是说社会发展变化属于常态。对生态系统的破坏性，尚没有达到不可控制的非常态地步。

资本社会是单纯追求资本积累最大化，单纯追求唯物的社会。在虚拟化货币的推动下，资本社会工具膨胀发展、科学技术膨胀发展、经济膨胀发展，轻视与土地的关系。在经济系统中，虚拟化货币是外部因素，虚拟化货币迅速发展，使得现代社会和社会经济系统具有天然的不稳定性。现代化社会仅存在数百年，已经将人类社会及生态系统生存拖至濒临危机境地。事实说明了资本社会发展模式，不符合自然发展规律，给生态系统造成了严重破坏。

哲学是指导人们正确认识自然发展规律的科学。现代社会最严重的问题之一是，社会发展抛弃了哲学的指引，代之以科学指引，科学成为万能的学问。实际上是片面地应用哲学中的唯物观，亦即只是关注"1"在人类社会中的作用，抛弃了"0、1"对人类社会发展的指导作用，导致人类社会发展越来越偏离了自然发展规律，偏离了人与生态系统的关系。李约瑟教授呼吁，"西方应回到人性王国，我们应尽快让西方文化返回到人性王国的时候了"。他认为"天人合一"的宇宙观、科学观、人生观是挽救西方的时候到了。他也希望中国同行们以自信、自豪而又负责的态度共同皈依中华文化，弘扬这一伟大的人类智慧结晶，让这一文化宝典为人类文明社会安泰作贡献。（李约瑟著，潘承湘译《历史及对人的估价》）。

科学研究的内容五花八门。计算机出现之后，实验科学的发展，可以更深入地认识世界。现代科学研究，多侧重于投巨资于空间探索、超级人工智能等尖端技术领域。然而当今世界面临的突出问题是，人类和生态系统面临生存危机问题。产生这些问题的主要原因是货币虚拟化、技术和工具的膨胀、人口增长以及外部因素对生态系统的破坏。然而，投资巨额资金进行研究的领域很少涉及控制这些外部因素的研究。这反映了资本社会中一种思维理念的扭曲。单纯的唯物发展观忽视了人类社会发展与环境的密切关系，导致社会发展出现扭曲。这种发展模式无法改善生态系统面临的危机，这是一个值得关注的严重问题。

经济基础决定上层建筑。农耕社会的经济基础，产生了相适应的文化。两千年前，中国的农耕社会产生了道家学说，也产生了儒家学说。一千年前，中国又从印度引进来佛教学说。

两千多年来，"道""儒""释"一直是中国文化的主脉。中华文明能够延续五千年没有断代，与其文化主脉的影响是分不开的。尽管近代中国受到三座大山的制约（帝国主义、封建主义、官僚资本主义），国家处于破败状态，但是中国文化的主脉没有丢。这是中国得以站起来的主要原因之一。至今仍然不可丢。李约瑟教授的论断，很是耐人寻味。

二三百年来，资本社会单纯追求唯物的发展模式，单纯追求资本积累最大化。面对国际市场的大化，使得资本经济向工业化、金融化、自动化方向无休止地畸形发展。资本经济的畸形发展，导致经济系统向畸形结构方面发展。其后果是，资本社会国家的经济形成显著短板型结构；服务行业的收入在 GDP 中所占比例明显扩大。该发展模式，是扩大外部因素的发展模式。既破坏了世界经济结构，又破坏了自然环境的结构。造成气候变暖、海水酸化等破坏自然环境的现象越来越严重。事实说明，资本社会经济违反了自然发展规律，破坏了人与自然相互制约、相互依存的发展规律。

经济、政治、文化是相互依存、相互渗透的关系。当今世界经济大国的经济发展，同样都是遵循资本社会的发展模式：重视工业、重视金融、重视科学技术、重视货币虚拟化。也就是说，当今世界经济单纯追求经济效益的畸形发展模式，已经显著超出了人们的基本生活需求，形成了奢侈化生活的社会群体。该发展模式已经成为世界经济发展的主流模式。各经济大国都存在类似的问题。并不断将这种经济发展模式，向世界推广、扩散。而不考虑这种发展模式的危害性、浪费性以及对生态系统的破坏性影响，这是最危险的，危害至深。如今世界面临的是，资源枯竭、自然环境遭到严重破坏，已经发展到威胁人类生存的境地。事实说明，现代化经济发展模式，它应该体现在经济结构的优化。当今人类面临的迫切问题是，重新回归到遵循人与自然和谐发展的模式，才可以称其为是现代化的经济发展模式。

物无贵贱。等级制社会产生了人们等级的差别，贵贱的差别。对这一问题公开说"不"的人是庄子。在庄子看来，世界万物本没有差别，差别在于人的主观方面。人只知道以物观物，占有物多者为贵，占有物少者为贱。脑力劳动者为贵，体力劳动者为贱。人为贵，动物为贱。这些都体现了等级社会认识事物的扭曲性。事实上，正是劳动者创造了物质财富，而财富却归不劳动者所有，这就是社会的不公平。人为贵。人类社会发展不顾及对生态系统的影响，这是人类的最大失误。人是生态系统的一部分，人类生存离不开生态系统，需要尊重生态系统的根基性。说明不以"道"观物的道理，会产生严重的不良后果。

物性为尊。庄子关于尊重物性的观点是，物无贵贱思想的自然延伸。既然世界万物没有贵贱之分，它们的物性就没有优劣之别，都应该受到充分的尊重。根据这一思想，在社会生活中，人们就不应该自认高明地把自己的意志强加于他物，也不可以为物所屈或为物欲所累，轻易舍弃自己的本性。资本社会的人生哲学，恰恰是为物所屈为物所累。奢侈、浪费不尊重物，也败坏了人的本性。

无为是福。既然人类要尊重万物之本性，并要坚守自己的本真天性，就否定了人类妄为的可取性。认为以无为保持人的自然天性，才是正当的行为。

庄子的许多观念和命题对当代和谐社会建设具有催人彻悟的启示：物无贵贱的思想支持人们用公平公正的眼光看待一切社会成员，看待人类与自然万物的相依关系；物性为尊的思想启发人们对待自然界和动植物，应该有一种虔诚和敬畏的心态；无为是福的思想，指出了人们的所作所为对自然界可能造成的伤害，提醒人类应该制止一切贪欲妄为的行为。

百喻经：佛经中"百喻经"有一个小故事，联系到当今人类社会的现象，耐人品味。古代有两个癫狂鬼，为争一只小箱子、一根拄杖、一双鞋子而闹得不可开交。正在这时，从天上过来一个人，问道："这小箱子、柱子、鞋子有何稀罕，值得为此争得面红耳赤吗？"两个癫狂鬼争着说："别看这只小箱子，你要什么，就可以从小箱子里拿出什么。你要吃的穿的，从小箱子里就可以拿出吃的穿的；你要用的，就可以拿出用的；你要钞票，就可以拿出钞票。又如这杖，再厉害的敌人过来，也能打得他服服帖帖，乖乖叫饶。又如这鞋，一穿上去，就能够飞到天上，要到什么地方就可以到什么地方"。天上来的天人在上边听了，灵机一动，说道："你们稍许避开一会，让我来给你们评分"。两鬼听说有人为他们评分，就暂时躲开了。哪知天人见到鬼避开，马上穿上鞋子，抱起箱子，提起挂杖，转眼就飞到半空当中，对鬼说："你们要抢的，现在已经被我拿到。你们今后再也没有东西可抢，这下可太平了"。

"中庸之道"也称"中和之道"。它是儒家最高的道德修养标准，最高的立身处世原则。也就是去极端，取中间，恒定有常。保持平常之心。

广义地说，天下万物运行之理无不囊括其中。小处可以遵循它修养个人的品德；大处可以遵循它治理天下，引导万民。它告诫人们，任何事情都要做到恰到好处。因此"中庸之道"应该是人类生存应予遵循的智慧准则。

二、抉择货币的本质特征

金融、货币与经济系统的关系属于松散耦合关系，需要政府机构予以严格监管。特别是货币的发行量，应该与国家的国民经济产出量相匹配。而资本社会国家为了自身利益，以发行债券（虚拟货币）等等方式代替货币使用。它既不具有国家货币（局部属性）特征，也不具有世界货币（全局属性）特征。虚拟化货币的出现，既破坏了国家经济、金融系统的稳定性，也破坏了世界经济、金融系统的稳定性。它也是破坏生态系统稳定性之源。

违规性。金融、货币和经济系统之间存在着松散耦合的关系，需要政府机构进行严格的监管。尽管通用货币的发行量通常与 GDP 相匹配，但在全球市场对通用货币的需求下，通用货币通过采用各种虚拟手段实现了虚拟化，并且几乎没有任何制约的膨胀。这导致了通用货币成为一种不受监管的特殊货币，给世界金融系统和经济系统带来了混乱。这是严重违反经济发展规律和自然发展规律的事件。

混淆局部、全局概念。通用货币是国家货币与国家经济相匹配。世界经济需要有世界统一货币体系与之相匹配。虚拟化货币，它既不是国家货币，也不是世界统一货币。它混淆了局部与全局的概念。其破坏性影响到世界上人们生活的许多方面。

剥削性。虚拟化货币不完全具备货币的属性。用虚拟化货币代替货币使用，存在显著的剥削现象。

等级差别。在世界大市场对通用货币需求的背景下，与货币虚拟化有关的产业及其员工，具有扩大收入的条件。例如金融业、科学技术、服务行业的工作者，可以获得高工资收入。而与虚拟化货币关系较少的农业、基础工业的工作者，只能获得较低工资收入。产生严重的两极分化。

影响到工具、科学技术膨胀发展。货币虚拟化直接影响到工具制造技术和数量的膨胀，影响到科学技术研究的膨胀发展。导致工具技术、数量的发展，越来越偏离人们生存的基本需求。其后果是，随着货币虚拟膨胀，对金融系统、经济系统、对生态系统的破坏，都进一步膨胀发展。

武器膨胀发展。经济大国的军事武器技术与数量的膨胀，早已是人们普遍认知的现实。究其根本原因，主要是经济大国借助于货币虚膨胀的形式，获取更多的钱发展国防工业造成的后果。

经济虚膨胀。上述各种膨胀的现实，集中体现了经济虚膨胀。经济虚膨胀，具体表现在经济体膨胀。只要比较经济发达国家与经济不发达国家的经济结构，就清楚了。经济发达国家，体育、文艺、旅游、金融、家政等，都可以成为产业。产业结构在 GDP 中的比重顺序是服务业、工业、农业。美国的服务业产值，占到 GDP 的 80% 多。而经济不发达国家其经济结构顺序是农业、工业、服务业。充分体现了货币虚拟化的作用。

社会风气虚膨胀。上述各种虚膨胀的现实，直接反应到社会风气的虚膨胀。形成严重浮躁、狂妄的社会风气。产生严重的奢侈、浪费现象；视金钱为上帝，有了金钱就有了一切。眼中只有金钱，狂妄。会投机取巧、会赚钱的人成为社会的主流群体，社会风气严重扭曲。忘记了人只是动物的一种。人与其他生物的关系是休戚与共的关系。忘记了生态系统不存在，人类也就不存在的道理。

三、工具对生态系统的影响

现代社会经济发展模式，已经明显地反映了对生态系统的破坏。对于生态系统说来，工具是外部因素。它是对生态系统以及对人类生存环境破坏的主要因素，是工具的畸形发展产生的严重后果。工具技术发展到今天，对生态系统生存环境的破坏，已经达到了生存危机的地步。需要人类充分认识到工具畸形发展的危害性。若改变生态系统的生存环境，首要的问题是，制止工具的畸形发展。这一举措对于人类的正常需求并没有大的影响。冷静地反思现代社会人的生活需求，衣、食、住、行，已经远远超出了基本生活所需。追求新潮、追求刺激、追求摆阔，已经达到了严重奢侈、浪费的地步。然而现代化的经济发展模式，仍然鼓吹 GDP 增长、增长、再增长。鼓吹消费促增长的发展模式，造成资源极大浪费。维护生态生存和人类生存的大局，永远是人类不可推卸的使命。

四、人口膨胀破坏了生态系统的均衡关系

人口问题是当代社会破坏生态环境的主要问题之一。据统计，到2017 年世界人口总数是 70 亿。到本世纪末世界人口将达到 100 亿。人口数量的增加，涉及到需求物质增加。现在已经面临各种资源枯竭、地球生存环境承载的极限、生存环境破坏的现实。再增加 30 亿人口，人类将进一步面临让人无法接受的生存危机的事实。

人类社会最严重的失误是：没有遵循哲学发展观按自然运行规律发展；没有控制危害生态系统和人类的外部因素。

第三节　治源、治汇的抉择

"源"与"汇"是自然界普遍存在的对应关系。有"源"必然有"汇"。人类社会存在各种"源"与"汇"的关系问题。现代社会存在许多严重影响人类生存的问题，然而许多现代化社会发展模式的显著特点是，只看到"汇"的问题，重视解决"汇"的问题，不重视解决"源"的问题。实际上，不解决"源"的问题，在"汇"的方面投入再多，也不可能做到实质性解决"汇"的问题。这是现代化社会的重要弊病之一。例如人口膨胀发展、工具膨胀发展、科学技术膨胀发展问题；货币虚拟化问题等，都属于"源"的问题。而这些"源"问题都是人为造成的外部因素，只能由人来解决。现代化社会发展，几乎都不去触碰这些实质性问题。治理"汇"的问题，人们看得见；治理"源"的问题，似乎得罪人。实际上，都是些不负责任的行为。治病更需要治本，而不只是治标。

解决"源"问题的艰难性。上述这些"源"都是人为造成的外部因素，只能由政府机构及国际组织直接介入，予以控制、解决。如果政府机构仍然是制造这些问题的代言人，不去触碰这些问题。这也是解决这些问题的主要难点。这些外部因素涉及资本社会的发展模式。只看到货币虚拟化、工业发展、科学技术发展带来的好处，没有顾及它对生态系统的破坏性。这是解决这些问题的难点之二。另外，这些问题直接涉及到外部因素制造者的利益，以及因这些外部因素带来好处的庞大群体。这是解决这些问题的难点之三。而且重视工具技术发展、货币虚拟化，已经成为当今世界的主流思维模式。为了解决人类的生存问题，如果不具有"改天换地"的气魄，政权机构再为虎作伥，挽救人类危亡的命运是不可能的。

农业。农业的发展与人类的生存和生活紧密相关。然而，在这个问题上，人们最常见的关注点往往是治理后果而不是防控源头。当人口增长导致粮食供应不足时，人们广泛使用化肥、除草剂、农药、基因技术和地下水灌溉等手段来满足不断增长的需求。然而，这种单纯治理后果的做法导致了源头问题日益突出。一些人预测说，"目前地球上 1/4 到 1/3 的人口之所以能够存活下来，要归功于人类发明的化肥"。人口增长这个源头问题是人类自己造成的，因此只有人类自身介入才能解决这一问题。政府是解决社会问题的机构，特别需要政府机构介入予以解决。而实际上，没有几个国家和国际组织在控制人口增长（源）方面，采取有效措施。使用化工材料导致地力减退；对植被、生物的伤害；对生态环境的破坏。为了满足人类对肉食的需求，采用科学的方法，使用催肥剂等材料可以让猪几个月就可以长成出售。肉鸡，几十天就可以长成出售等等，都属于治"汇"的问题。没有触碰到治"源"的问题。全球人均谷物产量于 20 世纪 80 年代就达到了顶峰。再不控制人口增长，到本世纪末，人口又增加 1/3。即使提供更先进的化工材料，人类社会同样将进一步面临生存危机。

渔业。为满足市场需求捕鱼船建造得越来越庞大、越多，技术越来越先进。现在的捕鱼量，已经远远超出鱼类的产出量。全球渔业产量于 20 世纪 90 年代就已经达到了峰值。

农业、渔业都是与人口增长直接有关的问题。人口膨胀是问题的"源"，是人为造成的，只能需要人介入予以解决这个问题。然而至今很少有哪一个国家的政府和国际组织实质性地触碰这些"源"的问题。

工业。工具是破坏生态系统的主要外部因素。工具技术无制约地膨胀发展，数量、品种越来越多，规模越来越庞大，技术越来越先进。地球不适于人居住了，可以到月球、火星去旅游，去居住。不知这种思维方式是为少数人考虑，还是为多数人考虑。工具发展造成了对生态系统的严重破坏，将生态系统及人类自身拖入到濒临灭绝的境地。就生态系统与工具的关系来说，工具发展是"源"，生态系统和生态环境是"汇"。人类只是生态系统的一员，人类的生存、生活离不开其他生物。不改变人类无止境的物欲需求，不去控制工具这个"源"，生态系统与人类的灭绝命运将不可能改变。

环境治理。环境治理问题已经成为人类挥之不去的心病。大气层受到破坏；空气污染；气温升高；环境污染等问题，严重破坏着生物和人类的生存环境。许多学者和有关的国际组织，一而再地通报环境的问题。许多国家也在投资改善环境。然而环境问题是"汇"的问题。人口增长、工具生产泛滥、货币虚拟化是"源"的问题。不在治理"源"的问题上采取措施，环境治理问题，不可能得到根本改观。不采取治理"源"的决策，人类的命运不可能得到根本的改观！以丢弃垃圾和塑料袋为例，与人们生活的关系很密切，已经到了成灾的地步。治理这两个问题，也涉及到治"源"和治"汇"的问题。丢垃圾和塑料袋，几乎涉及到每一个人。规定要垃圾分类，说起来容易，做起来不容易。回收起来的有限，分类处理需要资本，收益有限。如果从治"源"上，采取措施，既经济又不用担心垃圾处理问题。塑料袋问题更为典型。小小的塑料袋，几乎人人、天天都遇到这个问题。虽然生产塑料袋经济效益不大，但是它涉及千家万户，经济效益稳定；商店用塑料袋，用户欢迎方便，商家也用不了多少成本。所以塑料袋问题不好解决。如果治理产生塑料袋的"源"，则既经济又彻底根治了塑料袋问题产生的灾祸。随着现代化的发展，这类现象越来越多。不在治理"源"方面采取措施，"汇"的问题，只能越治理问题越多。它直接反映了经济发展模式问题。不改变经济发展模式这个根本问题，想改变人类命运问题，其愿望只能随着人类消亡而消亡。其实，治理"源"的问题，也有轻、重之分。例如建立世界统一货币问题解决了，消除了货币虚拟化的影响。就这一项决策，几乎就可以解决大半"源"与"汇"的问题。并且为进一步治理人类社会问题，打开了一个非常重要的缺口，为进一步改革提供了重要基础。

第四节　人类社会发展需要哲学掌控

人类的生活包括两个方面：一是物质生活，二是精神生活，二者缺一不可。它表明人类社会发展，需要哲学掌控。

哲学是综合、全面认识客观世界的科学。以上述对待物质问题为例，哲学的处理方式，则会以物质与消费的关系处理这个问题。它既重视物质（唯物）建设，更注重构建精神文明（唯心）建设。它是保持社会发展处于均衡状态的必由之路。无数事实证明，唯物、唯心丢弃哪一方，这个社会的运行都将处于不稳定状态。

追求精神富庶以及幸福指数比较高的国家，有一个共同的特点：都不是物质发达或经济富庶的国家。这些国家的纳税额很高，部分物产贫乏。生活方面有许多不便之处。民众清茶素心，生活简单淳朴。国民自愿选择简单淳朴的生活。贫、富都是这种生活方式。追求的是精神富裕，而不是追求物质富裕。这是唯物、唯心哲学观保持平衡好处的具体体现。北欧的许多国家较接近于这种类型的国家。现在重视利用自行车出行，充分利用公共交通工具；食，则以清淡为主。乐于享受自然风光等等。

美国等经济发达国家，是另一种类型的国家。

国家的执政政策追求的是，追求经济发展、追求工业发展、追求科学技术发展、追求资本积累最大化、追求货币虚拟化，追求 GDP 增长。

具有代表性的精英人群。这一群体，若说生活简单，这些人过着几乎就和不食人间烟火无异的生活。不注重衣、食、住、行。生活越简单越好。基本做到了劳其筋骨、行夫乱其所为的境界。追求的是事业的成功、金钱、地位。认为放慢生活节奏就等于缺乏梦想、没有追求、没有激情，走向了单纯唯物的极端。

在国家鼓励、推崇精英人群的影响下，多数达不到精英的群体，进取心受到一定影响。而国家利用经济大国的有利条件，推行的政策是，鼓励消费，提供贷款消费等。由此，造成物资的极大浪费。同样是以唯物的思维理念处理这类问题。国家富裕了，大多数人收入提高了，但是这些人进入不到精英群体，于是就比拼购物，以满足贫乏的精神需求。而且国家利用其有利的金融条件，提供给人们贷款消费的环境。造成人们需求过剩，浪费过度。

日本又不同于美国。日本是一个资源相对匮乏的国家。自明治维新以来，国家树立了艰苦奋斗的精神。生活简朴是这些人的常态，他们过着与尘世无关的生活。他们注重节约和忍耐，但并不意味着放慢生活的节奏。减缓节奏就等于失去梦想和激情。他们追求事业上的成功，在过程中过着朴素的生活，追求财富的积累和满足感。或者他们寻求购物上的满足和幸福感。然而，这并不意味着他们都走向了唯物主义的极端。

近几年，很多调研机构都在发布世界各国的"幸福指数排行榜"。在盖洛普调查组织公司的 2010 年度调查报告中，日本的幸福指数占全球第81 位。而雄居排行榜前四位的都是北欧国家（丹麦、芬兰、挪威、瑞典）。英国前首相卡梅伦提出，"人生不是只有金钱。现在我们应该重视的不只是 GDP，还应该把焦点放在 GWB（GeneralWellBeing——整体幸福）"。

在北欧，各个国家的国民税金及社会保险金占的比重几乎是其收入的六到七成，可是这些国家全都居于幸福排行榜前列。拥有非常完善的社会保障制度。医疗、教育、养老、失业、妇女权益等等，人们生活有保障感。

人在芬兰生活，特别有平衡感。因为我们可以在自然的田园风光与都市生活中辗转自如，也可以兼顾个人的娱乐、生活与事业。虽然我们支付高昂的税收，但是也可以享受优越的福利。

在丹麦，人们清楚自己想要什么，心中有明确的目标。他们能够辨别对自己最重要的事物。他们的服装可能不够奢华，车辆可能是旧的，住房条件可能简朴，甚至可能会出现水电短缺的情况。但是，尽管如此，人们过着舒适宜人的生活。

丹麦人所皆知的俗称"十戒"之类的信条。包括"不要以为你很特别""不要以为你比别人好""不要以为每个人都很在乎你""不要以为你能教导别人做任何事"，也就是说"要有自知之明"等等。使他们不会盲目信从物质至上的思想。

记者从北欧人的回答中，深切体会到"通过物质获取幸福的时代已经结束了"。这些国家的国民普遍觉得与物质相比，他们更为珍惜那些精神生活和人与人之间亲和的幸福感。以及亲近大自然的和谐感。应该说，这种生活观符合哲学思维方式。保持唯物，唯心均衡发展。

相反，日本国民的税收负担率约为四成，他们掌握的可自由支配资金非常充裕，市场上提供了各种各样的商品选择。然而，为什么日本人的幸福指数排位较低呢？这个问题可以归结于对物质至上思想的崇尚。他们认为经济繁荣就等于幸福，拥有更多东西就意味着满足。然而，他们往往无法实现内心的平衡，总是渴望更多而无法满足。这种心态常常使他们失去了真正的幸福感。幸福不仅仅是物质上的富有，而更多地与内心的平衡和满足感有关。它说明，如果人类依然单纯运用唯物的价值观去构建自己的生活方式，缺少唯心观的指导，就越来越难以感知幸福的真谛。

近几十年来，随着美国财富的增加，美国人的生活随着财富的增加，物质欲也随之迅速膨胀。而且政府的政策主要是以消费促增长。人们内心充满着购物的冲动，相互比拼。你家家具、家电、服装、首饰以及玩具等齐全、上等，我也不能落后。你家换新车，我也能换。你的手机新潮，我也不能落后。几年前，美国流行一句，叫作"富裕流感"，或者叫作"消费流行病"一词。实际就是比拼购物的意识。为了维持富裕的生活，从事长时间的劳作。好多人收入本来没有下降，但是在比拼消费理念的作用下，背负的贷款却在不断增加，申请个人破产的人数也在不断增加，已经成为美国的一大社会问题。这种比拼的思维模式，造成物资的极大浪费。而美国政府在货币膨胀的背景下，又极力推崇贷款消费模式。几乎所有大件物品，如汽车，住房等等，都可以贷款消费、超前消费。

最有代表性的是 2008 年的次贷金融危机。银行用低利率，大量贷款给低收入家庭购房。因政策失调，导致发生严重金融危机。贷款人严重受害，曾经的幸福，一夜之间灰飞烟灭，甚至戴上不幸的枷锁。这类问题的根源在哪里？中国人很重视家风。良好的家风，使得人人生活在温馨、和谐的氛围中，有健康向上的追求。其实国也有国风，国风更为重要。家风只影响到一个家庭。国风不正，则影响到一个国家。所谓社会风气正与不正，实际就是有哲学指引和缺失哲学指引的问题。上述问题就是国风不正产生的严重后果。民众受害，国家也为推行这类政策付出沉重代价。美国是经济强国，经济上对世界有潜移默化的影响，这次金融危机使得世界许多国家也深受其害。美国的国风，同样对世界有潜移默化的影响。资本至上，追求 GDP 指标等等，这类思维模式对世界许多国家都有深远影响。

现在中国经济发展起来了。同样采用金融杠杆化、金融创新等手段，不断翻新。追求 GDP 指标；追求发展工业；追求发展科学技术等。物质生活发展到一定程度，需要重视精神文明建设。随着经济发展，人们收入增多，追求物欲的风气、浮躁的风气有增无减。民风衰败的程度，物资的浪费程度已经不亚于其他经济发达国家。满足人们衣、食、住、行的基本需求，与奢侈浪费的生活需求，有极大的差别。它涉及社会发展理念；人们所受教育形成的人生观问题等，有直接关系。受到资本至上，唯我独尊、单纯唯物的社会环境影响，人们的行为是一种方式；受到哲学指引爱护生态环境的教育，认识到人类只是生态系统中的一员；人的命运与生态系统息息相关，人们的行为将会是另外一种方式。探讨幸福问题，并不是让人们过苦行僧式的生活，而是过着正常的、简朴、温馨、和谐的生活方式，追求身心健康向上有哲学指引的人生。

第五节　人类文明与生态文明的抉择

文明是个广义词。这里仅涉及人类文明与生态文明的抉择问题。

人类文明。人类文明是构筑在生产力基础上的文明，随着生产力发展，人类文明也在不断发展变化。对于构筑在生产力基础上的人类社会，为争夺生产力，从古至今战乱不断。进入到现代社会，资本社会因其经济实力、金融实力、工具实力、科学技术实力称霸于世界。这些因素都是破坏生态系统稳定性的外部因素。正是这些外部因素膨胀发展，对生态系统造成了严重破坏性影响。现代化社会存在类似的问题。重视发展生产力是需要的。为了与资本社会抗争，几乎完全接受了资本社会的发展模式。发展，发展，再发展。忽略了非正常地发展生产力，已经远远超出了人们的基本生活所需。是在扩大人为制造的外部因素，对生态系统稳定性的进一步破坏。生存危机问题是摆在人类面前，迫切需要解决的问题。与资本社会抗争需要重视方式方法。说明在人类文明基础上思考问题的局限性。

生态文明。生态文明是构筑于生态系统基础上的文明。生态文明的显著特征是，为了维护生态系统稳定运行，需要尽量控制和减少破坏生态系统稳定性的外部因素。即控制工具、科学技术、虚拟化货币、人口膨胀发展。

人是生态系统的一部分。在工具的作用下，人造的外部因素越发展对生态系统的破坏越显著。说明人类文明与生态文明是两个水火不相容的文明形态。人类社会发展到今天面临生存危机的局面，已经迫使人们需要对人类文明发展模式与生态文明发展模式，作出选择。

第六节　人类社会发展的前景

面对当今世界的混乱局面，世人普遍关注人类的前途命运。关注人类社会的核心问题是什么，能否解决。

一、局部与全局的关系

现代社会存在不少局部与全局关系处理不妥的现象。今天世界的混乱局面，归结起来，可以用"局部与全局"概念混淆予以概括。或者说是单纯唯物发展观与哲学发展观予以概括世界经济，其核心是考虑世界经济的全局。国家经济是子系统，世界经济是全局系统。类似于国家货币与世界统一货币的差别。两者范畴不同，不可以混淆。

最典型的案例是，中国现在推行的"一带一路"倡议。它的发展理念是，共同富裕、合作共赢，建立世界命运共同体。具体实施的是，建立世界各国普遍关注的基础设施建设。人们都知道，发展经济最基础的建设是交通。只有交通问题解决了，进一步发展经济才有可能。中国现在推行的"一带一路"倡议，正是为解决世界各国间的陆陆交通、水上交通和空中交通不通的问题。以此为基础的设施建设，将世界各个国家连接起来。显然与跨国公司的性质、出发点是不同的。其结果也必然不同。这正是世界各国，很快接受"一带一路"的根本原因。它也是人类社会问题得以改善的一道曙光。

国家、世界。经济、货币有局部与全局之分。世界是全局概念，世界组织管理世界事务，具有中性特征、全局特征；国家是局部概念，管理国家事务具有时代性特征、局部性特征。货币是国家独立性的象征。国家的独立有其独立的货币。为了确保世界组织的独立和中立性，需要建立一个与之相匹配的世界统一货币体系，这样该组织才能够在处理全球事务时保持中立和独立的态度。目前的联合国在全球范围内缺乏全局性和中立性的特征。因此，建立一个独立的世界统一货币系统对于满足各种世界组织的中性独立性非常重要。有了这样的货币系统，各种世界性问题可以得到中性和公平的处理。只有当世界各国拥有独立的国家地位和货币的独立性时，这一目标才能得以实现。

二、建立世界统一货币体系

构建世界经济体系，其中最关键的部分是，建立世界统一货币体系。使得世界经济与世界统一货币构成一个完整、全局性的经济体系。它与国家经济系统类似，必须相匹配。

现在已经进入到信息网络时代，建立世界统一货币体系的条件已经成熟。现在主要的问题是，来自经济大国的阻力。因为该问题直接涉及经济大国的经济利益。而当今世界经济大权、金融大权，恰恰控制在经济大国手里。如果经济大国没有改天换地之志，牺牲一些国家（局部）的利益，顾及世界经济全局的利益，便难以具体实施建立世界统一货币战略。而这一问题的解决，它是消除货币不平等和国家不平等的问题，消除世界经济、金融的乱象问题必须解决的问题。它是拯救人类命运的主要内容之一。

三、工具问题

对于生态系统来说，工具是外部因素，它破坏了生态系统运行的稳定性。工具制造技术发展到今天，由于超量发展，已经严重破坏了生存环境和生态系统。已经使得生态系统及人类自身的生存，面临岌岌可危境地。解决工具问题，涉及的实际问题仍然是经济大国的经济利益。

工具膨胀与货币虚膨胀紧密地联系在一起，都直接涉及经济大国的经济利益。问题是经济大国造成的，需要有哪一个经济大国站出来顾全大局，勇于牺牲本国既得利益，去触碰这些危及人类生存的实质性问题。否则，若想解决当今世界面临的危难局面，是绝无可能的。人们在呼吁"绿色可持续发展""人与自然和谐共生"等，都只是小巫见大巫，起不到任何作用。这里的关键性问题，仍然是构建世界统一货币体系问题。构建了世界统一货币体系，则直接控制了工具发展和科学技术发展。实现了世界各国平等，货币平等。

婴儿降生时，作为其母是十分痛苦的，但也充满希望。这就是痛苦与希望之间的关系。改变旧的经济体制，影响面很广，是极其艰难、痛苦的事情。但是不经过艰难、痛苦的变革，不可能迎来以生态系统为依托的新世界。也不可能改变人类危亡的命运。

四、人口问题

人口问题同样是破坏生态系统均衡发展的主要外部因素之一。与现代化社会发展有直接关系。

外部因素问题是人为造成的。只能由人自己去解决。如同货币，需要政府机构予以严格监管。不监管则后患无穷。人口泛滥是外部因素，只能通过政府机构及国际组织予以严格监管。将人口问题、建立世界统一货币问题等，列为世界各国和世界组织需要解决的重中之重的课题，予以优先政策支持、解决。拯救人类命运是一个重要的课题，解决得越早越有益。一般来说，大多数人都不愿意因为生育多个子女而承受负担。这主要是由于文化水平、医疗条件等方面的限制，以及推行世界经济、贸易自由化，金融自由化等导致世界人口迅速增长。只要政府给予政策支持并进行宣传教育，将会产生良好效果。这样的措施可以帮助提高人们控制人口增长的意识，促进合理的生育观念和行为，从而为人类的未来发展创造良好条件。逐渐形成社会风气，使人们逐渐认识到，人与生态系统均衡发展的重要性；认识到人类独特发展理念的危害性。认识到解决这些问题是挽救人类危亡命运的必经之路。

五、人类文明与生态文明的抉择

人类文明与生态文明是属于不同范畴的概念。

人类文明是构筑于生产力基础上的文明。推动生产力发展的要素是：资本、工具、技术、人力。这四种元素都具有，外部因素属性。它表明构筑于生产力基础上的人类文明，对生态系统说来，具有外部因素属性。在人类文明基础上，人类社会越发展，对生态系统的侵害越严重。

资本社会与社会主义社会，都是构筑于生产力基础上的社会，即都是构筑于人类文明基础上的社会。其差别在于资本社会的生产资料归少数资产所有者私人所有。资产所有者构成资本社会国家的主体。社会主义社会，生产资料归公有，广大劳动者构成社会主义社会国家的主体。改变了资本社会主、体颠倒的体制，改变了生产资料分配的主、体颠倒的不合理性。

社会主义理论产生，以及构建社会主义国家之时，资本社会已经形成强大的社会体系。因此意识形态的斗争，只能是长期的、越演越激烈的斗争。对如今生态系统的变化状况而言，很可能是一损俱损，一亡俱亡的局面。

生态文明是构筑于（生态）系统基础上的文明。该文明是维护生态系统长期稳定运行下去的文明。以生态文明为基础处理人类社会的问题，无论是资本社会或社会主义社会，其共同愿望都是希望生态系统能够长期稳定运行下去，关注长期生存下去的问题。因此，为解决人类社会的问题，必须在生态文明与人类文明明确作出抉择。

近百年来，资本社会发展，对世人影响至深。将这一时期的人类文明称为现代文明。现代化的发展模式仍然是资本社会发展模式的延续。人们多是向往资本社会的富裕、舒适、高福利生活的一面，很少关注其富裕的原因。很少关注资本社会的发展模式对生态系统的破坏，对人类社会造成的坏影响。认识不到这是只重视唯物发展观造成的严重后果。说明现代文明的偏颇性，都是以人为主体的思维模式。若改变这种只顾及人类自身的思维模式是困难的。建立起人类与生态系统休戚与共的关系，构建绿色的生活模式，构建生态文明，这是人类文明的升华和回归。尽管困难重重，它是生态系统和人类能够延续生存下去的必由之路。

> 人类文明：建在生产力上→扩大外部因素→危机将至。
> 生态文明：建在生态系统上→缩小外部因素→生存延续。

六、中国的实践

马克思、恩格斯创建的科学社会主义理论的重要贡献是：将生产资料归少数资产所有者私人占有，改变为公有制；改变了劳动产品分配的不合理性；广大劳动者是国家的主人、是主体；政权机构是广大劳动人民的代言人。改变了少数不劳动者反而成为劳动成果的占有者；劳动者成为被使用的工具、商品，生活得不到基本保障；政权机构是少数资产所有者的代言人。

中国在马克思理论的指导和苏联社会主义实践的指引下，创立了中国共产党。中国共产党在三座大山（封建主义、官僚资本主义、帝国主义）压迫下的旧中国，历经艰难险阻，克服人间难以想象的艰难困苦（这就是信仰的力量、唯心的力量），从小到大、从弱到强地发展起来。中国人民在中国共产党的领导下，创立了社会主义新中国。中国特色社会主义的建设和发展历程同样经历了各种挑战和艰辛。然而，中国共产党带领中国人民最终取得了胜利。中国从一个经济贫困的落后国家，发展成为仅次于美国的世界第二大经济体。在这一过程中，中国共产党也经历了从小到大的变迁，发展成为一个有着九千多万党员的大党。这个大党以劳动者为基础，是由先进分子组成的。这些成就都是中国最宝贵的财富之一。埃及金字塔能够存在近万年而不毁，在于它的根基牢固；大地最低贱，万物根植于土地而生，历经数千万年长盛不衰；新生的社会主义社会能够胜利并存在下去，在于她根植于广大劳动人民为主人、为依托的社会制度；在于她拥有为美好的人类社会追求（唯心）指引的共产党领导。共产党是由广大劳动人民中的先进分子所组建的党。他们不为名、不为利、一无所有，唯一的宗旨就是为实现广大劳动人民当家作主，为广大劳动人民求解放而奋斗。中国人都知道，领导中国人民走向胜利的开创者：以毛泽东、周恩来、朱德等为代表的老一辈革命者公而忘私的行为，给人们树立了尊崇的丰碑，难以忘怀。它充分反映了共产党人为之奋斗的情怀、宗旨。

中华文明是人类历史上，唯一延续下来的文明，中华民族是渗透了"道""儒""释"深刻熏陶的民族。这些都是最为珍贵的基础财富。

维护人与生态系统的关系：生态系统是基础，人依附于生态系统。同样是维护人类赖以生存的根基而奋斗的事业。科学社会主义社会和生态文明社会都致力于构建和维护系统利益的社会模式。在生态文明社会中，广大劳动者可以看作是科学社会主义社会的升华形式，因为他们既是生产资料的创造者，又是生态系统的托管者。这样的社会建立在生产资料生产者和生态系统之间的坚实基础上，从而确保稳定而持久的发展。因此，科学社会主义社会和生态文明社会都具有稳定的基础和坚固的结构。它们共同追求人的全面发展和社会的持续进步，同时注重生态环境的保护和可持续发展。这样的社会模式对于实现系统利益、维护社会稳定和促进人与自然和谐相处具有重要意义。因此共产党领导的科学社会主义社会，具备将人类社会进一步发展为生态文明社会，使得人类社会发展符合于自然发展规律。将人类文明升华为生态文明；是将以生产资料生产者为根基的社会，升华为以人与生态系统平等相待为根基的社会。它将是共产党追求理想的升华。因此，共产党革命事业的成功，是人类社会得以延续发展下去的曙光。她领导世界上以土地为依托的国家（不要以为他们一无所有，他们根植于土地。他们是构建未来社会的依靠力量，是新生社会的主人）。在此基础上，构建世界统一货币体系；废除虚拟化货币；控制工具发展；控制科学技术发展；控制人口增长；改变现代化社会的发展模式。以哲学理论为指引，物质文明建设与精神文明建设均衡发展，构建人与生态系统均衡发展的美好社会，一定会实现！一定能够实现！

第七节　未来的社会

一、探寻人类社会未来的发展

如今人类社会的发展，面临的问题越来越多越来越复杂，甚至达到面临生存危机的问题。它促使人们开始重视、思索人类社会最终向何处去，能否挽救人类生存危机问题。关于人类社会发展未来的研究，已经成为人们广泛关注的课题。

关于人类社会发展问题，早在 200 年前著名哲学家黑格尔说，一个民族只有那些关注天空的人，这个民族才有希望；如果一个民族只是关心脚下的事，这个民族是没有未来的。这段精辟的语言，充分概括了今天的现代化社会发展理念的不合理性，也指出了解决现代社会问题的可行方向。

只有关注天空的人，这个世界才有希望。资本社会与社会主义社会的矛盾，涉及到社会结构的根本问题。一是资产归私人所有，社会结构是建立在资本扩大再积累基础上的资本社会；二是建立在以广大劳动者为依托的，资产扩大再积累的公有制社会；三是建立在少数资产所有者为主体的社会。视广大劳动者为工具、为商品，任其摆布的社会；四是建立在广大劳动者为主体的社会。这些都是相互对立的矛盾，不兼容的社会制度，彼此实力对抗。社会同样是建立在生产力基础上的社会。在现代化发展理念下，仍然需要共同解决社会问题的基础，才能迅速有效地解决社会问题。斗争是不可避免的，以免陷入互相损害的境地。互相损害的境地会威胁到人类、生态系统和生态环境的进一步破坏。如今人类社会面临的一个共同性的问题是，生存危机问题。关于人类生存危机问题，是人人关注、重视的焦点。资本所有者想利用高科学技术手段，探索到其他星球去寻找或制造生存环境。据现在的发展状况预测，50年以后可以实现星际旅游，这不是为普通人着想的发展理念；广大地球人关注的是，如何改善地球的生存环境。这就说明寻求人类生存环境，是全体世人共同关注的核心问题。构建生态文明社会，必须控制和减少，人为制造的破坏生态系统的外部因素。尽管控制影响生态系统的外部因素，对现代化的发展不利，但是构建生态文明社会是全世界人们的共识。它是改善人与生态系统关系的社会。说明构建生态文明社会，是改善现代社会乱象丛生局面的必然归宿；是改善人类生存条件的必然归宿；是保护地球生存环境的必然归宿。人类社会发展，只有回归到生态系统，正确面对生态系统，才会具有人类社会发展的共识；才会发现人类社会许许多多人类社会问题的所在；才会找到社会共识，逐步解决人类社会的问题。只看到脚下的事，人类社会的种种问题，人类和生态系统的生存危机问题，将永远无法摆脱。

面对当前的社会结构状况，若构建生态文明社会，必须控制和减少影响生态系统稳定性的外部因素。依据资本社会资产所有者为主体，劳动者为客体的社会性质，它需要充分利用、扩大这些外部因素。说明资本社会与生态文明社会是水火不相容的；科学社会主义社会是以劳动者为主体的社会，与生态文明社会以生态系统为主体的社会结构，存在相容之处。关于资本的利用，科学社会主义社会是为了改善人们的生活质量，而不是为了扩大积累，这些都与生态文明社会存在相容之处。因此充分利用科学社会主义社会与生态文明社会的相容性，多重视一些向生态文明社会过度的成分，改变与资本社会抗争的成分。逐步实现向生态文明社会过渡，将是有效的可行途径。

例如，对待破坏生态系统稳定性的外部因素：货币虚拟化、工具膨胀发展、科学技术膨胀发展、人口膨胀发展的问题。资本社会，社会主义社会都是构建在生产力基础上的发展模式，都不可能真实地触碰这些问题。只有构建生态系统上的生态文明社会，人们才会有共识，认识到这些外部因素的危害性；认识到这些外部因素是危害人类和生态系统生存的核心问题。

20 世纪 90 年代以来，未来社会研究再一次兴起。各国都加强了未来研究。研究领域涉及到经济、社会、环境、资源和公共领域，乃至世界秩序、全球性治理、人类的未来等等。

根据联合国环境署的定义，所谓绿色经济是促成提高人类福祉和社会公平，显著降低环境风险与生物稀缺的经济。但是实际实施起来，困难重重。以环境污染为例，即使现在停止人为的二氧化碳排放，真正解决雾霾问题可能需要 30～50 年。自然资源系统、生命系统、生态系统、环境系统、社会系统和经济系统等相互依存，构成的巨复杂系统。解决该系统的问题，谈何容易。因此需要探讨当代人类社会的实质性问题是什么？只有找出当代社会问题的要点，充分发挥、利用中间实体桥梁的作用，方能有效解决人类社会的问题。单靠小国的力量、社会组织的力量、科学研究的力量，不足以解决向生态文明社会过度的问题。因为现代化社会发展理念实力强大，社会影响力强大，不易撼动。

从天空观看我们的地球，地球仅仅是一个暗灰色的小点。人类仅仅是这个小点上的一小撮。人类真的不可太狂妄，不可太妄自菲薄。人类社会发展，不可以只考虑人类的利益，而不顾全人类的命运，乃至其他万物生灵的命运。事实证明这种思维模式是一种病态思维模式。既破坏了人类的生存环境，也破坏了生物的生存环境。由此说明，需要进一步分析人类社会出现问题的根源。

二、局部属性与全局属性的差异

金融系统出现的问题，第一章给出了较详细分析。其原因在于国家货币（局部属性）不能代替世界统一货币（全局属性）。国家货币属于局部范畴，是与国民经济实际产出量紧密相关的货币，是实质性货币。世界经济是中性概念，它不同于国家经济。世界统一货币与世界经济相匹配，属于中性的、全局性范畴。货币属性的范畴概念不可混淆。货币概念的混淆，则造成国家金融的混乱局面，也造成世界金融的混乱局面。当今世界金融的混乱局面，正是货币的全局属性与局部属性混淆造成的严重后果。经济大国的货币与一般国家的货币，都是货币，但是处于不平等的地位。它反映了经济系统存在的问题。

世界经济、金融自由化、贸易自由化，属于世界性的全局问题。它涉及到建立世界秩序问题。世界是由一个个独立的国家组成。首先需要解决国家的独立性和国家间平等性问题。建立世界统一货币体系，直接涉及到这个问题。世界统一货币体系是中性的。世界组织机构是中性的。因此世界秩序只能是中性的。这个中性的全局系统，管理世界事务，它保护了国家及其货币的独立性。在世界大家庭中，彼此都是独立的。甚至可以实现人与其他万物生灵，同样保持彼此独立。实现人与其他生物的平等性，和谐发展。建立世界统一货币体系，废除了通用货币虚拟化，它带来的另一个有利效果是，有效的控制了工具膨胀发展，科学技术膨胀发展。经济大国能够投入大量资本发展工具技术和科学技术，主要原因在于，这些国家利用货币虚拟化手段，获得了大量资本。因此，切断了货币虚拟化，构建世界统一货币体系，将直接控制了工具膨胀发展和控制了科学技术膨胀发展。

进入 21 世纪，科学技术事业已经很发达了。人类的思维模式需要跟上时代的发展。人类应该站在暗灰色地球的立场上，考虑维护地球命运的问题。具体地说，就是站在生物系统的立场上，考虑人与自然的关系问题。人类的思维模式，如果能归一到这一思维模式，可能人类社会的问题，以及人与自然的关系问题，将会得到明显改观。

三、现代化的教训与改变

人们经历了现代性社会 200 多年来，给人类社会带来的酸甜苦辣体会至深。为了探索人类社会发展的前途，总结这段历史的经验教训，非常重要。

丰子恺先生写了一篇散文《渐》。他写的是人的一生从生到死的渐渐变化的过程。影响这一渐渐变化过程的原因，就是出现了各种外部因素干扰。导致出现疾病，甚至是中途夭折。联系到任何系统，无不是历经从形成到毁灭的变化过程。不受外部因素影响，不变的系统是不存在的；受剧烈外部因素影响，使得系统急剧变化的也是少见的；大多数系统都是呈渐渐地变化，从形成到毁灭，即所谓常态。人类社会发展同样是，一直保持着常态的变化过程。只是近 200 多年来，出于金融、工具、科学技术等外部因素非正常发展，导致经济系统、生态系统的稳定性变化最为剧烈。特别是近几十年，变化尤为显著。通过上述分析，可以了解到，其原因是，在系统中出现了强烈的外部因素干扰：出现了虚拟化货币、工具、科学技术、人口膨胀等外部因素影响。缺失哲学指引，导致经济系统、生态系统稳定性出现急剧变化状态，使人类生存面临濒临危机的境地。现在发现这个问题还不能说太晚。只要人类痛下决心，逐渐根除人类社会出现的这些违反自然发展规律的陋习，仍然可以恢复经济系统、生态系统的缓慢变化的状态，即恢复系统运行的常态。而且在前一节"人类社会的曙光"部分，指出了这股改变现实社会的强大力量已经存在。世界组织，世界上大多数国家，各种势力，舆论，团结起来行动起来！共同向破坏生态系统的各种势力发起围攻。足以改变现代化社会的现实。

第十章

生态系统为依托的社会

人类社会发展历经原始社会、农耕社会、到资本社会。资本社会仅经历数百年的发展，已经使人类面临生存危机的境地。人类是有思维能力的动物，自然需要思考人类社会的问题出在哪里，应该向何处去？

人类社会出现等级社会以来，为人类社会创造财富的广大劳动者，一直是处于社会的最底层，受剥削、受压迫。马克思主义理论的重大贡献之一是，在人类历史上第一次提出了改变广大劳动者的命运，使其成为社会的主人，从客体变为主体的理论。

回想人与生态系统的关系。自从人类能够制造和使用工具以来。人类一直是生物链顶端的动物，人类是主体，生态系统是客体。从此再也没有恢复过人与其他生物平等相待的关系。它同样是不公平的。现如今，人类社会所面临的问题主要集中在人类与生态系统的关系上。要改变人类的命运，就必须改变人类与生态系统的关系，这一点非常重要。我们需要恢复生态系统的主导地位，人类必须顺应并恢复生态系统的主导地位。如果我们想要解决人类社会中不合理的问题，就必须解决人类与生态系统之间的不平等问题。这两个问题有着相同的理论基础。建立以生态系统为基础的社会是人类社会发展的必然归宿，也是拯救人类生存的必经之路。

关于构建生态文明社会的问题是个严肃、重大的课题。为了能够深刻认识到构建生态文明社会的必然性，需要深刻认识到资本社会是构建在资本积累基础上的社会，脱离了土地，它是人类社会畸形、变态的结构。它是导致人类走向自我毁灭的社会。抛弃对资本社会发展模式的任何幻想，彻底思考人类社会的未来。

第一节　人类社会与生态系统的关系

千万年来人类社会在不断发展变化。用哲学观予以分析是一件很有意义的事情。哲学发展观的核心是，从客观事物的正、反两个方面中和地去分析、考察客观事物。它是全面正确认识客观事物的方法，否则会出现这样、那样的失误。具体说来，就是唯物、唯心是辩证的统一体。它是认识事物不可分割的两个方面。偏重于哪一方面，都会出现不同程度的偏差。

在人类不能制造和使用工具之前，人类与其他生物几乎没有人为的外部因素影响，处于平等的地位。也就是处于"中和"的状态，或者称为均衡状态，是常态状态。这一历史时期超过1千多万年，说明"中和"状态符合自然发展规律。

180万年前，人类开始能够制造和使用工具。从此对食物的索取，具有"强取"的属性。对于生态系统说来，工具是外部因素。在工具的作用下，人类与其他生物的关系渐渐处于不公平地位。人类可以利用工具强取所需食物，而其他生物不能。随着人类制造工具技术的发展，直至进入到农耕社会，这种倾向越来越明显。人类与生态系统的关系，也越来越疏远。也就是说，人类能够制造和使用工具之后，工具对于生态系统来说是外部因素。工具使得生态系统的稳定性变得越来越坏。在这一历史时期，为了争夺财富，发生不间断的部落竞争，种族间的竞争。竞争的环境、不公平的环境，导致在世界的不同地区出现了不同形式的宗教信仰。宗教信仰具有回避世俗纷争、推崇自然发展的特点。尽管各个宗教信仰存在差异，但它们共同信奉和尊崇着真主、上帝等神灵。宗教信仰约束着信徒们保持虔诚和敬畏自然的心态，尊崇着真主、上帝等神灵的至高存在。

宗教信仰对于人类社会和个体行为产生着重大的制约作用。它鼓励追求善良、友爱、正义和和谐的行为准则，同时提醒人们避免邪恶和破坏。宗教信仰在人类社会发展中扮演着调整人际关系、建立道德规范、提供精神支持等重要角色。当然，需要注意的是，宗教信仰的具体影响因各宗教信仰的差异而有所不同。

这一历史时期，在中国出现了老子学说《道德经》，以及儒家学说的重要组成部分《中庸》。《道德经》指引人们，对待客观事物的认知，需要遵循"道"的原则。对于主观世界需要修养，需要遵循"德"的原则，二者缺一不可。它类似于近代产生的唯物、唯心的哲学思想。同样唯物、唯心是不可分割的两个方面。《中庸》则指出唯物、唯心需要保持中和状态。或者说"道"与"德"需要保持中和状态。亦即保持均衡状态。至今这些精辟的理论仍然影响着人类社会。人类社会的主流仍然保持以土地为依托的社会，保持"天人合一"的思维理念。尽管对生态系统运行的稳定性存在较严重的破坏，但是仍然处于缓慢的常态变化过程。

随着工具技术的不断发展，数百年前，葡萄牙和西班牙利用航海技术打开了世界的大门，扩大了资本积累的范围，进而开启了资本社会的时代。200 年前，英国的工业革命和法国的自由化进一步推动了资本社会的形成。资本社会对工具技术的改革产生了革命性的变化。从那时起，工具技术不仅仅是为了提高人们的生活水平，而且被进一步利用作为扩大资本积累的手段。开始向着单纯唯物的方向发展。单纯的追求经济效益，追求物质财富，形成了单纯的重视唯物发展观，忽略了唯心观的掌控作用。唯物观和唯心观本是正确认识世界，不可分割的两个方面。忽略了唯心观，它使得人类的行为越来越偏颇。将人类社会的性质逐渐改变为，由依托于土地的社会，转变为依托于资本的社会。社会发展的唯一目的是追求资本积累扩大化。一切行为准则，以资本积累多少为唯一衡量标准。从此，出现了种种违背自然发展规律的现象，而且越演越烈。资源枯竭越来越严重；破坏生态环境越来越严重。仅仅数百年时间，竟然将生态系统和人类社会推人到濒临灭绝的境地。它表明构筑在资本基础上的资本社会，只是追求资本积累最大化，不顾对生态系统和对生态环境的破坏，该社会的发展模式不符合自然发展规律。

100 多年前马克思、恩格斯创立了科学社会主义理论。反对资产归私人所有制的资本社会；深刻指出资本社会的本质特征是剥削；反对国家主权归于资产所有者私人；反对将广大劳动人民视为工具、商品。主张资产归于公有，归于国家所有；广大劳动者是国家的主人。马克思科学社会主义理论，充分体现了新社会结构的进步性。在马克思科学社会主义理论指导下，于 20 世纪初，出现了社会主义国家苏联。第二次世界大战之后，相继出现了以苏联为首的社会主义阵营。它体现了社会体制的进步，社会结构稳定性进一步改进。但是社会主义社会仍然没有重视改善人与生态系统的关系。人与生态系统的关系依然在不断恶化。究其原因在于，科学社会主义理论与实践，仍然是在人类文明基础上探讨人类社会的问题。仍然推崇工具的发展；推崇科学技术发展；推崇丰富的物质生活为目的，仍然是以人为主体的思考模式。马克思科学社会主义理论中，构建以广大劳动者为主体的社会结构，具备突破人类文明的束缚。具备进一步升华为以生态系统为主体的生态文明社会的理论基础。马克思理论的宗旨是构建以广大劳动者为依托的社会；生态文明社会是构建以生态系统为依托的社会。两种社会结构具有共性。

　　社会的现实说明了，推崇工具的发展；单纯推崇人的丰富物质生活；仍然是以人为主体，生态系统为客体的社会。特别是资本社会，单纯追求唯物的丰富物质生活。抛弃人们追求唯心的精神生活，是违背自然发展规律的严重问题。唯物、唯心辩证的题，是人类生存在自然之中，不可缺少的哲学理论指导。现实社会血的教训，教育人们不可以再沿着这条以人类为中心（主体）的路走下去。单一维护人类的利益，忽视人与生态系统的均衡发展关系，此路是违背自然发展规律之路。需要恢复以生态系统为主体，人类为客体的主、客体关系。人类社会再发展也需要遵循自然规律，尊崇自然。资本社会仅存在了几百年，竟然将生态系统拖入濒临灭绝的境地。它充分说明了资本社会发展模式对生态系统的危害性，远远大于原始社会和农耕社会。说明需要正确认识工具在人类社会发展中的作用。对于生态系统说来，工具是外部因素。它对生态系统运行的稳定性，具有破坏作用。需要充分认识到单纯唯物观的危害性。然而现在的社会现实是，这条路仍然在继续走，仍然在不断扩大。在人类发展的理念中，仍然占有主导地位。不弄清楚这个问题的危害性，挽救人类命运，必将是空谈。

　　农耕社会是根植于土地上的社会，与生态系统的关系仍然比较协调，人类文明对生态系统的影响仍然属于常态。资本社会则是将人类文明发展到极致的社会。人类与生态系统的关系，已经改变为非常态。资本社会的发展，已经完全不顾及对生态系统的影响。人是生态系统的一部分，没有生态系统就没有人类，这是最基本的道理。回归人与其他生物平等相待的社会，构建生态文明社会是必然之路，是人类回归之路。这里需要说明的是，生态文明社会不是要求人再次成为动物。而是要求人的生活改善，应该顾及到对生态系统的影响，顾及到生物的生存，人与生态系统的关系是休戚与共的关系，应该实现人与生物和谐共处的环境。只有这样才能保持人与生态系统长期生存下去。北欧的一些国家是富裕的国家，但是他们节俭的生活理念，贴近于生态文明社会的生活方式。说明构建生态文明社会，主要是改变以人类为中心的发展理念。

以生态系统为依托社会的宗旨是，恢复以生态系统为主体的社会，人类社会是客体。人类社会只是生态系统中的一个子系统。生态文明社会的典型特征是，废除了千百年来，人类"唯我独尊"的人类文明的思维理念。需要恢复为人与其他生物平等相待的社会，就是回归遵循自然发展规律的社会。构建生态文明社会，对于一些人的物质供求不一定减少。它是杜绝铺张浪费、奢侈的生活方式。这里需要厘清两个问题。一是资本社会在扩大资本积累基础上，构筑起的浮华庞大的经济帝国，已经远远超出人们生活的基本需求。造成严重奢侈、浪费。已经造成资源枯竭，严重破坏了生物的生存环境。改变资本社会的发展模式，并不会影响人们的生活质量。反而会使得人类存在得更长久。这里还需要分清楚的是，放任一些人贪婪的物欲需求重要，还是维护人类长久生存下去更重要？从唯物、唯心的关系来说。无数事实证明，对于人类的生存，通常是唯心比唯物更为重要。适当俭朴的物质生活，丰富的精神世界，更为人们所向往和追求。只有实现了以哲学发展观指引的社会，才能长久的延续人与其他生物的生存。

生态文明社会是万千年来，人类社会衍变发展的必然归宿，是实现人与其他生物平等相待的社会。该社会符合于自然发展规律，可以实现人与其他生物长期共存、相依为命地延续发展下去。

生态文明社会，并不是神秘不可及的社会。它只是废除了人类社会单纯唯物发展观的弊病，恢复人类社会以哲学指引的社会发展模式。

第二节　现代社会的主要问题

在生态文明基础上，观察、分析现代社会的主要问题，会发现现代社会存在许多违背自然发展规律的现象，也会发现人类文明的局限性。人类是生态系统中的一员，人类社会发展与生态系统息息相关。为此，首先需要废除以人类为中心的发展理念，特别是需要尽快废除资本社会的发展理念，构筑起以生态系统为主体的发展观。即需要构筑以生态系统为依托的社会，简称为"生态文明社会"。构筑生态文明社会是人类社会发展的重要转折，是一项划时代的庞大系统工程。它涉及到政治、经济、文化、教育等方方面面。

以生态系统运行稳定性为依据，分析现代社会的问题可以发现，现代社会存在的主要问题。

一、人类思维能力的潜能

回顾人类社会的发展过程，可以发现，从人类能够直立行走；制造和使用工具，直到今天构筑庞大的工具体系，构造了复杂的人类社会。随着人类创造了复杂的生活环境，人的思维能力，也进一步复杂化了。它说明人的思维能力随着生存环境的变化而变化，随着物质基础的变化而变化，具有无限的扩展潜力。工具系统的扩展，导致思维潜力的扩展，推动生存环境进一步复杂化，进而进一步促使人类思维能力复杂化。形成相互影响的循环状态。

货币作为产品交换的媒介，在虚拟化过程中几乎影响整个经济系统。它对经济系统的稳定性产生了多方面的影响，包括工具的过度膨胀、科学技术的膨胀发展、经济体的过度膨胀发展，使生态系统的稳定性直接受到影响。这些领域的膨胀发展充分体现了虚拟化货币对人们思维方式的膨胀变化。一些奇特的科学研究的出现，反映了货币虚拟化的影响。此外，单纯唯物主义发展观，也影响到人们思维方式奇异性的发展。

本书多处提到，系统的发展变化，以缓慢的发展变化为常态变化。剧烈的不稳定态发展变化，是非常态变化。工业化之后数百年来，特别是近几十年的非常态变化，充分反映了货币虚拟化，在工具膨胀发展和科学技术膨胀发展中的作用，间接导致人口膨胀发展中的作用。造成经济系统、生态系统的剧烈变化，直接威胁到人类和生态系统的生存问题。这些问题并不是反映了人类大脑的进化。人的大脑思维随着客观环境的变化而变化。反映了在虚拟化货币的作用下，人造外部因素膨胀发展的环境下，导致人类脑力思维的怪异化、复杂化。由于单纯唯物发展观的作用，导致资本社会的货币虚拟化、工具膨胀发展、科学技术膨胀发展，使得人的思维方式，越来越偏离自然发展规律，产生了严重不良恶果。

现在人类社会发展非常态化的根源，在于单纯唯物的思维理念；在于面对世界经济没有构筑世界统一货币体系；在于造成工具、科学技术、货币虚拟化，促使人的思维方式虚膨胀，进一步导致工具膨胀和科学技术膨胀。造成社会问题膨胀，乱象丛生。构建世界统一货币体系，废除了货币虚拟化，则直接控制了工具膨胀发展和科学技术膨胀发展；直接恢复了国家间的平等地位和货币的平等地位。也间接控制了人们思维方式的虚膨胀。

二、资本统治集团占社会的主导地位

人类社会发展经历了原始社会、农耕社会。在这一漫长的历史时期中，人类与其他生物都是生活在以土地为依托的环境之中，彼此之间的关系较为密切。人类的生存、生活与其他生物类似，受到自然环境的制约。由于自然环境一年四季周而复始地轮回，有灾年，也有丰收年。总的说来，人类生活比较稳定。资本统治集团占社会的主导地位，进入到资本社会之后，情况完全改变了。在经济系统中，金融、货币是需要政府予以严格监管的部门。资本社会是构筑在资本基础上的社会，在世界大市场对货币需求的背景下，资本积累可以无限制的扩大。人们的生活方式，基本脱离了与土地的关系，受自然环境的制约较弱。表明，资本社会是虚膨胀的社会，是需要予以严格监管的社会。实际上，由于该社会无制约地追求资本积累，追求发展经济、发展工业、发展科学技术，其唯一目的都是为了扩大资本积累。由此导致该社会的发展越来越扭曲，与生态系统的关系越来越疏远。该发展模式对生态系统的破坏也越来越严重。这是资本社会以及现代化社会发展的必然结果。人们需要醒悟，认识到资本社会的发展模式是灾难降临的发展模式。

三、以人类为中心的发展理念

自从人类能够制造和使用工具之后，人类借助于工具对食物的索取，具有强取的属性。在生态系统中，人类逐渐优于其他动物。从此，人类与其他生物的关系，由紧致耦合关系转变为松散耦合关系。在工具的作用下，逐渐形成人类的物欲、贪婪的特性，形成了以人类为中心的发展理念。类似经济系统中对金融、货币，需要政府予以监管。按生态系统的运行规律，应该对人类的行为予以监管。直到人类社会发展到农耕社会，才出现了哲学和不同种类的宗教信仰。实际上，这些社会现象，都是理性地对人类行为予以监管的手段。制约人类能够理性地、全面地认识人与自然的关系，制约以人类为中心发展理念。进入到资本社会以后，单纯的唯物思维理念，单纯的追求经济效益，追求物欲享受，将以人类为中心的发展理念，发展到了极致。核物理学家罗伯特·奥本海默在观测美国第一次核试验。他当时说"我们正在把自己塑造成上帝，就是那位有能力摧毁全世界的神灵"。他精辟地道出了以人类为中心发展理念的危害性。什么生态系统、生存环境、什么哲学、宗教信仰全然抛之不顾。资本积累就是一切。为了少数人的利益，全然不顾多数人的利益，更不顾生态系统的存在。以人类为中心形成的人类文明，发展到了极致。狂妄、霸道，完全忽略了生态系统存在，忽略了人是生态系统的一部分。毕竟人类只是生态系统的一部分，人类文明不可能脱离生态文明。今天人类和生态系统面临生存危机的现实，就是大自然对人类违背自然发展规律的严正惩罚。也是对资本社会发展理念缺失监管机制的必然结果。

四、片面应用哲学

哲学是全面认识世界的科学。唯物论、唯心论是不可或缺的两个方面，是辩证统一的整体。而且唯心论反映了人们理性地认识客观世界，往往比唯物论感性地认识客观世界更为全面、深刻。而现代社会的主要问题，在于只重视追求唯物，只追求丰富、舒适的物质生活，几乎是疯狂地追求物欲。不顾及这种发展模式对自然环境的影响，对生态系统的破坏性影响。全然抛弃了唯心观对全面认识客观世界的指引，对人的内心活动的指引。在人的生活中，物质生活只是一个方面，精神生活往往更为重要，许许多多现象都说明了这一点。人类再精明，他也只是动物的一种，繁衍生息与任何动物基本没有任何区别。在这个星球上，不只是只有人类，还有缤纷繁茂的生物构成庞大的生态系统。人类只是其中的一员。人与其他生物的关系是休戚与共，相互依存的关系。人类离不开生态系统。没有生态系统，便没有人类。人类不可以只顾及人类自身，更不可以只顾及一小撮人的利益。人类不可以只追求物欲，更应该重视人的心灵建设。处理好人与其他生物的关系，使这个星球上的生物能够繁盛地生存下去，这是处于生物链顶端的人类应尽的义务，需要处理好人与生态系统的关系。也就是说，人类生存不可缺失哲学指引。缺失哲学指引，将社会构建于资本之上，单纯追求唯物，它是现代社会扭曲发展的根本原因。

五、人口、工具、货币虚膨胀

关于人口过度膨胀、工具膨胀；科学技术膨胀；货币过度虚拟化问题等，前面各章已有介绍。需要再一次说明的是，这些因素对于生态系统来说都是外部因素，是破坏生态系统的元凶。任何系统都是存在于外部环境之中，受到外部环境的影响而变化。经济系统受到货币虚拟化（外部环境）影响处于不稳定状态。生态系统处于这些外部因素的包围之中，处于不稳定状态。并且随着这些外部因素影响的加大，其稳定性进一步变坏。人类需要清楚认识这些问题的危害性。这些问题严重涉及到人类的生存、生活，也涉及到其他生物的生存问题。目前这些问题仍然在迅速扩展，已经迫使生态系统和人类自身处于濒临毁灭的境地。迫切需要人们认识到这些问题的严重性。

六、主、客体颠倒，乱象丛生

分析现代社会的种种问题，可以归结为主、客体颠倒，导致社会乱象丛生。

人类是生态系统的一部分。在人类与生态系统的关系中，生态系统是主体，人类是客体，这是正常关系。但是自从人类能够制造和使用工具至今，一直将人类置于主体，生态系统成为客体。将主、客体关系颠倒了。这种颠倒导致看不到人类的所作所为对生态系统的影响。实际上生态系统的变化，像镜子一样反映出人类活动的后果。

金融与经济系统的关系，经济是主体，金融是客体。主、客体颠倒导致国家经济、金融；世界经济金融乱象丛生。

现代化的发展模式是，工具、科学技术是主体，逐渐将人边缘化，人成为客体。主、客体关系颠倒。颠倒得越严重，将人边缘化越严重，人与生态系统的关系越疏远。工具和科学技术对人与生态系统的危害性也越来越严重。

依据哲学发展观，唯物、唯心构成哲学理论体系。哲学是主体；唯物、唯心都是其构成部分，是客体。主、客体关系颠倒，歪曲了哲学理论。即单纯唯物，单纯唯心都歪曲了哲学发展观。它体现了片面应用哲学与应用哲学掌控的本质差别，具体体现了现代化社会乱象丛生产生的根源。

第三节　生态文明社会

现代化社会唯物"1"的发展模式，只单纯重视生产力的发展模式，已经发展到人们无法控制的程度，导致生态系统和人类面临着生存危机的局面。为此，关乎人类社会未来走向问题，是人们关注的热点课题。构建生态文明社会，是以哲学"0，1"发展观构建的人类社会，是中性的社会。是在分析影响生态系统的外部因素的基础上给出的。仅仅是初步的构想供读者参考。

一、构建生态文明社会的主要内容

构建生态文明社会的宗旨是维护生态系统的稳定运行。其中一个重要目标是控制和减少人为制造的对生态系统稳定的不利因素。这包括货币虚拟化、工具膨胀、科学技术膨胀和人口膨胀等。生态系统无法自行约束这些外部因素，只能通过人类自身的控制来实现。

此外，重视人类作为生态系统的一部分，同样非常重要。人类与生态系统存在着紧密的关系，不应让这种关系逐渐疏远。我们不能只关注人类社会的发展，而忽视对生态系统和生存环境的影响。控制和减少与人类基本生活需求关系不大的产业，是促进人类与生态系统关系紧密的重要手段。

另外，为了维持人们温馨、亲近自然的生活，可以改变人们虚浮的心态，延长生态系统的存在时间。这是构建生态文明社会的重要内容。我们可以借鉴世界上广大农村地区以及北欧诸国富足而不奢华的生活方式作为参考。

针对控制和减少人为制造的外部因素，构建世界统一货币体系是至关重要的一步。

二、构筑生态文明社会的必然性

从本书第一章给出的生态系统模型及其分析可以看出，为了能够保护生态系统稳定地运行下去，唯一的办法就是控制和减少人为制造的外部因素。而这些外部因素正是构成推动经济发展的生产要素。它说明人类社会的经济发展与破坏生态系统稳定性，是此消彼长的关系。随着现代化经济体扭曲膨胀发展得越严重，对生态系统的破坏也越严重。现在已经达到面临生存危机的境地，这都是不争的事实。

人类是生态系统的一部分，这个关系任何时候都不可忘记。人类社会的经济发展与生态系统的关系，是此消彼长的关系。人类社会发展，需要保持与生态系统均衡发展的关系。为此，需要控制危害生态系统发展的人为制造的外部因素，维护人与生态系统均衡发展。这类社会，不妨定义为生态文明社会。构建以生态系统为依托的社会，将是人类社会发展的必然归宿。

构建生态文明社会与构建以广大劳动者为依托的社会主义社会类似，都是恢复社会基础根基的重大历史事件。它是改变社会基础结构的一项历史性的系统工程。它是改变现代性社会中，基础群体的主、客体社会地位问题。科学社会主义社会是改变广大劳动者成为社会主体的社会结构；生态文明社会是改变生态系统成为生物链的主体地位的社会结构。都是改变传统的主、客体关系的重大历史事件。现在这些问题已经是拯救人类和生态系统命运，迫在眉睫的重大课题。首先它是将以人类为中心的发展理念，改变为以生态系统为中心的发展理念。地球上不是只有人类。人只是动物的一种，是生物链的一个环节。人与其他生物的关系是相互制约、相互依存的同命运关系。没有其他生物的存在，也就没有人的存在。事实证明，虚拟化货币、工具等外部因素的无制约、非正常发展，是人类行为的最大失误。它不但严重破坏了生态系统的生存环境，大量灭绝了生物物种和生物数量，也直接危害到人类自身的生存。改变了人类淳朴、天然的本性。人类急需醒悟！认识到资本社会的发展之路，不是将人类引向天堂，而是将人类引入地狱。现代化思维理念的发展模式，是单纯唯物的发展模式，是不符合自然发展规律的发展模式，它是扭曲的发展模式。到头来，导致人类与生态系统快速共同走向毁灭。

现代化的发展理念，对人类危害至深。这些现象只能表明资本社会的发展模式，不能代表人类的聪明才智，而是狂妄、缺乏理智的行为，导致人类社会发展走入了歧途。我们不应忘记人类也是普通的动物，这是人类社会发展中最为严重的失误。应该保持与自然和谐共存的原则。

现实表明，构建生态文明社会将是拯救人类自身和生态系统的必由之路，是迫在眉睫之路。它应该是人类社会正常发展的必然归宿。

构建生态文明社会，简单地说，就是控制或减少人为制造的，危害生态系统的外部因素。只有控制外部因素对生态系统的影响，才能改善生态系统运行的稳定性，保持人与生态系统长久的均衡发展状态。

构建生态文明社会，必须摒弃现代化社会的发展理念。只有摒弃资本社会的发展模式，才能控制危害生态系统外部因素，才能改善生存环境，才能更长久地维护生态系统的存在。

三、人类文明社会的弊端

资本社会的最严重失误在于，将社会置于资本基础上，只重视扩大资本积累。资本社会发展初期。为显示实力，寻求刺激，兴建起高楼大厦，宏伟工程。人们羡慕不已。进而对资本社会的科学技术发展，出现了动力工具，自动化工具的发展，人们羡慕不已。对资本社会的富裕生活羡慕不已。随着现代化经济的膨胀和发展，大规模工程建设变得越来越普遍。同时，由于人口数量的迅速增长，超大型城市也越来越庞大，数量也越来越多。高楼大厦成为人们不得而为之的居住环境。人们的基本生活所需仅仅是一小小部分。至此，人们才冷静的思考，这种发展模式对吗。表明人类社会发展，不能缺失哲学的掌控。开始思索人类社会向何处去的问题。

重视发展工业、发展科学技术、重视发展金融业。也就是只重视生产力的发展。而推动生产力发展的主要要素是货币、工业、科学技术、人力。虚拟化货币、工业膨胀发展、科学技术膨胀发展、人口膨胀发展，对于生态系统说来都是外部因素。恰恰是这些外部因素破坏了生态系统和生存环境。即经济体畸形发展，严重破坏了生态系统。产生这些现象的根本原因，在于忽略了哲学在人类社会发展的掌控作用。在于单纯唯物的发展理念，丢弃了唯心思维的掌控作用。也就是丢弃哲学发展观产生的恶果。构建生态文明社会，首先需要控制和减少人为制造外部因素。恢复哲学在人类社会发展中的掌控作用。哲学是全面认知自然的科学。唯物、唯心论是现代哲学的两个主要部分，是辩证的统一体。无论丢弃哪一部分，都是对哲学的歪曲。只重视唯物发展观会造成资源极大浪费，破坏生态环境和生态系统；只重视唯心发展观，则人类社会发展会僵滞，发展缓慢。按哲学的思维理念，将会保持人类社会与生态系统均衡地发展，是常态发展状态。从人类历史发展各个阶段的时间分布看来，偏重于唯心观发展，也许更有利于人类社会的长久存在。资本社会是单一追求物质建设，丢弃精神建设。有了物质那只是生存，有了精神才是生活。人类不仅需要生存，更需要温馨、健康的生活。需要保持人与生态系统均衡发展。事实表明，缺乏哲学指导的人类社会发展趋向扭曲和畸形。构建生态文明社会是恢复人类社会正常发展理念的关键。我们需要改变资本主义社会中扭曲的发展模式，以实现可持续发展和环境保护的目标。这需要关注生态平衡和人与自然的和谐发展，以及推动社会经济发展与环境保护的协调。

资本社会运行了几百年，几乎成为人们向往的发展方向。改变资本社会的发展模式。需要改变对工具属性的认识，需要改变对科学技术的认识，需要改变对金融发展模式的认识，需要正确面对人口膨胀发展问题等等。首先需要普及大众哲学教育。哲学分纯粹哲学和应用哲学两部分。应该将应用哲学作为人类社会的基本常识，予以普及教育。使人们普遍认识到自然发展观的重要意义。认清现代社会存在问题的根本原因和严重危害性。

中国有一本著名的小说《西游记》。故事讲述了大唐皇帝派遣唐僧带领孙悟空、猪八戒和沙僧历经艰险前往西天取经的经历。实际上，这个故事象征着弥补单纯的物质建设（唯物）与丰富精神建设（唯心）之间的不足。大唐之所以繁荣兴盛，与其注重物质建设和精神建设有直接关系。这个故事反映了哲学地位的重要性，并对人类社会发展具有重要指导意义。

四、构建统一货币体系

现代社会的一个严重违背系统规则的重要事件是，经济大国货币虚膨胀，金融业违规地非正常发展。经济发达国家利用其工业技术、科学技术的优势抢占世界市场；利用其货币（局部属性）通用性的优势，将货币虚拟化。以虚拟化的货币（债券等）代替世界统一货币（全局属性）使用，以此剥削他国财富，获取巨额经济效益。进而利用虚拟化的货币助推工具技术发展、科学技术发展，形成了恶性膨胀怪圈，该怪圈使经济发达国家越来越发达；对生态系统破坏越来越严重。经济不发达国家不具备形成上述怪圈的条件，也就不易改变其经济落后局面，虚拟化货币造成了国家之间货币的不平等和国家间的不平等关系。

货币是国家主权的象征，世界经济（全局属性），需要有世界统一货币（全局属性）与之相匹配。建立世界统一货币体系，可以从经济系统运行机制上堵塞虚拟化的货币产生之源；可以解决货币的混乱现象；废除利用虚拟化的货币进行剥削；可以遏制上述恶性膨胀怪圈；可以控制资产所有者的贪婪行为；遏制了工业膨胀和科学技术膨胀发展；遏制了人们虚狂、奢侈浪费的行为；节省资源、减少浪费；进而减少了对生态系统的破坏。构建世界统一货币体系，是遏制资本社会发展的致命锏。只有构建世界统一货币体系，可以使世界上各个国家，不论大、小、贫、富，实现平等、独立。实现其货币的平等、独立。构建世界统一货币体系，联合国及世界组织，才有实权中性地处理世界性问题。它是构建生态文明社会至关重要的一步。世界统一货币问题解决了，打开了传统经济发展模式的缺口，为构建生态文明社会建立了良好开端。

构建世界统一货币体系的初步设想：

货币是国家权力的象征，不可侵犯。所以国家货币是实货币。联合国是中性组织，只能使用中性货币。银圆、黄金、债券等都能储备，囤积居奇。联合国用中性货币控制，正是控制了货币的不平等性。网络技术具有中性特征。可以用于构建世界统一货币体系。世界货币不能购物，只能控制国家间的货币交易。

世界货币只是控制器。犹如银行操作员只控制货币存储，数量由用户自行决定。世界各国，因经济运行状态，每天都公布货币的比价、交易量。世界货币据此给出其交易的比价；各国只能使用本国货币，国际交流，在哪个国家使用哪国的货币，例如旅游。

联合国员工的费用。联合国设在哪国国家用哪国国家的货币。额度与现在的分配方式类似。员工到哪国国家工作，再将货币换成该国的货币。

该控制器由联合国金融机构控制。由此纯化了国家货币的属性。

五、政府职能的改进

生态文明社会是具有全局（中性）属性的社会。构建生态文明社会，政府职能的改进是其主要内容之一。此时的政府分两部分：联合国以及各国政府。

联合国。为了消除当今人类社会的种种弊病，需要充实联合国职能的建设。构建生态文明社会，是解决人类与生态系统的关系问题，尤其需要充实和增强联合国的中立性职能特征。它是构建生态文明社会的核心内容之一。不充分发挥联合国的作用，不可能构建起生态文明社会，也不可能控制和消除影响生态系统稳定性的人为制造的外部因素：世界（中性）没有统一的规则，没有统一的领导机构，不可能有效的解决涉及世界性的、全局性的问题。它充分显示出充实和增强管理世界事务的联合国的重要意义和作用。

各国政府。现在世界各国的各级政府行使管理国家的职能，具有局部属性。构建生态文明社会（中性），需要增加政府职能的中性特征。考虑问题要考虑到世界全局的影响。人类文明社会的政府职能：一是管理社会稳定运行，二是控制经济系统稳定运行。都是以人类为主体的管理机制。构建生态文明社会，是以生态系统为主体的社会。它主要涉及到人类与生态系统的关系问题。因此政府行使职能必需引入哲学的指引。在政府职能中，融进哲学的思维理念，行使管理职能。它管理经济运行，不单是重视经济效益，更重要的职能是重视生态效益。重视维护人与生态系统均衡发展。根据科学研究机构提供的数据，需要采取措施来保持人类与生态系统的平衡发展，以应对人为制造的外部因素对生态系统的破坏。然而，目前政府职能未涵盖人类社会发展与生态系统关系的问题，这是政府职能的严重缺失。

控制的外部因素发展。在普及了哲学教育的基础上，人们会认识到人为制造的外部因素发展，对生态系统稳定运行的破坏性影响。当人们认识到人类社会发展与生态系统存在着密不可分的联系时，则会认识到为了维护人与生态系统均衡发展。让人类社会再延续万千年或更久远，需要控制和减少这些外部因素的影响。需要尽快阻止现代化社会的发展模式。需要建立人与自然和谐发展的生态文明社会。

例如，汽车是许多人需求的产品，它对于推动国内生产总值（GDP）增长具有重要作用，这是资本主义社会关注的一个关键问题。因此，汽车产业的发展与人们的生活需求密切相关。随着世界经济发展，汽车市场不断扩大。汽车及其他动力工具消耗大量资源、消耗大量能源；排出大量二氧化碳，对生态环境造成严重破坏，这些都是生态文明社会关注的焦点。它反映了发展经济理念，需要从专注经济效益的模式，改变为既重视经济效益又重视生态效益的发展模式。两种不同发展模式，其后果明显存在显著差异。

关于控制工具发展，有一个案例可供参考。1929年美国的经济危机影响非常之大。生产急剧萎缩，货币供应短缺。人们不得不共享一些物品，如汽车、工具、住房等。这一措施，不是为了获取利润，而是用以解决暂时的困难。其效果是提高了物品的使用效率。此后，出现了共享经济的概念。在现代社会，如果人们接受这一措施，将可以缓解控制工具膨胀发展带来的困扰。总之，为了废除不合理的旧体制，挽救人类生存问题，构建生态文明社会，这个阵痛总是要经历的。

控制人口增长。人口膨胀增长的问题，已经成为威胁人类生存的主要问题之一。20 世纪初，世界人口总数是 20 亿。据 2022 年的统计，现在世界人口是 80 亿。据预测，到 21 世纪末，世界人口将达到 100 亿。人口数量增长直接侵占了其他生物的生存空间。它是破坏生态系统稳定性的另一重要因素。20 世纪 80 年代，世界农业的产出、水产品的供应能力，已经达到了峰值。如果人口达到 100 亿，不是人类社会的灾难吗？为了实现人类与生态系统均衡发展，需要构建生态文明社会。生物链对各种生物数量，形成了相互制约的作用。自从人类生产和使用工具以来，人与生态系统的关系，改变为松散耦合关系。生物链制约不了人口膨胀发展。构建生态文明社会，必需人为控制人口的非正常增长。

控制人口增长不是一件遥不可及的事情。它是人类"唯我独尊"思维理念的产物。当人类认识到构建生态文明社会的重要意义，废除"唯人类独尊"的思维理念，控制人口膨胀是可以实现的。人们普遍的意识，不愿意受生育过多子女的拖累。只是由于经济条件、知识水平、医疗条件以及政府不重视人口增长的危害性等因素的限制，导致人口迅速增长。只要政府重视并予以政策支持，启发人们的主动配合，控制人口泛滥问题是可以实现的。造成人口迅速增长的原因之一是，工具发展造成人类与生态系统的关系成为松散耦合关系，生态系统对人类失去了相互制约相互依存的控制机制。工具技术越发展，人类与生态系统的关系越来越疏远。人口增长问题是外部因素之一。解决这一问题，只能由人类自身予以自行控制解决。它是各级政府和国际组织，必须承担监管的重要职能之一。

改进政府职能。对于影响生态环境变化的人为制造的外部因素，生态系统是制约不了的。人造的外部因素。只能由人去予以控制解决。在生态文明社会，它应该成为政府和国际组织行使的主要职能。随着现代社会科学技术的进步，人们已经掌握了多种统计方法，能够准确地统计生态环境容忍的二氧化碳排放值、排放增长率、地球温度变化、两极冰盖融化情况、臭氧层破坏程度、耕地损失、资源消耗以及水资源变化等数据。这些数据与人为制造的外部因素进行关联分析，为政府部门提供了重要依据。政府可据此采取相应措施，控制人为因素的增长趋势，包括减少二氧化碳排放、保护耕地、合理利用资源和保护水资源等。通过科学统计和有效控制，我们能够更好地保护生态环境，实现可持续发展。依据目前的科学技术水平，构建这一控制系统是能够实现的。而且控制人为制造的外部因素，只能由政府予以严格监管、控制。别无他法。由此也说明构建这一控制系统是必需的。这一研究课题与生态文明社会政府执政联系在一起。它是生态文明社会政府执政不可缺少的执政依据。

构建了世界统一货币体系之后，世界组织及各国政府执政，主要依据的是人与生态系统均衡发展，即依据于生态效益，而不是仅仅依据于某些国家的经济效益。各级政府机构及国际组织具有完全的独立性，管理世界事务、国家事务。可以实施具体制约政策，控制不符合人与生态系统均衡发展的行为。人类社会发展到这一地步，需要重视政府和世界组织执政内容的改变。

六、标、本兼治的重要意义

构建生态文明社会，是社会结构的重大进步。它涉及政治、经济、文化、教育等方方面面。但是它与科学社会主义发展观，存在相融之处。科学社会主义是构建以广大劳动者为依托的社会，是恢复广大劳动者为社会主体的社会。生态文明社会是构建以生态系统为依托的社会。它是将以人类为主体的社会，改变为以生态系统为主体的社会。恢复了人与生态系统的主、客体正常关系。由此可以借鉴科学社会主义社会的发展理念。生态文明社会需要将人类文明升华为生态文明。以生态文明教育人们，生态文明应该成为人类行为的最高准则。

构建生态文明社会，首先需要改变现代社会治理社会问题，只是采用治标的手段，而不是在治本方面采取措施。现代化社会的根本问题不解决，不可能改变人类社会毁灭的命运。不能看到水污染了，只是去治水；看到垃圾成灾了，只是去治理垃圾，等等。这是治标的措施。重要的是治本。犹如一个人一样。他发烧了，不能只就发烧给药吃，而要深入了解他的病因，再对症下药，这样才不会误诊。

建立世界统一货币体系、控制人为制造的外部因素，都是治本性质的内容，必需勇于触碰。这些外部因素是人为制造的，只能由各级政府机构和国际组织直接介入，予以解决。政府不介入，不解决现代社会的病态发展问题，不可能解决人类社会濒临危难的局面。

现代社会许多现象表明，对现代化社会的问题采取治本的手段是可行的。例如 2008 年发生在美国，影响到世界的金融危机，可谓严重。但是虚拟化的货币蒸发了之后，世界经济运行又恢复了常态。20 世纪 90 年代日本的金融危机，虚拟化的货币蒸发量占到日本货币总量的 2/3。但是虚拟化的货币蒸发了之后，日本经济又恢复了正常运行。这些事实表明，构建世界统一货币体系之后，世界经济不会塌下来。它只能将世界经济系统恢复到固有结构状态，消除了虚拟化的货币造成的危害。这些根本性问题不解决，现实社会的乱象不可能得到解决。

又如，以虚拟化的货币作为剥削手段进行剥削。它造成国家之间货币的不平等，国家间的不平等。废除虚拟化的货币，则恢复国家货币的平等，国家间关系平等。构建世界统一货币体系，实际上就是抵制现代化的发展模式。废除虚拟化的货币，将没有更多的资金助推工业、科学技术发展。将会直接控制了工业、科学技术膨胀发展。

消除虚拟化的货币，解除了经济体虚膨胀发展，并不影响人们的基本生活需求。经济发达国家，旅游、体育、文艺、家政、保险、金融等，均扩展成重要产业，在 GDP 的构成中所占比重极大。经济发达国家经济体的这类膨胀，体现了资源的浪费、生存环境的破坏，都体现了货币虚拟化的直接影响。其后果是扩大了两极分化，而实体产业发展受益并不大。它说明废除货币虚拟化，对实体经济发展直接受益；对改变人们虚狂的思维方式直接受益。

　　构建世界统一货币体系,是废除资本社会发展模式的主要内容之一;是控制工具发展、科学技术发展的重要手段;它是构建生态文明社会的基础性建设的重要内容之一。

　　构建生态文明社会,并不是遥不可及的事情。一是发展中国家和不发达国家是世界的大多数。这些国家是依托于土地的社会。其国情决定,他们更容易接受生态文明社会的发展理念。二是科学社会主义理论。该理论强调,创造社会财富的广大劳动群众是国家的主人,是根基。这是人类社会有等级差别以来,第一次恢复广大劳动者的社会主导地位。人类是生态系统中的一部分。建立在生态系统基础上的社会是科学社会主义理论的进一步发展和提升。这两种社会具有一些共同之处。此外,科学社会主义社会已经建立在坚实的基础之上。强调共产党是代表广大劳动人民利益的党,是国家的核心力量,党是领导一切的。共产党一无所求,他没有任何私利。他的唯一宗旨就是为解放广大劳动群体而奋斗。党的成员是由广大劳动群体中的先进分子所组成。在构建生态文明中,同样需要具有这种属性的党领导。有这样强大的党和他领导的国家,联合世界上所有以土地为依托的国家——发展中国家和不发达国家。实现改变当今世界上的弊病,挽救人类的命运,构建生态文明社会,是可以实现的。一定能够实现!因为它是正义的事业,是符合自然发展规律的事业。这一强大群体引导着社会的发展,这一理念至关重要。现在世界上还没有任何政党能够起到这样的作用。

　　千百年来,世人一致公认《道德经》是哲学的经典。但是没有哪一个国家,将其直接融于治国理政。从古至今,许多国家的治理,都是靠个人的道德修养予以实施,效果也是明显的。但是当其老朽、换代,其治国理政的模式又将进入衰败。国家兴旺、衰败构成了人类的历史。科学社会主义理论最大的成功在于,将哲学的思维理念,直接融入于治国理政之中。以强大的共产党掌控治国的引领方向(德)。对于党的自身,则以建党的宗旨,不断地予以整治。任何时候都必须遵循,“党是代表广大劳动者的利益”的政党。政府则以党的指引予以施政、修(道)。如此治国理政的思维模式，具有强大的生命力，符合自然发展规律。它是科学社会主义成功的根本原因。以生态系统为基础的发展理念，是马克思理论以广大劳动者为主体的进一步升华；是共产党治国理念的进一步升华；是以哲学理论指引生态文明社会的发展。如果再进一步将哲学掌控的发展理念，融入到社会运行的机制之中，将会较完善地改变当今社会结构的种种弊端。

构建生态文明社会，实质性改革是，减少和废除破坏人与生态系统关系的外部因素。构建世界统一货币体系；控制外部因素其艰难性主要体现在，它是改变数百年来，强化以人类为中心的发展理念（主体），以追求人类物质财富最大化为宗旨的发展理念。事实上，追求物质财富与资源条件、生态环境、生态系统之间存在密不可分的联系，应该均衡发展。也就是说，由于资源条件、生态环境、生态系统的制约，发展经济并不是可以无限制地发展。它说明增长是有极限的。况且现代化的生活方式，并不是人们的正常生活需求。只要控制人口数量保持与生态系统均衡发展，大自然提供的资源，完全可以满足人们的基本生活需求。

人类是生物链的一个环节，人类的行为，需要均衡、优化与生态系统的关系，需要恢复生态系统为主体的地位。需要以生态文明代替人类文明。无数事实说明，构建生态文明社会是人类社会的归宿。而且农耕社会"天人合一"的发展理念，北欧的亲近自然、节约、重视道德修养的发展理念，都是很好的借鉴。现代化发展理念成功的国家仍然是少数，但是能量很大。在人类文明基础上，为了维护本国的利益，相互争夺，不可能解决生态系统生存危机问题。只有找到利益共同点——这个利益共同点，就是构建生态文明社会。它涉及维护世界上每一个国家、每一个人的生存问题。人人关注的核心问题，可以动员起世界上所有人共同为之奋斗。只要世界上大多数国家认识到现代人类文明的不公平性，认识到资本社会的扭曲性。共同致力于构建生态文明建设和生态文明社会建设，改变人类文明的弊病是可能的。延续人类社会再存在万千年，甚至更久远，都是可能的。而且它已经是维护人类生存的唯一出路。

七、维护生态系统的发展模式

现代化社会的核心问题是，单纯唯物的发展模式。实际上是充分发展了破坏生态系统稳定运行的外部因素。得到了眼前利益，严重破坏了自然发展规律。最后危及到人类自身的安危。人们永远不可忘记外部因素与生态系统的关系。吸取教训。人类社会发展重中之重的事情是，维护好人与生态系统协调、均衡发展。其核心是维护生态系统稳定地运行。

构建生态文明社会，就是控制或减少外部因素影响，维护好生态系统稳定运行。它涉及到人们思维方式的转变。例如沙漠地区改造、改造生存环境、控制人口增长、改变耕地土壤结构等等，都需要借助于工具和科学技术实施。所谓控制工具和科学技术发展，主要是指控制那些有害于生态系统的工具和科学技术。几种外部因素过分用于增加经济效益、扩大资本积累，则破坏了生态系统运行的稳定性；用于改善生态效益，经济效益受损。但是可以使生态系统与人类继续延续生存下去。

第四节　人类社会的回归

人类需要清楚认识的一个事实是：人是动物的一种，是生态系统的一部分，人类离不开生态系统。人类的生存、生活需求离不开大自然。将人置于货币堆上不行，置于工具堆、科学技术堆上也不行，同样人也不能置于人堆上。人只能将货币、工具、科学技术用于可用之处。构建生态文明社会，实际上是人类社会的回归。回归到人与生态系统均衡、和谐发展的社会。维护生态系统稳定运行的社会，只有这样才能保持人类社会延续生存下去。

一、回归生态文明社会

生态文明社会，不是人类新的发明创造，它是人类社会的回归。符合自然发展规律。

地球母亲一代一代地繁衍生息。在数亿年的时间里，共孕育了六代生物系统。据考古分析，前五代生物的灭绝是，由于火山爆发以及巨型流星撞击地球所致，都是天然的外部因素造成的。唯独发展到第六代，将是人类社会的聪明、狂妄的群体引领人类社会扭曲造成的。他们的行为竟然将地球母亲孵育的第六代生态系统以及人类自身，拖入到濒临灭绝的境地。它是对这一群体的行为、聪明才智最公平的评判。也是需要人们冷静思索资本社会发展理念的对与错。

地球上出现人类，发展到能够制造和使用工具。人类与其他生物的关系，随着工具技术的发展，其关系越来越疏远。特别是工业革命之后，资本社会的工具发展达到狂妄的地步。发展工具不是为了改善人们的生活质量，而是变成为扩大资本积累的手段，变成为称霸世界的手段。扭曲了发展工具的目的。如今人与生态系统的关系，已经不是疏远的问题，而是共同走向绝境的问题。事实表明，人只是生态系统中的一员，人的生存与其他生物息息相关。为了挽救人类的命运，面对现实的状况，首先需要认识到，造成生存危机问题的根本原因。

人类社会发展到现代，影响生态系统稳定运行的，是人为制造的外部因素是：虚拟化的货币、工具膨胀发展、科学技术膨胀发展、人口膨胀发展。为了扭转人类的生存危机，首先需要改变现在的工具发展模式。工具和科学技术，只应该是改善人类生活的手段，而不应该成为扩大资本积累的手段；杜绝货币虚拟化和人口膨胀问题等，是构建生态文明社会的前提条件。

构建生态文明社会，首先需要的是均衡人与生态系统的关系。任何系统问题，只有减少外部因素干扰，使得系统尽量保持均衡状态，才能维系系统较稳定地、长期地运行。构建生态文明社会，就是减少外部因素对生态系统的影响，减少造成生态系统不稳定的外部因素，以便维系和延长人类和生态系统的存在。

二、回归生态文明社会的可行性

构建生态文明社会，是人类遵循自然发展规律的回归。说容易也容易，它主要是改变单纯追求资本积累的思维模式；补充人们精神生活的缺失；树立淳朴、勤俭的、亲近大自然的生活方式。废弃奢侈、浪费的陋习。归结到一点，就是控制人为制造的外部因素：货币虚拟化、工具膨胀发展、科学技术膨胀发展、人口膨胀发展。天人合一的哲学思维理念，在人类社会中，一直普遍存在，只是被资本至上思维模式所掩盖。抵挡不了金钱至上对主流群体的影响。以北欧国家为例，他们富有，但是他们具有生态文明社会的基本要素—富而不奢。说明构建生态文明社会，具有许多有利的、可参照的案例。

2008年的金融危机可谓严重，几乎影响到全世界。但是虚拟化的货币蒸发了之后，世界经济发展又恢复了常态。另外从经济结构可以看出，经济发达国家的经济发展，主要体现在经济体虚膨胀，各类服务行业占GDP的比重显著增加。实体经济：农业、工业等变化并不大。也就是说，控制和缩小影响生态系统稳定性的外部因素，基本不影响人们的基本生活需求。说明构建生态文明社会是可行的。

基础力量。当人们了解到危害人类生存的外部因素影响的严重性之时，人们关注的焦点自然转向关注人类生存问题。当认识到生态文明社会是符合于自然发展规律、是温馨、和谐的社会之时，自然会联系到构筑于土地上的农耕社会群体，至今他们仍然占世界的大多数。当人们认识到构建生态文明社会的优点之后，就会自发地行动起来，抵制违背常规的、不合理的社会体制。为建设理性的、理想的生态文明社会而努力奋斗。回归生态文明社会，就是废除以资本为依托的社会。控制和减少破坏生态系统稳定性的外部因素。回归以土地为依托的社会，回归到以生态系统为依托的社会。

危害生态系统运行稳定性的主要因素，是人为制造的外部因素。如果能够解决和控制这些外部因素干扰。特别是废除货币虚拟化。延续生态系统和人类长久生存下去，是可以实现的。这些外部因素是人为造成的，需要人去废除，可以废除，也只能由人去废除。

构建生态文明社会，需要人们认识到在经济系统结构中，农业经济永远是主体、是根基。农耕社会已经解决了人类的基本生活需求。尽管在西方社会的经济系统结构中，其他产业占的比重已经非常之大，但是这些产业永远是客体。仍然只是锦上添花而已。为了维护人类的生存，永远不可以颠倒主、客体的地位。造成对生存环境破坏的主要因素，也是这些客体因素的膨胀发展造成的。保护农耕经济的发展，在现有的世界经济实力条件下，提高农耕经济的经济效益，改善农民劳动条件，是完全可以实现的。在此基础上，只要建立起世界统一货币体系，压缩经济发达国家的，与人们基本生活需求关系不大的产业发展，已经不是非常困难的事情。这里主要是社会发展理念问题，造成两极分化问题越来越严重。在资本社会思维理念的指导下，不可能解决经济系统的结构性问题。

回归生态文明社会是一项改变人们思维方式的系统工程，特别是改变在世界上占主流地位的资本社会发展模式；改变其社会基础，构建生态文明社会，是将以"人类为核心"的社会发展理念，改变为以"生态系统为核心"的社会发展理念。特别是改变资本社会的单纯追求资本积累扩大化的发展理念。它是改变数百年来形成的，并不断扩大影响的发展理念。另外，人口膨胀发展，同样是破坏生态系统稳定性的重要外部因素之一。改变这些问题，是一项宏大的系统工程，它是改变人们发展理念的问题，其艰难性可想而知。但是为了改变人类和生态系统即将毁灭的命运，改变现实的路必须得走。特别需要那些注重工具竞争和货币虚拟化竞争，已经形成了固定发展模式的经济大国，放弃其传统的、竞争的发展模式，直接影响到他们的实际利益。控制人口增长问题，涉及到世界许多国家。逆着当今世界发展潮流而动，能够给人类做些实实在在的贡献是艰难的。但是依据"人类社会的曙光"部分的分析，构建生态社会的社会力量，符合于自然发展规律的需求，势力是强大的。现在需要的是有突破重围的国家或国际组织，领导构建世界统一货币体系。它是构建生态文明社会至关重要的一步。团结世界上绝大多数国家，共同致力于实现生态文明社会。同时，保障人类持续生存的问题与资本社会国家面临着共同的需求。这说明构建生态文明社会一定具备实现的可能性。

简朴的生活方式。资本社会的发展，形成了狂妄、目空一切、唯我独尊、贪婪的陋习。忘记了人仅仅是动物的一种，人类的生存与其他生物的生存息息相关，是密不可分的关系。从现代社会发展产生的后果，需要吸取教训。须知"有了物质那只是生存，有了精神那才是生活"。人们都不会忘记：淳朴、勤俭的生活方式，从古至今都是做人的美德。它也是符合自然发展规律的生活方式。构建生态文明社会，最基本的内容就是恢复淳朴、勤俭、温馨的生活方式。改变铺张浪费、奢侈、虚荣比阔的生活方式。无论发达国家和不发达国家，都会接受这种生活理念。

人类社会确实需要遵循生态文明的发展理念。实际上，人们的基本需求，如衣食住行，只需要花费有限的资源和资金。理智的与亲朋好友聚会、适时地欣赏异国风情等活动也可以提供满足感，而不一定需要过度追求物质享受。只要改变不健康的物质追求行为方式，控制社会的发展，回归朴素的生活方式，也许每人年收入 1.5 至 2 万元人民币就足够了。这样的生活水平是有可能实现的。就当今人类社会而言，节省的物资可能就可以省下 60% 到 80%。不要以为这是小事。单就这一点就可能延续人类生存数百年，甚至更久远，而不是只有几十年的生存时间。有利于人类，有利于子孙后代，也有利于生态系统延续生存下去。

人类社会发展到农耕社会，人类文明与大自然之间的关系是有沟通的。中国历法中的 24 节气。它是一年四季季节变化的划分，它又深刻体现了淳朴的人类文明与大自然之间的沟通。简单的 24 节气，年复一年地重复。到每个节气过上有特殊风味的节日生活，既丰富了人们的生活内容，又给人一种温馨、祥和的感受。具有民族特色的风情，都是淳朴的、贴近自然生活的重要内容。人类社会发展出现了资本社会之后，形成资本社会的显著特点：工业膨胀发展、科学技术膨胀发展、货币虚膨胀发展、人口膨胀发展等，形成了现代化的人类文明，搅得人们的生活失去了常态。在精神方面，助长了人们狂妄、目空一切、迷失了方向、铺张浪费的生活方式。其后果是造成资源浪费、枯竭；破坏生态环境。人们丢失的是良知、美德、良好的生活环境，致使人类面临生存的危机。这些普通的道理就足以证明，资本社会是扭曲的社会，是需要摒弃的社会。

为了说明构建生态社会的可行性，这里将世界上的国家分为两类：一类是控制工具先进技术的工业国家，其他国家归另一类。构建生态文明社会主要影响到制造先进工具的工业国家的经济利益。其他国家基本不受影响或影响很小。受到工具影响较少的国家通常以土地为基础，并且大多数属于生态文明社会。对这些国家来说，生态文明社会改革对其发展影响较小，他们通常会支持这一理念。这类国家在世界范围内属于大多数。然而，受到工具影响较大的国家由于工具技术的发达，受到改革的影响相对更大。这类国家在全球范围内属于少数。正是这些国家的工具发展，对生态系统的影响最严重。为了挽救人类和生态系统的命运，必须对这类国家的经济发展予以干涉。实际上，这些国家的大多数人，同样是支持淳朴、勤俭的生活方式，支持延续人类的生存。只是其社会推行的政策，人们不得不跟从。构建生态文明社会，对这些国家的影响，主要是影响其浮财收入，很少影响其基本生活需求。说明废除货币虚拟化的可行的。也说明控制工业发展、控制科学技术发展是可行的。

北欧诸国的发展理念。

关于构建生态文明社会，北欧诸国的发展模式具有重要参考价值。北欧诸国包括丹麦、瑞典、荷兰、芬兰、挪威等国。北欧是高收入、高税收、高福利、高平等和高均衡性的社会。

● 富裕的国家。北欧诸国的人均 GDP 都很高；人口增长率远低于经济增长率。由于形成了节俭的社会风气，社会财富越积累越多。

高税收的重要意义。这些国家都是实行高税收政策的国家。根据联合国开发计划署基尼系数的数据，全球贫富差距最小的国家往往是北欧国家。企业顶级高层 CEO 与最低收入的员工，其工资收入也只差 2～3

倍。收入高，税收高，最高达到 80%多。高税收是扩大资本积累的有效手段。政府利用高税收将资金积累起来，可以提高人们的各种福利待遇，又间接控制了铺张浪费的生活方式，普及了节俭的社会风气。这是一项非常重要的决策。可以说，它在国家运行机制上，唯物——体现在经济发展；唯心——体现在高税收政策，体现在人们简朴的生活方式。国家政体运行机制，体现了哲学的掌控。北欧国家的发展模式在构建生态文明社会方面具有重要的参考价值。

这种体制下，北欧人民之间缺少明显的等级差别，人们勤奋地发展生产，基本没有贵贱之分，形成了诚实、淳朴、无邪的社会氛围。在这样的社会环境中，人们更加重视信誉和品格的修养。当一个社会能够尊重诚实的人，而对投机取巧者没有太多优势时，社会风气就会变得良好。北欧国家的发展理念与生态文明社会的理念是相符合的。

形成节俭生活的社会风气，避免了铺张浪费的陋习，成为全球社会福利最完善的温馨、和谐的国家。万一失业，能领到失业补助（相当于失业前工资的 80%），可以连续拿 4 年。

● 亲近和爱护自然的良好风气。重视保护和建设自然环境。森林密布，环境优美。节假日人们都愿意到大自然环境中休闲。这种生活理念已经融入到社会经济、政治、教育等建设之中。

● 注意环保。为了保护环境，孩子上学，都是徒步上学。人们出行多是以自行车代步或徒步远足。不认为有豪车就高人一等。旧货商店随处可见，形成了淳朴、节俭的社会风气。

● 正确对待金钱问题，北欧国家与世界许多国家形成鲜明对比。国家实施高税收政策。从运行机制上，解决了"钱"的问题。既积累了社会财富，杜绝了奢侈、浪费，又可实施完善的社会福利等人们关注的问题。它使得人们不太看重金钱。这在世界上是少有的社会现象，是难得的发展理念。

世界上许多发达国家资产所有者的思维理念占主导地位，实施的政策是鼓励人们追求物质享受。提供优越的贷款条件，买房子、汽车、家用电器等等。以消费促经济增长的发展模式，几乎被广泛应用。最典型的是美国，人们将"钱"看得同于生命。

美国的经济理论确实有一些新凯恩斯主义的成分，例如通过减少储蓄以增加收入来推动经济增长，并将需求放在供给之上，强调消费对于生产的带动作用，以及不依赖金本位制度。然而，关于以房市为中心、高负债和高失业率的问题，这是一个复杂的情况。确实存在财政赤字和债务问题，而减少赤字可能会导致政府开支的削减和大型基础项目的减少，进而可能导致失业率上升。失业率的增加可能会对房市产生影响。然而，这些问题的解决并不仅限于经济理论，还需要结合具体的政策和措施来综合应对。一系列问题互相牵动影响。人们背一辈子的债，一辈子为金钱所累。这是现代化社会的典型特征。也就是说，人们没有积蓄，是造成资源极大浪费的重要原因之一。

北欧的经济政策是高税收。形成人们不追求高消费，保留了传统生活方式，视节俭、勤奋为美德。人们总是生活在有不断积蓄的环境中生活。人们不为金钱所累，反而社会福利越来越完善。这也是北欧人形成富裕、温馨生活的重要因素之一。

经济是基础，北欧的高税收政策，体现了将哲学融入到社会结构运行机制之中。这是北欧人富而不淫；人们淳朴、和谐相处；亲近、爱护自然等，形成良好社会风气的根本原因。

这个世界的根本问题，实际就是金钱的问题和面对金钱的问题。处理得好与不好，产生截然不同的效果。北欧人对待金钱问题的处理，体现了生态文明社会的重要特征。

从第一章构建的生态系统模型可以看出，影响人与生态系统关系的主要问题是，货币虚拟化膨胀；工具膨胀发展；科学技术膨胀发展；人口数量膨胀等外部因素。其中货币虚拟化膨胀与人口数量膨胀，是两个关键性问题。如果解决了货币虚拟化问题，人们的生活方式和思维理念，将会显著改变。也将直接控制了工具膨胀发展、科学技术膨胀发展。在构建生态文明社会主导思维理念的影响下，控制工具发展、科学技术发展将不是大问题。

A.R.诺贝尔曾说："金钱这东西，只要能够解决个人的生活就足够了，若是多了会成为遏制人才的祸害。有儿女的人，父母只要留给他们教育费用就行，给予多了，那就是鼓励懒惰，会使下一代不能够发展个人的独立生活能力和聪明才干"。

控制人口增长问题的确是一个普遍存在且人们普遍意识到的问题。人们普遍不愿承担多子女带来的负担，因此这是一个可以控制的问题。人口膨胀问题显然是威胁人类生存的重要问题之一，并且它对经济系统和生态系统稳定运行构成重要的外部因素。只能通过政府层面的监管和控制来解决。然而，目前为止，很少有国家和世界组织真正认识到并采取措施控制人口泛滥增长的问题。这导致人口膨胀所带来的负担越来越严重，难以解决，并对人类的生存构成越来越严重的威胁。解决人口增长问题仍然是一个紧迫而复杂的挑战。

人类社会的进步。近几十年来，科学技术进步，可谓日新月异地发展。而人们迷茫的心态也越来越突出。人们对人类社会的未来越来越担忧。越来越多的学者和世界有关组织，分析人类生存危机问题。生存危机的拐点越来越迫近。然而经济大国对于这些问题，似乎视而不见，仍然我行我素。经济发展模式没有松动，影响生态系统运行稳定性的外部因素，仍然在迅速增长、膨胀。

现在摆在人们面前的一个突出问题是，何谓人类社会进步！如果真的于2050年前后，出现人类生存危机拐点。现代化只追求物质财富，只追求唯物发展模式，将导致人类快速走向毁灭。它是人类社会的病态发展，还是人类社会的进步？人类社会进步的典型标志，似乎应该是能够让人类再存在万千年。也就是需要按哲学理念发展。控制影响生态系统迅速毁灭的外部因素。实际上，这并不是天方夜谭。只要人类有意识地控制影响生态系统稳定性的人为外部因素。只要人们有意识地控制，是完全能够实现的。外部因素越减少，延续人类生存的时间就越长。而且只要人们认识到这些外部因素的危害性，也是可以控制的。能够让人类与生态系统延续存在下去，它最真实体现了人类社会的进步。人类进步的最基本的标志，应该是人也是动物的一种。人的存在是为了生存。与其他动物和谐相处，延续生存下去，而不是自我毁灭。

构建生态文明社会是庞大的系统工程，需要进行一系列改革。需要理论论证、需要控制或减少人为制造的外部因素、需要宣传教育等形成社会的共识。使社会广大群体逐步认识到构建生态文明社会的重要意义，逐步实施。

三、回归生态文明社会的艰难性

回归生态文明社会，就需要控制和减少人为制造的、破坏生态系统稳定性的外部因素。解决这个问题的艰难性就在于，它直接触碰占世界主流地位的经济大国的利益和生活方式。他们势力强大，已经成为统治世界的主流势力。控制着世界的经济、政治、文化、教育等方方面面。构建生态文明社会改变了他们的经济发展模式，直接影响到他们的金融、工业、科学技术等全方位的发展模式，直接影响到他们扩大资本积累的宗旨。改变这种运行机制艰难。其次，货币虚拟化、工业在膨胀发展、科学技术膨胀发展，导致人们的贪婪属性越来越膨胀。改变这些陋习艰难。说明构建生态文明社会的阻力主要来自这些国家。另外，人口膨胀发展问题，触碰到世界上许许多多国家，谁都不予触碰，变成做哪些问题。为了挽救人类生存的问题，这个社会变革必需实施。世界各国关注，经济大国同样关注生存问题，都会予以支持。在构建生态文明社会这个问题上，是人类社会共同关注的课题。人们共同关注生态系统延续生存下去的问题。它将会缓解人类社会许多矛盾冲突。为此，需要某个或某几个经济大国及国际组织，社会舆论尽快行动出来，承担起改革的使命。为挽救人类生存危机问题，实实在在地作出贡献。

货币虚膨胀。货币虚拟化是违反金融规则的严重事件。它已经运行了几百年。尽管只是几个经济发达国家实施的金融政策，但是涉及面很广，势力强大。直接涉及到他们的利益，至今没有松动的迹象，不易撼动。

工具膨胀。工具膨胀以及许多科学技术膨胀，都与货币虚拟膨胀有直接关系。货币虚膨胀、工具膨胀发展以及科学技术膨胀发展，都是资本社会扩大资本积累的主要手段，是称霸世界的主要手段，其势力强大。改变人们的传统理念，困难重重。至今没有松动的迹象，不易撼动。

人口膨胀。人口虚膨胀积累的包袱越来越大，是最困难的问题。实际上，如果世界上都能实现温饱的生活，满足 70 亿人口的温饱生活已经超出自然环境能够提供的支撑。人口问题涉及到世界大多数国家。它们人口众多；涉及到医疗条件；涉及到人们的生活习惯和传统观念；涉及到文化水平；涉及到政府的治国理念等。若能在人口控制方面获得显著效果，困难重重。应该看到，实现人与生态系统均衡发展，人口数量已经严重超量。本不是问题的问题，但是无人问津，成为积重难返的难题。解决人口问题是最严峻的问题。但是为了人类能够长期存在下去，必须有勇气勇于触碰这一难题。

以上这些问题，都是人为造成的外部因素。应该是政府和世界组织应该承担的主要职能。然而至今，没有哪一个国家和世界组织，实实在在地承担起这一主要职能。该管的事没有管。生态系统又制约不了危害生态系统的、人为制造的外部因素。它是这些问题不断泛滥，危害人类和生态系统的主要原因。

回归生态文明社会的发展理念，具体实施起来是艰难的。但是若改变人类避免毁灭的结局，只有破除资本社会的发展模式，破除人口泛滥发展的问题。构建生态文明社会是人类社会恢复常态的发展模式之路，也可以说是挽救人类命运的唯一出路。只有构建于牢固基础上的社会，构建于人与生态系统均衡发展之路，是人类社会发展的必然归宿。

四、生态文明社会的曙光

构建生态文明社会，改变人与生态系统颠倒了的主、客体关系，拯救生存危机问题，是人类社会共同的期盼。许多现实的社会基础说明，构建生态文明社会是可以实现的。

构建生态文明社会与组建国家类似。需要有政府机构实施组织领导。需要有政党实施政治领导。

构建以联合国为首，联合世界各国政府，组建生态文明社会政府。该政府的职能是，执行控制和减少人为制造的危害生态系统的外部因素；执行将人类为主体，生态系统为客体的关系颠倒过来。

货币是国家主权的象征。为实现生态文明社会的政府，有实权执行其政府职能。首要的是构建世界统一货币体系。

构建生态文明社会的政党。生态文明党的政治宗旨是，为改变人为主体生态系统为客体的，违背自然发展规律的关系颠倒过来。共产党的宗旨是，改变少数资产所有者为主体，广大劳动者为客体的不合理关系颠倒过来。二者存在共性。由共产党联合其他政党及宗教组织，组建生态文明党。该党的政治宗旨是，为实现控制和减少人为制造的危害生态系统的外部因素；将人为主体，生态系统为客体的不合理关系重新颠倒过来。

构建地球大法。地球大法是生态文明社会的宪法。世界各国以及各类社会团体、宗教信仰，都必须遵守地球大法。

附录一
《地球母亲权利世界宣言》

序　言

我们，地球的人民和国家：

考虑到我们都是地球母亲——一个由相互联系、相互依赖又有着共同命运的生命体组成的不可分割、活生生的共同体的一部分。

感恩地球母亲作为生命、食物、知识之源，为我们更好地生活提供一切。

认识到资本主义制度和各种形式的掠夺、开发、虐待和侮辱，对地球母亲造成巨大的破坏、退化和瓦解，并通过气候变化等现象将我们知道的生命置于危险境地。

已确信在一个相互依赖的生命共同体中，人类享有的权利使地球母亲招致失衡。

申明确保人类权力现实的必要途径是认可及保护地球母亲和地球上的所有生物的权力，而必要的文化、实践和法律是有效的实现手段。

意识到采取果断的行动，采取共同性的行动以转换气候变化或其他威胁地球母亲的组织结构和法律制度已尤为迫切。

发表这份《地球母亲权利世界宣言》，请求在联合国大会上获得通过，作为世界上所有人们和所有国家努力实现的共同标准，以期每个人和机构努力通过教诲、教育和意识觉醒来促进对本宣言确定权利的尊重，通过国家和国家间便捷、渐进的措施和机制，确保这些权利在世界上所有人民和国家中得到普遍和有效的承认和遵守。

第一条　地球母亲

一、地球母亲是一个生命有机体。

二、地球母亲是一个独一无二的、不可分割的、自我调节的共同体，其中相互联系的生命体处在存续、包容和繁荣过程之中。

三、每个生命由它所处的关系而被界定为地球母亲整体的一个部分。

四、地球母亲的固有权利不容剥夺，因为权利与存在方式同源产生。

五、地球母亲和所有生命体具有本宣言确定的所有固有权利，除非对某些种类的生命体区别对待，如可能对生命体、物种、起源、对人类的利用价值及其他情形所做的有机与无机的区别。

六、如同人类有人权，所有其他生命体也应当有专属于它们物种及适合于它们在共同体中据以存在的角色和功能的权利。

七、每一生命体的权利受制于其他生命体的权利，权利之间的冲突应通过维系地球母亲的整体性、平衡性和健康的方式解决。

第二条　地球母亲的固有权利

一、地球母亲和他据以形成的所有生命体享有以下固有权利：

（一）生命权和生存权。

（二）受尊重的权利。

（三）免受人类破坏而持续进行生命循环和自主演化的权利。

（四）作为一个独特、自我调节、相互联系的生命体，维系其自身特性和整体性的权利。

（五）取用作为生命之源的水的权利。

（六）清洁空气权。

（七）整体性健康权。

（八）免受污染、公害及毒性、放射性扩散的权利。

（九）不受基因结构修改或破坏，以至于威胁自身完整性或关键的致命损害，以及维护健康的权利。

（十）因人类活动侵害本宣言确认的权利而补足和促进恢复能力的权利。

二、每一生命体享有在某一地区为地球母亲的和谐运行发挥作用的权利。

三、每个生命体享有幸福的权利，和免受人类折磨和残暴对待，自由社会的权利。

第三条　人类对于地球母亲的义务

一、每个人都有责任尊重地球母亲并与之和谐共存。

二、全人类，所有国家，以及一切公共的或私有的组织必须：

（一）依照本宣言的权利和义务行事。

（二）承认并推动本宣言确定的权利与义务的全面实施和履行。

（三）根据本宣言，参与学习、分析、理解和交流等推动与地球母亲和谐共存的活动。

（四）无论现在或将来，确保人类对幸福的追求有助于地球母亲的幸福。

（五）制定有效的标准和法律，并以其捍卫，保护和保存地球母亲的权利。

（六）尊重、保护、保存，以及在必要领域恢复地球母亲的重要生态循环、生态流程和生态平衡的完整性。

（七）确保因人类对本宣言确定的固有权利造成的损失能够得到救济，且责任人应为恢复地球母亲的健康和完整性负责。

（八）给人类和相关组织赋予权利，以捍卫地球母亲和一切生物体的权利。

（九）确立预防性、约束性措施，防止人类活动造成的物种灭绝、生态系统毁灭或生态循环的破坏。

（十）维护和平，消除核武器、化学武器和生物武器。

（十一）依照不同文化、传统和习俗，推动与支持敬畏地球母亲和所有生命体的活动。

（十二）推动与地球母亲和谐共荣，并且符合本宣言确定相关权利的经济制度的发展。

第四条　定义

一、"生物"一词包括生态系统、自然共同体、物种，以及其他作为地球母亲的一部分而存在的自然集合体。

二、本宣言的任何条款，丝毫没有限制所有生命体或特定生物其他固有的权利。

附录二
《奥斯陆宣言》

经世界自然保护联盟环境法委员会，于 2016 年 6 月在奥斯陆大学举办的研讨会上讨论。

从环境法到生态法：呼吁法律和治理的重构

当下，环境法正处在重大决策的关头。作为一种法律规则，环境法向来以保护自然环境和生态系统为宗旨。然而，在 50 年的发展历程中，环境法收效甚微且不断背离其宗旨。地球生态系统在加速恶化，而没有回向完整性和可持续性的迹象。

生态危机的不断增加涉及多种原因，其中包括经济发展、人口增长和过度消费的影响。这一现象被形象地描述为"伟大的加速度"。然而，除了这些一般因素外，还存在一些特殊原因，这些原因与环境法的哲学和方法论有关，并成为生态危机发展的基础。

环境法根植于现代西方法律，发端于人类中心主义宗教观、笛卡尔二元论、个体主义哲学以及道德功利主义。在当下我们的生态时代，此类世界观是落后的，而且会产生适得其反的后果。然而，它们依然主宰着我们思考和解读环境法的方式。尤为显著的是自然界被视为对生态依赖性和人与自然相互关系的"另类"悖论。纵览环境法的诸种不足，其人类中心主义的碎片化的以及还原论式的特征不仅对生态依赖性熟视无睹，而且在政治上也无以对抗个人财产权、企业权利等更为强势的法律领域。其结果是，法律制度将变得失衡，且无以维系所有人类社会所依赖的物理和生物环境。

欲想克服环境法的诸多种不足，微小的变革无济于事。我们无需太多的法律，但尚无法律制度（予以规制）的领域除外。法律中的生态方法，以生态为中心主义和整体论为基础。从这种视觉或世界观出发，法律将承认生态依赖性，并不再偏爱人类胜过自然，偏爱个人权利胜过共同责任。就本质而言，生态法内化了人类存在的真实自然环境，并使自然环境成为包括宪法、人权、财产权、企业权利和国家主权在内的所有法律的基础。

环境法与生态法的差异性并不是阶段性的，而是根本性的。前者认可人类的活动和愿望可决定生态系统的完整性是否应当得到保护。而后者却要求人类的活动和愿望应取决于保护生态系统完整性的需要。生态完整性是人类愿望存在的一项先决条件，也是法律的一项根本性原则。因此，相对于环境法中的概念以及与环境法相关的概念都倾向于强化人类对自然责任的逻辑而言，生态法颠覆了人类主宰自然的固有逻辑。这种相反的逻辑或许将是对人类中心主义的主要挑战。

从环境法到生态法的革新离不开那些致力于这项事业的人。对于环境法学者来说，这项事业需要批判性的自我反思、想象力，以及勇气。只有通过这种方式，环境法律人才能自己变成"生态法律人"。

然而，生态法的理念并非最新的概念。它的基础性价值和原则旨在引导全球各地的古老文化和原住民，同时也是前工业时代西方文明的一部分。毕竟，如果我们已故的前辈没有成功地维持（至少）一个可持续发展的水平，我们现在的世代就不会存在。因此，承认生态性价值和原则的历史性和延续性非常重要。尽管这些生态性价值和原则以一种更为原始的形式存在，并隐藏在现代主流价值观（例如人类中心主义、二元论和功利主义）的背后，但它们仍然对现代环境法产生启发作用。

生态法的价值和原则体现在生态中心主义法理（如自然段=的权利、"地球母亲"的权利、地球法理、生态法理论的"环境法方法论"）中，也反映在宪法和国际关系理论（生态性人权、"生态宪法国家""地球母亲"宪法、生态可持续性和完整性、生态灭绝运动、公地运动、全球公域理论、生态宪政主义)之中。尽管路径方法和侧重点各异,但它们都是有着共同的基础,因而被视为是谦逊并互为促进的。

以提高法律实效和治理为目的而创建的统一框架,是一种确定"环境法的生态性方法"的可能方式。现如今,到了验证检验环境法 50 年发展的时候了,也就是说,这是一个非常不确定的时代,正面临着日渐撕裂的生态和社会经济制度。而今,正是创建替代方案的时候。

为此,成立一个"生态法律和治理联盟"的路线图被提上日程。这应被视作是既有生态性方法迈向环境法的一个统一、包容的平台,其还将提高相同效应并进而为一如往常的法律和治理制定生态性替代方案。

路线图的第一阶段包括创建工作小组、制作网页,为新型研究和更高教育项目的发展而推广集思广益的活动,发起国际会议(关于环境法向生态法的转变)以及"生态法律和治理联盟"的普遍性发展(以个人会员和公共机构性会员的方式)。

参考文献

［1］王嘉谟. 虚拟资本导致金融系统失序［M］. 北京：中国原子能出版社，2017.

［2］张尧然. 人工智能革命［M］. 北京：机械工业出版社，2017.

［3］刘近长. 人工智能改变世界［M］. 北京：中国水利水电出版社，2017.

［4］王彩凤. 马克思的世界历史理论与全球化［M］. 哈尔滨：东北林业大学出版，2016.

［5］胡鞍钢. 中国进入世界舞台中心［M］. 杭州：浙江人民出版社，2017.

［6］马辉. 美国政党政治透视［M］. 北京：当代世界出版社，2016.

［7］苏言. 地球悬念［M］. 南京：江苏人民出版社，2011.

［8］新玉言. 崛起大战略［M］. 北京：台海出版社，2016.

［9］张超. 跨国公司在华并购问题研究［M］. 广州：中山大学出版社，2016.

［10］周敏译. 万物终有时［M］. 上海：上海科学技术出版社，2015.

［11］汲喆译. 礼物—古代社会中交换的形式与理由［M］. 上海：上海世纪出版集团，2005.

［12］马克思，恩格斯. 共产党宣言［M］. 北京：人民出版社，2014.

［13］（东周）子思著. 中庸（全解）［M］. 北京：中国华侨出版社，2016.

［14］李耳. 老子［M］. 北京：中国文史出版社，2003.

［15］哈拉瑞. 人类大历史［M］. 林俊宏译. 台北：远见天下文化出版股份有限公司，2014.

［16］哈马蒂亚森. 生活水准［M］. 徐大建译. 上海：上海财经出版社，

2007.

［17］本田直之. 少即是多［M］. 李雨潭译. 重庆：重庆出版社，2015.

［18］乔治·拉里. 意识形态与文化身份［M］. 戴从容译. 上海：上海教育出版社，2005.

［19］大卫·雷·格里芬. 后现代宗教［M］. 孙慕天译. 北京：中国城市出版社，2003.

［20］S·N·艾深斯塔特. 反思现代性［M］. 旷新年等译. 北京：三联出版社，2006.

［21］比尔·麦吉本. 即将到来的地球末日［M］. 束宇译. 北京：中信出版社，2010.

［22］奥斯瓦尔德·斯宾格勒. 西方的没落［M］. 张兰平译. 西安：陕西师范大学出版社，2008.

［23］科马克·卡利南. 地球正义宣言［M］. 郭武译. 北京：商务印书馆，2017.

［24］鲍宗豪. 社会现代化模型比较研究［M］. 上海：学林出版社，2015.

［25］江斌锋. 资本速度与社会转型研究［M］. 上海：学林出版社，2015.

［26］朱雪尘. 资本奴役全人类［M］. 南京：凤凰出版社，2010.

［27］克里斯·应庇. 万物终有时［M］. 周敏译. 上海：上海科学技术出版社，2015.

［28］杨立雄. 生态文明与生态学校建设［M］. 北京：北京教育出版社，2017.

［29］艾思奇. 大众哲学［M］. 北京：媒体工业出版社，2017.

［30］张汝伦. 我们需要什么样的文明［M］. 北京：商务出版社，2017.

［31］德内拉梅多斯. 增长的极限［M］. 李涛，等译. 北京：机械工业出版社，2013.

［32］王嘉谟. 实用非线性动态投入产出模型［M］. 北京：国防工业出版社，2003.

［33］金骤英. 人类的未来［M］. 长沙：湖南科学技术出版社，2019.